道路交通时空理论与应用
——基于容许风险的通行能力

韩 直 著

人民交通出版社
北京

内 容 提 要

本书以自动、非自动驾驶两类车辆构成的交通流为研究对象,创立了非车联网、车联/非车联网和车联网交通流平均制动反应时间的计算方法,反映了信息对道路交通流时间消耗的影响;构建了包含风险度、车辆长度、交通流平均制动反应时间等的交通流模型,揭示了自动/非自动驾驶非车联网交通流与车联网车队交通通行能力提升的机理;论证了交通流时间占有率与空间占有率的等效性和关联性,为基于时空运算的道路交通管理与规划打下基础;提出了道路交通信息采集方法、交通流异常预警方法、道路交通广域诱导方法、道路交通管控平台构建方法、道路交通通行能力计算方法,并对通行能力影响参数进行了排序,支撑了道路交通缓堵与服务品质提升。

本书可供交通运输部门、交通管理部门的工程技术人员、管理人员参考,也可作为有关院校的教学人员、研究生参考用书。

图书在版编目(CIP)数据

道路交通时空理论与应用:基于容许风险的通行能力/韩直著. — 北京:人民交通出版社股份有限公司,2024.10

ISBN 978-7-114-19483-2

Ⅰ.①道… Ⅱ.①韩… Ⅲ.①城市交通网—交通规划—研究 Ⅳ.①U491.1

中国国家版本馆CIP数据核字(2024)第071076号

Daolu Jiaotong Shikong Lilun yu Yingyong

书　　名：	道路交通时空理论与应用——基于容许风险的通行能力
著 作 者：	韩　直
责任编辑：	牛家鸣
责任校对：	赵媛媛　魏佳宁
责任印制：	刘高彤
出版发行：	人民交通出版社
地　　址：	(100011)北京市朝阳区安定门外外馆斜街3号
网　　址：	http://www.ccpcl.com.cn
销售电话：	(010)85285857
总 经 销：	人民交通出版社发行部
经　　销：	各地新华书店
印　　刷：	北京市密东印刷有限公司
开　　本：	787×1092　1/16
印　　张：	13.5
字　　数：	324千
版　　次：	2024年10月　第1版
印　　次：	2024年10月　第1次印刷
书　　号：	ISBN 978-7-114-19483-2
定　　价：	96.00元

(有印刷、装订质量问题的图书,由本社负责调换)

前　言
Preface

开门七件事,"行"谓之其一,对于民航、水运很多人知之甚少,但对于道路交通,每个人都能列数一二。

山里人享受着新鲜空气、田园风光,但也为出行不便而烦扰;城里人徜徉于灯光璀璨,繁花似锦,却也因空气污浊、交通拥堵而兴叹。

工业社会造就了汽车交通,汽车交通馈赠予高效、便利、快捷,但利弊相携,随之一同而来的还有废气、扬尘、车水马龙及无尽的烦恼。

于是乎,一场车辆增长与道路增长之间反复往返的"战争"上演了——拥堵,筑路,再拥堵,再筑路,汽车的"病毒"持续地腐蚀着道路的"抗体",这可怕的"病毒",令巍巍的路网,即便是在森森子夜,也几乎难以喘息,只能拖动着那疲惫不堪的身躯,任由来去的车辆无休止地踩蹦。

为此,人们采取了多种方法与措施,以赢取这场"战争"的胜利:科学的规划以减少无效交通;精细化的 BIM 设计以降低工程造价;人工智能以提高决策水平;自动驾驶以提升时空利用;广域诱导以平衡路网载荷;大数据与云技术以实现精准管理;抑制需求以换取疲惫运转。

然而现实是残酷的:可能延误减少了,绕行增加了;通行能力提高了,安全降低了……

于是,业外人士诟病规划、设计、运营与管理;不同专业的业内人士也可能抱怨规划滞后失实、运营监测乏力、管理失察不善。那么,究其溯源,问题何在?

也许关乎体制:规划、设计、运营、管理,现实中割裂而不协调,规划部门、运输部门、公安部门和设计部门各司其职。

也许关乎目标:延误、速度与通行能力,有的是区域概念,有的是线的概念,有的是断面的概念,无法统一度量,顾此失彼。

也许关乎交通体:无视交通规划的驾驶,使有序交通变为无序交通而降低时效与增加交通风险,超载与动力不足的车辆强行变道使车队长龙跟踪爬行。

也许是这些使得交通不畅；

也许是这些使得事故频发；

也许是这些使得尘霾漫天；

也许是这些使得资源枯竭。

事实上，规划、设计、运营与管理，都是道路交通系统的组成部分，相互影响，应当协调统一；延误、速度与通行能力这些评价指标是相互关联的，应当度量统一；道路交通系统是以空间换时间，或者以时间换空间，无论是前者还是后者，都是期望达到费用最小：运输费用、社会费用、环境费用和安全费用的总和最小，应当目标统一。

道路交通的系统统一、目标统一、度量统一乃"治堵缓堵"之师，而时间、空间与费用则是"治堵缓堵"之魂！

寻找一把金钥匙，推开神秘之门：把握3个核心要素相互作用的脉搏，探寻时间、空间与费用轮回交替的置换规律，触及"治堵缓堵"之魂，消除这些也许可能的"也许"，让道路更为通畅、行驶更有安全、天空更发明朗、资源更多节约、社会更加和谐。

本书是这把金钥匙的一粒金沙：

是对于道路交通要素的思考与探索，除了人、车、路与环境，是否还有其他要素？

是对于道路交通运行机理的思考与探索，安全、畅通、绿色、高效这些既矛盾又统一的目标如何平衡把握？

是对于道路交通发展的思考与探索，智慧交通的构成与人体的结构是否有相似性？

感谢重庆市"151"科技重大专项"全息交通指挥与控制系统总体方案设计与创新能力建设"（cstc2013jcsf-zdzxqqX0003）、重庆市社会事业与民生保障科技创新专项项目"干线道路节点畅通提升关键技术研究及示范"（cstc2015shms-ztzx30015）、重庆市技术创新与应用发展专项重点项目"重庆悦来会展中心片区重大活动智能交通管控技术研究与应用"（cstc2019jscx-tjsb0028）等的支持！这些支持使寻找"金钥匙"的路更美好！

作　者

2023年10月

目 录
Contents

第1章　绪论 ··· 1
　1.1　道路交通的主要问题 ··· 1
　1.2　道路交通的三个效应 ··· 1
　1.3　道路交通的主要影响因素 ··· 3
　1.4　道路交通的维度与粒度 ·· 6
　1.5　道路交通的消耗 ··· 6
　1.6　道路交通的状态 ··· 7
　1.7　道路交通流构成分类 ··· 7
　1.8　交通流模型的发展 ·· 7
　1.9　智能交通的发展 ··· 9
　1.10　本书的结构与应用 ··· 10

第2章　基础知识 ··· 11
　2.1　概述 ·· 11
　2.2　影响因素 ·· 11
　2.3　车联网 ··· 14
　2.4　交通参数 ·· 19
　2.5　交通风险 ·· 21
　2.6　灰色系统理论 ·· 22
　2.7　时间序列法 ··· 27
　2.8　离散模型参考自适应控制系统 ··· 30
　2.9　分析方法 ·· 34

第3章　道路交通流信息采集 ·· 39
　3.1　概述 ·· 39
　3.2　信息分类 ·· 39

3.3	信息采集	41
3.4	信息精度	43
3.5	信息选择	45
3.6	信息特征	48
3.7	信息采集设备	50

第4章 道路交通数据融合 55

4.1	概述	55
4.2	数据	56
4.3	道路交通数据	60
4.4	道路交通数据融合的必要条件	64
4.5	数据清洗	65
4.6	滤波	69
4.7	数据挖掘与数据映射	72

第5章 道路交通时空理论 78

5.1	概述	78
5.2	道路交通流的空间构成	78
5.3	道路交通流的时间构成	80
5.4	道路交通流的时空等效性	81
5.5	道路交通流的时空关联性	82
5.6	道路交通流的五参数模型	86
5.7	道路交通流的四参数模型	94

第6章 基于容许风险的道路交通流通行能力 96

6.1	概述	96
6.2	基本概念	97
6.3	道路交通流分类	107
6.4	信息交互模式	107
6.5	交通流制动反应时间	109
6.6	计算方法	112
6.7	通行能力的基本特征	113
6.8	应用	115

第7章 交通异常自动检测 134

7.1	概述	134

7.2 单个异常值检测 ·· 135
7.3 两个和多个异常值检测 ··· 137
7.4 检测方法选择 ·· 140
7.5 阈值确定 ··· 141
7.6 高速公路追尾风险识别 ··· 144

第8章 城市道路交通广域诱导 ·· 148
8.1 概述 ··· 148
8.2 交通拥堵状态识别 ·· 148
8.3 城市道路交通拥堵状态预测 ·································· 159
8.4 多级诱导时空边界条件 ·· 168
8.5 基于时变网络的多诱导路径算法 ····························· 170
8.6 多级诱导路径概率分配模型 ·································· 173
8.7 试验仿真对比与评估 ··· 176

第9章 道路交通智慧管控平台 ·· 183
9.1 概述 ··· 183
9.2 智慧的内涵 ··· 183
9.3 智慧交通的实施条件 ··· 185
9.4 平台核心软件构成 ·· 189
9.5 平台架构 ··· 199

参考文献 ·· 203
索引 ··· 205

第1章 绪　　论

1.1　道路交通的主要问题

1886年卡尔·本茨发明汽车,随着汽车数量的增长,道路交通面临着安全、畅通、环保与经济等方面的问题。

(1)安全

1899年在美国发生了世界上第一起汽车交通事故,轧死了一位名叫蓓蕾斯的妇女,2016年5月7日发生了第一起自动驾驶车尾撞拖车车厢事故,导致Joshua Brown当场死亡。全球每年因交通事故而死亡的人数超过百万人,我国汽车保有量占世界的3%,而交通事故死亡人数达到全球的16%,成为全球因交通事故死亡人数最多的国家。

(2)畅通

汽车的问世,促进了人类文明的发展,城市、大城市、超大城市、城市群如雨后春笋层出不穷,高速公路城市化、城市干道支线化、快速道路慢速化,成为城市道路交通的通病,出城难、进城难、桥梁和隧道节点通行难等现象比比皆是,拥堵成为城市的慢性病。

(3)环保

大气污染成为世界性的问题,汽车排放的CO_2、硫化物、氮氧化物、氧氯烃等加速了温室效应,臭氧层破坏使大气环境问题变得更为严重;CO、NO_x、SO、碳氢化合物HC、颗粒物PM和臭味气体等污染了空气,同时对人类、动物和植物也造成伤害,噪声还能引起人体生理改变和损伤。

(4)经济

道路交通建设、运营和养护管理,一直面临着巨大的经济压力。如何治理事故、拥堵与环境污染,使得道路交通系统"少生疾病、快速康复、性价比高",是永恒的研究课题。

1.2　道路交通的三个效应

(1)时空效应

道路交通运行服务于客、货运输,其以时间消耗、能源消耗、事故损失、大气污染治理和道路交通设施服务为代价,追求单位客、货运输综合消耗最小,实现低投入、高产出。道路资源的有限性、时间流逝的恒定性、客货运量增长的无界性、服务品质的完美性,使得道路交通系统的供需矛盾永无止境,以恒定的时间资源、有限的空间资源与环境承载力,获得最好的服务品质,这就要求时空利用的最大化。

(2) 混沌效应

混沌理论由美国气象学家洛伦兹(E. N. Lorenz)于1963年提出,是一种兼具质性思考与量化分析的方法,用以探讨动态系统中无法用单一的数据关系,而必须用整体、连续的数据关系才能加以解释及预测的行为。混沌理论认为在混沌系统中,初始条件十分微小的变化,经过不断放大,对其未来状态会造成极其巨大的差异,其有三个特征:

①能量永远会遵循阻力最小的途径;

②始终存在通常不可见的根本结构,这个结构决定阻力最小的途径;

③这种始终存在而通常不可见的根本结构,不仅可以被发现,而且可以被改变。

正是因为具有以上特征,道路交通的状态识别、预警才显得尤为重要且具有可操作性。如交通异常预警,可以在异常发生前通过控制,降低异常的不利影响。控制的方法之一是混沌控制法,主要有两种控制方法,一是通过合适的策略、方法及途径,有效地抑制混沌行为,使李雅普诺夫指数下降,进而消除混沌;二是选择某一具有期望行为的轨道作为控制目标。一般情况下,在混沌吸引子中的无穷多不稳定的周期轨道常被作为首选目标,其目的就是将系统的混沌运动轨迹转换到期望的周期轨道上。不同的控制策略必须遵循这样的原则:控制律的设计须最小限度地改变原系统,从而对原系统的影响最小。从这个观点来看,控制方式可以分为两类:反馈控制和非反馈控制。反馈控制是一种十分成熟而且应用广泛的工程设计技术,它主要利用混沌系统的本质特征,如对于初始点的敏感依赖性,来稳定已经存在于系统中的不稳定轨道。一般来说,反馈控制的优点在于不需要使用除系统输出或状态以外的任何有关给定被控系统的信息,不改变被控系统的结构,具有良好的轨道跟踪能力和稳定性,其缺点在于要求一个比较精确的数学模型和输入目标函数或轨道,在只存在观测数据而没有数学方程时不能直接使用。和反馈控制方式相比,非反馈控制主要利用一个小的外部扰动,如一个小驱动信号、噪声信号、常量偏置或系统参数的弱调制来控制混沌,该控制方式的设计和使用都十分简单,但无法确保控制过程的稳定性。这两种方式都是通过混沌动力学系统的稍微改变来求得系统的稳定解。在控制混沌的实现中,最大限度地利用混沌的特性,对于确定控制目标和选取控制方法非常关键。混沌控制的基本方法有:OGY方法、连续反馈控制法(外力反馈控制法和延迟反馈控制法)、自适应控制法以及智能控制法(神经网络和模糊控制)等。

(3) 木桶效应

木桶原理是由美国管理学家彼得提出的。说的是由多块木板构成的水桶,其价值在于其盛水量的多少,但决定木桶盛水量多少的关键因素不是其最长的板块,而是其最短的板块。盛水的木桶是由多块木板箍成的,盛水量也是由这些木板共同决定的。若其中一块木板很短,则此木桶的盛水量就被限制,该短板就成了这个木桶盛水量的"限制因素"(或称"短板效应")。若要使此木桶盛水量增加,只有换掉短板或将其加长才行。人们把这一规律总结为"木桶原理"或"木桶定律",又称"短板理论"。

道路交通的短板随目标函数的变化而变化,安全、畅通、环保与康复,不同的问题其短板不同,单目标的短板与多目标的短板亦不相同。

1.3 道路交通的主要影响因素

安全、畅通、环保、经济是道路的四大主要影响因素。看问题的角度不同,看到的问题不同,其影响因素亦不同。从这个意义上讲,道路交通的主要影响因素可以分为以下几类:

(1) 安全

没有绝对的安全。经济投入是安全的必要保障。由此看来,安全的约束条件是愿意承担的安全风险(或者说风险系数)和经济投入,也可以说经济条件是安全的约束条件,因为风险系数和经济条件密切相关,和技术水平密切相关,个体对安全的认知,取决于经济条件和价值观,群体对安全的认知,取决于经济条件和反映群体价值观的政策和法规。仅有经济投入,没有相应的科技水平作为支撑,也无法实现所追求的安全目标。除了约束条件外,道路交通安全还和道路使用者、车辆和车辆操作者、气候与环境、道路标准及装载相关,与管理水平相关。

(2) 畅通

没有绝对的畅通。道路供给是畅通的必要保障,这就涉及自然资源和经济条件。由此来看,自然资源和经济投入是畅通的约束条件。自然资源,特别是土地的不可再生性,使得道路供给不可能无限扩展。就畅通自身而言,属于感知的范畴,其绝对度量取决于价值观的趋向,相对度量取决于对比的对象,无论是畅通性的相对度量还是绝对度量,都涉及是群体感知还是个体感知,无论是个体感知还是群体感知,都涉及价值观、自然资源和经济条件。

(3) 环保

没有绝对的环保。经济投入和科技水平是实现环保的约束条件。就环保这一问题而言,其属于感知的范畴,可以是个体的感知,例如,隧道内行走的人或车内的人,是否觉得噪声太大或空气不好。也可以是群体的感知,道路附近的居民是否觉得噪音太大、空气不好或土地受到污染,而环保的度量也有相对环保和绝对环保,例如,晴朗天空、空气质量为优的天数增多了,表现为更环保了,或者晴朗天空、空气质量的天数一年中达到了某一标准,满足了宜居标准的该项指标;个体对环保性的感知和个人的身体状态相关,如疫情感染可能需要吸氧;和个体所处环境及运动状态相关,如行走在隧道或路段的人,而无论是环保性的绝对度量或相对度量,都要确定评价指标。因此,价值取向同样是不可或缺的。

(4) 经济

没有绝对的经济。这个项目建设在这个时期算比较省的,过段时间由于施工水平、建设水平、材料与装备更先进更经济了,可能花钱更少了,即便如此,可能和其他地方相比,仍不算经济,即便是相同的施工企业、建设企业施工类似的项目,也可能因为所处地自然资源与社会环境的不同,也可能相差较大,例如征地与拆迁、原材料价格等。同样的,同一辆车相同的人驾驶,在不同地区、不同道路上的油耗也不相同。因此,道路交通的经济性涉及自然资源、时间范围、空间范围、道路等级、环境气候等因素,亦涉及价值取向,比如,改革开放初期绿水青山不以为然,而现在绿水青山成为追求的目标。

(5) 多目标组合因素

实际上,安全与经济,环保与经济,畅通与经济,安全、畅通与经济,畅通、环保与经济,等等,可以组合成不同的主要问题类别,与分别看待安全、畅通、环保与经济的不同之处在于,看问题的角度从单目标变成多目标,可以考虑同时实现两个目标、三个目标或者四个目标。由于要实现的目标不同,所以影响因素就不同。例如,要实现安全又畅通,单纯考虑安全问题时,只要车速为零就最安全,但这是不可能的;单纯考虑畅通时,交通量足够小就能保障畅通,这也是不可能的;同时考虑安全与畅通,而这两个目标具有反向性,就存在如何平衡二者的问题,存在着如何将不同类型的目标转化成可以统一度量的参数的问题,变成多目标的决策问题。

综上所述,得到以下结论:

(1) 道路交通的主要问题属于感知层面的问题;

(2) 对道路交通主要问题的感知可以是个体也可以是群体;

(3) 可以感知某一问题,分析影响因素,探索解决问题的方法,也可以同时感知多个问题,分析影响因素,探索解决问题的方法,因此,问题可以划分为单目标问题和多目标问题;

(4) 问题是否解决,解决效果如何,都涉及问题解决程度的度量,换句话说,都涉及效果参数,而度量可以划分为绝对度量和相对度量两种类别;

(5) 问题的产生,涉及诸多因素,有些因素是不可控的或难以控制的,有些因素是可以控制的;

(6) 度量是因素特征的量化,效果度量都涉及价值观,价值观有个体价值观和群体价值观,政策、法规、标准与规范是群体价值观的表现,如果要对效果进行定量判断,还应给出判别的准则;

(7) 厘清可控制的因素,才能找到解决问题的方法,可控制的因素一定和所关心的场景、追求的目标相关;

(8) 目标有单目标和多目标,无论是单目标还是多目标,都和价值观相关,多目标一定存在着度量的统一,可以是转换成同一价值,也可以是将参数标准化,进行度量;

(9) 场景可以是个体感知,也可以是群体感知,还可以是个体感知引起的群体感知,量变与质变在感知中亦是存在的。

按照由问题到影响因素的思维逻辑,若能剖析清楚无论是个体还是群体,希望道路交通同时实现安全、畅通、环保和经济这4类问题的影响因素,则其他类别问题和主要影响因素也会迎刃而解。众所周知,世界由精神和物质所构成,按照这一观点,道路交通的主要影响因素,也应该由可视、可度量的物质类因素和难以直接度量、不可视而凭感知给出结果的精神类因素所构成。当然,精神类因素所表达的特征,虽然难以量化,但亦必须要用一个或多个参数进行度量。无论是物质类因素还是精神类因素,总体来讲,可以划分为内因和外因。对于道路交通,人、车、路和环境这些因素可视且可度量,是物质类因素,也是道路交通变化的内因。除了人、车、路和环境外,还有价值观、政策和法规、科技水平、经济条件和自然资源,这些是变化的外因,这些因素都属于感知类因素,属于精神类因素,如果把政策和法规、科技水平、经济条件以及自然资源看作某段时间内不变化的固有参数,则道路交通的主要影响因素,可以说是由物质类的人、车、路和环境以及精神类的用户体验(含价值观)所构成。考虑到自动驾驶技术的发展,若把人的驾驶技能归类到车辆性能中,则道路交通的主要影响因素又可划分为价值观、科技水平、经济条件、资源、装载、车辆、道路、环境和设施9种。

(1) 价值观

价值观决定了道路交通追求的目标,安全、畅通、环保和经济是道路交通价值的表现方式,价值观决定了道路交通建设、运营和养护管理采取的政策、路线、规则、策略和措施。政策包括法规、标准与规范。政策约束了道路交通的规划、建设与管理,政策与道路实际的符合性以及政策的先进性和实用性,直接影响着道路交通的发展,政策是道路交通发展的导向标,是价值观落实的保障,路线是政策落实的途径,规则是路线落实的约束条件,策略和措施是政策落实的方案。

(2)科技水平

科学技术是第一生产力。科技成果的应用,不仅推动了道路交通的发展,甚至改变社会生产方式和生活方式。互联网、大数据、自动驾驶、人工智能等科学技术的出现,开辟了道路交通全新的建设和运营模式。

(3)经济

经济条件包括道路使用者的经济条件和道路交通建设、运营与养护管理者的经济条件,前者影响着道路使用者的出行决策,后者影响着道路交通建设的规模与标准、运营提供的服务水平和道路及附属设施标准化的保障程度。

(4)资源

道路交通资源主要包括土地资源和能源,二者的有限性决定了道路交通可持续发展的政策与技术导向。

(5)装载

包括客车、货车和特殊车辆的装载信息,如货物种类、准载量、实载量、准载客量、实载客量等。

(6)车辆

包括车辆的外轮廓尺寸、动力性能等,如制动反应滞后时间、车辆的长度和宽度与高度、耗能类别(电、油、气)等。

(7)道路

包括道路功能、等级、道路线形参数、摩擦系数、长度、车道数等。

(8)环境

指气候环境,包括冰、雪、雨、雾、亮度等。

(9)设施

包括道路交通的通信、供电、诱导、控制以及监测等方面的装置和设备。

以上9种因素,相对于传统的人、车、路和环境4个因素,增加了精神类因素和物质类因素的装载和设施,新增的这6个因素对道路交通未来的发展能在以下方面起到促进作用:

(1)价值观

有利于落实实践是检验真理的唯一标准,道路交通做得好与不好,用户说了算;有利于实现多目标决策,如安全、畅通、经济,使得决策更加全面、科学、合理,而不是顾此失彼;有利于促进规范的实用性、先进性和经济性以及政策与法规的可实施性和效果。

(2)科技水平

有利于落实科技是第一生产力,提高感知、决策和管理水平,能够解释不增加资源的条件下,道路交通得到改善的这一事实,如车联网交通可以提高道路通行能力的同时,又可以减少交通事故发生的频率,降低事故危害程度如财产损失。

(3)经济

有利于实事求是,根据实际情况,制定与经济条件相适应的政策、法规和标准规范,选择适宜的建设、运营和养护的模式以及规模和方案。

(4)资源

有利于合理利用土地资源,落实节能减排,减少大气污染。

(5)装载

有利于提高运输管理的有效性,丰富客、货运输的信息库,在减少无效交通实现节能减排的同时,便于客、货运输的应急管理。

(6)设施

有利于构建智慧交通的通信网、供电网和信息网,为发展智慧交通打下基础。

1.4 道路交通的维度与粒度

维度是一种"属性、范围"的包含,或者说是独立坐标的数目。粒度是同一维度下,数据统计的粗细程度,细化程度越高,粒度级别越大。

道路交通的维度可以用道路交通的目标来表达。单目标(维度)管控与决策是道路交通的常见形态,如畅通问题、环保问题和安全问题;多目标(维度)管理与决策少见,如安全与畅通双目标下的管控与决策。

道路交通的粒度可从时间、空间和使用者三个方面阐述。时间与空间粒度的大小由应用场景来确定,使用者粒度的大小取决于管控的技术水平。用于交通控制和诱导的时间粒度,前者显著小于后者,空间粒度可以是道路断面、车道、位置或区域,使用者粒度可以是单个或群体。

1.5 道路交通的消耗

道路交通在满足社会与生产活动的同时,也在消耗时间、空间、能源和道路交通设施服务的价值。

(1)时间消耗

时间消耗包括单位(车辆、人或货物)时间消耗和累计时间消耗。人的时间消耗有乘车时间消耗和步行时间消耗,无论是道路还是公路,更多的是关心客、货在途的时间消耗。

(2)空间消耗

空间消耗可分为单位(车辆、人或货物)空间消耗与累计空间消耗,大车的空间消耗大于小车的空间消耗。

(3)能源消耗

能源消耗可分为车辆能源消耗和道路设施能源消耗两类,也可分为直接消耗和间接消耗。能源消耗的类别主要有电、油、气,车辆消耗可以用百公里消耗量表示,设施消耗可以用每公里用电量表示,道路设施的能源消耗包括由于交通运行产生的环境污染治理的消耗。

(4)道路交通设施服务

道路交通设施服务的消耗包括道路设施建设、管理、运营与养护发生的费用。

1.6 道路交通的状态

道路交通状态包括交通流状态和运营状态。

交通流状态可分为自由流交通、干扰流交通和跟踪流交通,三种交通流的临界值并非定值,其大小与容许的交通风险相关。自由流时车辆到达服从泊松分布,车辆可自由选择行驶的车道,需要变换车道的需求较低;干扰流时车辆到达服从爱尔朗分布,交通量较大,需要超车的需求较大;跟踪流时车辆到达时距趋于定值,基本不存在可以变化车道的可能性。容许的交通风险越大,临界交通量的值越大。

交通运营状态一般分为畅通状态和安全状态两类,前者可用服务水平、交通运行指数等来刻画,后者尚无统一的刻画参数,可以用车间时距为变量参数,也可以用速度、密度或者交通流的制动反应时间平均值和置信度作为参数进行评价。

1.7 道路交通流构成分类

道路交通流可以按车辆类型和网联度分类。

按车辆类型分类,一般将车辆分为小、中、大、超长四种类型。标准车流采用基于通行能力的车辆换算系数,将中、大、超长车换算为小车(标准车),混合车流则不必换算,前者采用换算后的车辆数计算小、中、大、超长车在交通流中所占比例,后者则采用各类车辆的绝对数计算各类车所占比例。

按交通流的网联度分类,可分为以下3类:

(1) 非车联网交通流

该类型交通流网联度为零,属于不对称信息下的交通问题。车辆可以是有人驾驶也可以是自动驾驶,与后者不同的是,当全部为有人驾驶车辆时,交通流的制动反应时间平均值大于部分为有人驾驶车以及其他自动驾驶车,其亦可称为非车联网混合交通流。

(2) 部分车联网交通流

该类型交通流由有人驾驶车、非联网自动驾驶车和联网自动驾驶车构成。由于自动驾驶车辆制动反应时间为毫秒级,故联网的自动驾驶车辆的制动反应时间平均值较小,故部分车联网交通流制动反应时间平均值小于非车联网交通流制动反应时间平均值。

(3) 车联网交通流

车联网交通流的车辆由自动驾驶车辆构成。交通流的制动反应时间平均值显著降低,这也是车联网通行能力提高的原因所在。

1.8 交通流模型的发展

交通流模型包括交通流的微观模型和宏观模型。

交通流的微观模型是以单个交通个体作为研究对象,细致地描述驾驶员和交通个体的行为,从而模拟交通个体在道路上的运行状态。具有代表性的模型有跟驰模型、矢量场模型和交通流元胞自动机(Cellular Automata,简称 CA)模型等。

交通流的宏观模型研究由大量车辆组成的车流集体的综合平均行为,用平均速度 $v(x,t)$、平均密度 $k(x,t)$ 及速度方差 $\theta(x,t)$ 等宏观量满足的方程来描述交通流,其单个车辆的个体特性并不明显出现。交通流的宏观模型主要有流体力学模型(包括运动学模型和动力学模型)和以气体动力论为基础的动力论模型。从 20 世纪 50 年代发展至今,比较有代表性的宏观模型有佩恩(Payne)模型、Papageorgiou 模型和 Daganzo 的元胞传输模型(Cell Transmission Model,简称 CTM)。

在交通流的模型中,应用最为广泛的是基于水力学理论得到的流量、密度与速度模型,由其推导过程和表达式可以看出该模型具有以下特性:

(1) 同质性

将车辆看作水分子,这意味着假定所有车辆的性能相同,驾驶者的驾驶行为相同,车辆之间的间距相同,也就是说,忽略个体之间的差异性,以其平均特性代替个体特性。

(2) 相关性

道路交通流的状态,与驾驶者、车辆性能、气候和道路条件密切相关,交通流模型中并不包含反映其影响的参数,这意味着交通流的特征参数 q、k 和 v 并不受影响。

(3) 唯一性

交通流的特征参数,若能获取任意两个参数,则第三个参数可计算得知,且为唯一的固定值。这意味着该模型不包含影响交通流变化的任何内在因素,模型不能反映交通流因道路、环境、车辆和气候不同而发展变化的机理。

(4) 宏观性

模型反映了交通流三个参数之间的关系,刻画的对象是交通流,而不是单个车辆,反映的是群体,而不是个体的特征。正是因为交通流模型具有上述特性,使得在实际应用中必须使模型与道路特性产生关系,从而产生了格林息尔治模型、格林伯模型、安德伍德模型,引入自由流速度 v_f、阻塞密度 k_j、最佳车速 v_m 来反映道路特性对交通流的影响。通过调查,获取参数值,使模型更具有实用性。v_f、v_m、k_j 分别一定程度上反映道路和车辆长度的影响。虽然如此,但仍不能反映车辆制动性能的影响和驾驶者遇紧急情况时反应操作的特征,同时也造成了交通流模型由三个参数模型演化为双参数模型,任一参数确定后,另两个参数则可计算得知,这也使得用于交通评价的很多参数,虽然在形式上并不相同,但实际上是某一参数的不同表现形式。

(5) 常态性

模型以平均特性反映个性,这使得在探索偶发事件时无能为力,道路交通的异常事件属于小概率事件,正常交通时忽略差异性对交通流的影响,而异常交通流忽略的差异性往往起着决定性的作用。如尾撞事故,多数情况下都是由于驾驶者的反应操作慢而引起。

以上特性限制了该模型的应用场景。从发展来看,需要建立宏观和微观相统一的模型来描述交通流的特征与变化规律,使得既能解决宏观问题,也能解决微观变化引起质变的宏观问题。

1.9 智能交通的发展

20世纪80年代末、90年代初,欧洲、美国分别提出DRIVE计划(Dedecated Road Infrastructure for Vehicle Safety in Europe Programme,车辆安全专用道路基础设施欧洲计划)和IVHS(Intelligent Vehicles and Highway System,智能车辆公路系统),并在1994年统一称为ITS(Intelligent Transport System,智能交通系统)。1995年,中国政府首次派团参加了第二届ITS世界大会。此后,智能交通、智慧交通、"四个交通"等提法接踵而来,智能交通学会、智慧交通产业联盟等组织相继建立,云技术、大数据技术、互联网+交通等层出不穷。总体来看,引领智能交通发展的是计算机技术、通信技术、人工智能技术和数据处理技术。智能交通的发展,主要体现在城市交通信号控制、高速公路智能化以及交通运输一体化管理3个方面,而其发展可以分为3个阶段。

(1)第一代智能交通系统

20世纪60年代中期至70年代,有了"以能够相互共享资源为目的互联起来的具有独立功能的计算机之集合体"这一计算机网络的概念,第一代智能交通系统逐渐成形。

第一代智能交通系统代表性的成果有由英国运输与道路研究所(TRRL)开发的仿真软件TRANSYT(Traffic Network Study Tool)、基于TRANSYT研制成功的SCOOT(Split,Cycle and Offset Optimization Technique)以及由澳大利亚新南威尔士州道路交通局(RTA)研究开发的SCATS(Sydney Coordinated Adaptive Traffic System)。

交通控制系统的开发对改善城市交通起了很大作用,并在全世界进行了推广。20世纪80年代初,成都、大连、北京等使用了SCOOT系统,上海(160个路口)、沈阳(50个路口)和广州市越秀区(40个路口)使用了SCATS系统,南京、深圳以及天津等城市也在吸收国外经验的基础上开发了以动态控制和自适应控制为目标的城市交通信号控制系统,其可以算作第一代智能交通系统。

这一阶段,系统架构基于城市交叉口的信号控制,根据控制的需要,构建系统框架。

(2)第二代智能交通系统

到了20世纪70年代末至90年代,诞生了第三代计算机网络,有了两种国际通用的最重要的体系结构,即TCP/IP体系结构和国际标准化组织的OSI(开放式系统互联)体系结构,世界各国也对如何利用现代通信、计算机等技术解决交通问题进行了较系统的研究,美国的IVHS、欧洲的DRIVE计划等都是如此,并在1994年正式统一称为ITS,成立了世界性和区域性的一些ITS组织,智能交通也进入第二个发展阶段。

这一阶段,智能交通的特点是应用领域扩展到了公路系统和物流,明确了总体架构的构成,各国都建立了自己的智能交通体系框架。美国提出了七大系统,欧洲、日本提出了九大系统,而中国提出了八大系统。

(3)第三代智能交通系统

到了20世纪90年代末,诞生了第四代计算机网络,此后,云技术、大数据技术也相继诞生,这时智能交通进入到第三个发展阶段。

这一阶段,智能交通的特点是以数据为基础、互联网为手段、服务为目标。这个结论可从当前的研究热点得出,例如,V2V(车车通信技术)、V2I(车辆基础设施互联系统)、AERIS(实时环境信息融合)等。

1.10 本书的结构与应用

本书从道路交通的现状与问题出发(第1章 绪论),阐述了交通规划、控制与运营管理涉及的主要知识(第2章 基础知识)和分析方法;分析了应用场景、精度、采样区间对道路交通信息采集的影响(第3章 道路交通流信息采集);论述了道路交通数据融合的必要条件与方法(第4章 道路交通数据融合);论证了道路交通流时间与空间的等效性和关联性(第5章 道路交通时空论);对非车联网交通、车联网交通和非车联网/车联网交通的通行能力影响因素进行了分析(第6章 基于容许风险的道路交通流通行能力);提出了基于统计预测法的交通流异常预警、报警方法和样本数要求(第7章 交通异常自动检测)以及基于时变网络的交通诱导方法(第8章 城市道路交通广域诱导)和"三网""七库"的智慧交通构建方法(第9章 道路交通智慧管控平台)。限于篇幅,未讨论如何应用时空理论进行交通规划,但若理解单位车辆的时空占有量、期望车速、路段通行能力的计算方法,做到这一点也是可以的。

第2章 基础知识

2.1 概 述

交通工程涉及面很广,包括计算机、通信、汽车、人工智能等。本章仅阐述交通工程专业教材中鲜见的知识、本书定义的和道路交通流密切相关的一些概念以及分析方法,为更好理解后续章节内容打下基础。

2.2 影响因素

上一章阐述了道路交通由9个因素构成,在此,主要阐述车辆操作者、道路与环境、车辆和科技水平4个因素。

2.2.1 车辆操作者

车辆操作者是指有人驾驶车辆的驾驶员和自动驾驶车辆的车载操作终端。车辆操作者对道路交通的影响,主要体现在对危险的感知时间方面,或者称为车辆操作者的制动反应时间。对于有人驾驶车辆,其包括意识反应时间和身体反应时间两个部分。

(1)意识反应时间

驾驶员接到紧急停车信号时,并没有立即行动,而要经过t'_{t1}时间后才意识到应紧急停车,这段时间可以称为驾驶员意识反应时间。

(2)身体反应时间

驾驶员意识到应紧急停车后,开始移动右脚,再经过t''_{t1}时间后到b点才开始踩制动踏板,这段时间可以称为身体反应时间。

意识反应时间和身体反应时间之和t_{t1}可以称为驾驶员的反应时间,一般为0.3~1s。

对于自动驾驶车辆,车辆的制动反应时间与有人驾驶车辆略有区别,这种差异表现在,车辆的制动反应时间,即t_{t2}的范围是相同的,但操作反应时间不同,自动驾驶车辆没有身体反应时间,虽然亦没有意识反应时间,但自动驾驶车辆也需要对危险进行感知与决策,也需要时间,只不过其需要的时间是毫秒级,远小于人的意识反应时间,故自动驾驶的操作反应时间小于有人驾驶的操作反应时间。

2.2.2 道路与环境

道路与环境对交通的影响是指道路的影响、环境的影响和二者综合影响,这种影响体现在驾驶行为的决策和路面摩擦系数的变化方面。

(1) 道路的影响

道路的影响是指道路线形和路面摩擦系数对行车的影响,体现在驾驶行为的决策方面,如车速选择、方向选择、车间距选择等。

(2) 环境的影响

环境的影响是指气候变化的影响,包括视觉场景的变化和湿度与温度的变化。视觉场景的变化,为白天、夜间、阴天、晴天,对自动驾驶车辆影响小,对有人驾驶车辆的交通行为影响较大。夜间驾驶容易超速行驶、疲劳驾驶甚至打瞌睡,事故风险较大;白天晴天驾驶在隧道的入口和出口会因"黑洞现象"和"白洞现象"造成视觉辨识与反应能力下降,在长隧道和特长隧道中间段驾驶容易心情烦躁、自动超速、操作失误,从而导致事故风险增加。温度与湿度变化同样对自动驾驶车辆影响较小,但对有人驾驶车辆影响较大。温度下降与湿度增大,如冰雪天气,不但使路面摩擦系数降低,而且隧道洞外会形成"雪盲现象",雨天会使路面摩擦系数降低,增大行车风险。

(3) 综合影响

道路和环境的综合影响,包括对车辆的影响和对车流的影响两个层面,而这两个层面又随车辆有人驾驶/自动驾驶及车联网的联网水平的不同而不同,随交通量的变化而变化。综合影响的最终体现,表现在交通状态的变化和交通流统计参数的变化。

2.2.3 车辆

车辆作为道路交通的主要影响因素之一,主要涉及车辆类型、设计车辆尺寸和车辆性能。

(1) 车辆类型

车辆类型决定了运输的特征。根据用途车辆可以分为客运车辆、货运车辆和特殊车辆。如表2.2-1所示,客运车辆根据载客人数可以分为小客车、中型客车、大型客车和公共汽车;货运车辆根据载货吨数可以分为微型货车、中型货车、大型货车和汽车列车;特殊车辆主要有消防车、救护车和警务车等。

车辆类型及其特征　　　　表2.2-1

车辆类型		具体特征
客运车辆	小客车	指9座及以下的客运车辆
	中型客车	指10座及以上、19座以下的客运车辆
	大型客车	指在城市之间运行的19座及以上的客运车辆
	公共汽车	指城市内可供乘客乘坐、站立、频繁上下车的客运车辆
货运车辆	微型货车	指荷载吨数2t及以下的货运车辆
	中型货车	指荷载吨数2t以上、7t及以下的货运车辆
	大型货车	指荷载吨数7t以上、20t以下的货运车辆
	汽车列车	指荷载吨数20t以上的货运车辆,包含拖挂车、铰接货车等
特殊车辆	消防车	指用于灭火、消防救援或其他紧急用途的救援车辆
	救护车	指接载病员从伤病现场到医院,或作为转院服务的车辆

(2) 设计车辆尺寸

设计车辆尺寸指公路及其附属设施设计所采用的代表车型的车身长度、车身宽度、车身高度以及轴距等参数,其直接影响着道路及其附属设施建筑的净空、道路线形、道路宽度及交通设施的配置,如隧道机电系统的配置。根据《公路工程技术标准》(JTG B01—2014)对公路设计所采用的设计车辆尺寸规定,设计车辆尺寸如表2.2-2所示。

设计车辆尺寸　　　　　　　　　表2.2-2

车辆类型	总长(m)	总宽(m)	总高(m)	前悬(m)	轴距(m)	后悬(m)
小客车	6	1.8	2	0.8	3.8	1.4
大型客车	13.7	2.55	4	2.6	6.5+1.5	3.1
铰接客车	18	2.5	4	1.7	5.8+6.7	3.8
载重汽车	12	2.5	4	1.5	6.5	4
铰接列车	18.1	2.55	4	1.5	3.3+11	2.3

(3) 车辆性能

刻画车辆性能的参数很多,从车辆跟踪的角度考虑,主要体现在车辆的制动性能上。交通流处于跟踪状态时,当发生异常需要紧急制动时,随着驾驶员踩踏板的动作,踏板力迅速增加,经若干时间后达到最大值。不过,由于制动系中有一定残余压力,且蹄片是由回拉弹簧拉着的,蹄片与制动鼓间存在着间隙,所以要再经过若干时间地面制动力才起作用,使汽车开始产生减速度,这段时间可以称为制动力滞后时间。

2.2.4 科技水平

科技进步体现在交通设施、管理水平和车辆性能提高三个方面,而影响最大的是车辆的进步,也就是自动驾驶车辆的发展与应用。

自动驾驶车辆可按技术等级和信息交通进行分类。表2.2-3给出美国国家公路交通安全管理局(NHTSA)、美国汽车工程师学会(SAE)对自动驾驶车辆的分级标准。

自动驾驶分级　　　　　　　　　表2.2-3

分级	NHTSA	L0	L1	L2	L3	L4	
	SAE	L0	L1	L2	L3	L4	L5
称呼		无自动化	驾驶支持	部分自动化	有条件自动化	高度自动化	完全自动化
SAE定义		由人类驾驶者全权驾驶汽车,在行驶过程中可以得到警告	通过驾驶环境对方向盘和加速减速中的一项操作提供支持,其余由人类操作	通过驾驶环境对方向盘和加速减速中的多项操作提供支持,其余由人类操作	由无人驾驶系统完成所有的驾驶操作,根据系统要求,人类提供适当的应答	由无人驾驶系统完成所有的驾驶操作,根据系统要求,人类不一定提供所有的应答,限定道路和环境条件	由无人驾驶系统完成所有的驾驶操作,可能的情况下,人类接管,不限定道路和环境条件
主体	驾驶操作	人类驾驶者	人类驾驶者/系统	系统			
	周边监控	人类驾驶者			系统		
	支援	人类驾驶者				系统	

2.3 车联网

2.3.1 概念

车联网车辆可以是有人驾驶车辆,也可以是无人驾驶车辆,但有了自动驾驶车辆,有人驾驶车联网则没有发展和存在的必要。车联网(Internet of Vehicles)简称为IoV,其概念源于物联网,其定义主要有以下几种:

(1)车联网,就是指把汽车连接起来,组成网络。汽车和汽车组成车网,车网与互联网相连,三者基于统一的协议,实现人、车、路、云之间数据互通,并最终实现智能交通、智能汽车、智能驾驶等功能。

(2)车联网,是以行驶中的车辆为信息感知对象,借助新一代信息通信技术,实现车与X(即车与车、人、路、服务平台)之间的网络连接,提升车辆整体的智能驾驶水平,为用户提供安全、舒适、智能、高效的驾驶感受与交通服务,同时提高交通运行效率,提升社会交通服务的智能化水平。

(3)车联网,是指利用先进传感技术、网络技术、计算技术、控制技术、智能技术,对道路和交通进行全面感知,实现多个系统间大范围、大容量数据的交互,对每一辆汽车进行交通全程控制,对每一条道路进行交通全时空控制,提供以交通效率和交通安全为主的网络与应用。根据中国物联网校企联盟的定义,车联网是由车辆位置、速度和路线等信息构成的巨大交互网络。通过GPS(全球定位系统)、RFID(射频识别)、传感器、摄像头图像处理等装置,车辆可以完成自身环境和状态信息的采集;通过互联网技术,所有的车辆可以将自身的各种信息传输汇聚到中央处理器;通过计算机技术,这些大量的车辆信息可以被分析和处理,从而计算出不同车辆的最佳路线、及时汇报路况和安排信号灯周期。

(4)车联网,是指能够实现智能化交通管理、智能动态信息服务和车辆控制的一体化网络,是物联网技术在交通系统领域的典型应用,是移动互联网、物联网向业务实质和纵深发展的必经之路,是未来信息通信、环保、节能、安全等发展的融合性技术。

(5)车联网是指车与车、车与路、车与人、车与传感设备等交互,实现车辆与公众网络通信的动态移动通信系统。它可以通过车与车、车与人、车与路互联互通实现信息共享,收集车辆、道路和环境的信息,并在信息网络平台上对多源采集的信息进行加工、计算、共享和安全发布,根据不同的功能需求对车辆进行有效的引导与监管,以及提供专业的多媒体与移动互联网应用服务。

(6)车联网是采用先进的无线通信和新一代互联网等技术,全方位实施车车、车路动态实时信息交互,并在全时空动态交通信息采集与融合的基础上开展车辆主动安全控制和道路协同管理,充分实现人车路的有效协同,保证交通安全,提高通行效率,从而形成的安全、高效和环保的道路交通系统。

(7)车联网是通过新一代信息通信技术,实现车与云平台、车与车、车与路、车与人、车内等全方位网络链接,主要实现了"三网融合",即将车内网、车际网和车载移动互联网进行融合。车联网是利用传感技术感知车辆的状态信息,并借助无线通信网络与现代智能信息处理技术实现交通的智能化管理，以及交通信息服务的智能决策和车辆的智能化控制。

以上定义从不同的角度给出了车联网的内涵。归纳起来，主要有应用场景、功能效果和主要技术。

2.3.2 构成与分级

交通流的组成可以从4个角度进行分析。

(1) 从车辆的空间消耗进行分析

从车辆的空间消耗角度考虑，交通流是由不同长度的车辆构成，一般可分为小型车、中型车和大型车三类。按照我国的分类标准，即将小客车、大型客车与载货汽车及铰接车各分为一类，可分别取6m、13.7m和18.1m。

(2) 从车辆的时间消耗进行分析

从车辆的时间消耗角度考虑，交通流可分为可叠加交通流和不可叠加交通流。可叠加交通流的车辆越多，交通流制动反应时间消耗越大，交通流制动反应时间消耗的和与交通量的大小成正比；不可叠加交通流制动反应时间消耗的和并非如此，此将在下文描述。

(3) 从信息的角度进行分析

从信息的角度考虑，交通流可分为规划交通与随机交通，也可分为车联网交通与非车联网交通。规划交通是一定范围内运动过程可测、可控的交通，而随机交通是一定范围内运动过程不可测、不可控、出行时间和路径不确定的交通。预约交通、专用公交道的公共交通、车联网交通都可看作是规划交通。规划交通的信息熵小于随机交通的信息熵。

(4) 从车辆的自动化水平进行分析

可以分为有人驾驶交通流、自动驾驶交通流与混合驾驶交通流，也就是交通流中既有有人驾驶车辆，又有自动驾驶车辆。

车联网可以根据信息的交互程度，粗略分为以下3级。

(1) IoV1 车联网

车辆之间及车与行人基本无信息交互，交通行为受道路信息和交通流状态的制约，是传统意义的交通流形态，车辆为L0、L1或L2级。

(2) IoV2 车联网

部分车辆之间及车与行人之间有信息交互，且实现与道路协同，其他车辆之间及车与行人基本无信息交互，部分学者称之为混合交通流，从信息的角度来讲，属于非对称信息车联网，车辆为L0、L1、L2或L3级。

(3) IoV3 车联网

交通流由自动驾驶车构成，所有车辆之间及车与行人实现信息交互与车路协同，从信息的角度来讲，属于对称信息车联网，车辆为L4或L5级。

目前，这三类车联网都有许多研究成果，IoV1车联网成果最多，IoV2与IoV3车联网是当前的研究热点，IoV3处于实验阶段，IoV2理论分析较多、实践较少。从发展来看，由IoV1到IoV3必然要经历IoV2，若要减少有人驾驶与自动驾驶两类性能与功能相差很大的车辆之间的相互影响，开放专用自动驾驶联网车道的路权，将是未来重要应用与推广场景。

2.3.3 技术标准

目前全球车联网主要有两大主流技术标准：专用短程通信（Dedicated Short Range Communication,DSRC）技术和基于蜂窝移动通信系统的 C-V2X（Cellular Vehicle to Everything）技术。DSRC 是美国主推的车联网标准，而 C-V2X 是我国主要推行的车联网通信标准。C-V2X是基于3GPP（3rd Generation Partnership Project,第三代合作伙伴计划）全球统一标准的通信技术，其中 V 代表车辆，X 代表任何与车交互信息的对象，当前 X 主要包含车、人、交通路侧基础设施和网络。V2X 将"人、车、路、云"等交通参与要素有机地联系在一起，不仅可以支撑车辆获得比单车感知更多的信息，促进自动驾驶技术创新和应用，还有利于构建一个智慧的交通体系。

2.3.4 主要技术

车联网主要包括以下技术：

(1) 射频识别技术

射频识别（Radio Frequency Identification,RFID）技术是通过无线射频信号实现物体识别的一种技术，具有非接触、双向通信、自动识别等特征，对人体和物体均有较好的效果。RFID 不但可以感知物体位置，还能感知物体的移动状态并进行跟踪。RFID 技术一般与服务器、数据库、云计算、近距离无线通信等技术结合使用，由大量的 RFID 通过物联网组成庞大的物体识别体系。

(2) 传感网络技术

车辆服务需要大量数据的支持，这些数据的原始来源正是由各类传感器进行采集。不同的传感器或大量的传感器通过采集系统组成一个庞大的数据采集系统，动态采集一切车联网服务所需要的原始数据，例如车辆位置、状态参数、交通信息等。当前传感器已由单个或几个传感器演化为由大量传感器组成的传感器网络，并且能够根据不同的业务进行特殊化定制，为服务器提供数据源，经过分析处理后作为各项业务数据为车辆提供优质服务。

(3) 卫星定位技术

随着全球定位技术的发展，车联网的发展迎来了新的历史机遇，全球定位系统（GPS）作为车联网技术的重要基础，为车辆的定位和导航提供了高精度的可靠位置服务。随着我国北斗导航系统的日益完善并投入使用，车联网技术又有了新的发展方向，并逐步实现向国产化、自主知识产权的过渡。

(4) 无线通信技术

传感网络采集的数据需要通信系统传输才能得到及时的处理和分析，分析后的数据也要经过通信网络的传输才能到达车辆终端设备。考虑到车辆的移动特性，车联网技术只能采用无线通信技术来进行数据传输，因此无线通信技术是车联网技术的核心组成部分之一。在各种无线传输技术的支持下，数据可以在服务器的控制下进行交换，实现业务数据的实时传输，并通过指令的传输实现对网内车辆的实时监测和控制。

(5) 大数据分析技术

大数据（Big Data）是指借助于计算机技术、互联网，捕捉到数量繁多、结构复杂的数据或信息的集合体。在计算机技术和网络技术的发展推动下,各种大数据处理方法已经开始得到广泛的应用。常见的大数据技术包括信息管理系统、分布式数据库、数据挖掘、类聚分析等,成为不断推动大数据在车联网中应用的强大驱动力。

(6)标准及安全体系

车联网作为一个庞大的物联网应用系统,包含了大量的数据、处理过程和传输节点,其高效运行必须有一套统一的标准体系来规范,从而确保数据的真实性和完整性,完成各项业务的应用。标准化已成为车联网技术发展的迫切要求,也是一项复杂的管理技术。另外,车辆联网和获取服务本身也是为了更好地为车辆安全行驶提供保障,因此安全体系的建立也十分重要。能否根据当前车联网发展情况,建立一套高效的标准和安全体系,已经成为决定未来车联网技术发展的关键因素。

2.3.5 系统构成

从通信来看,IoV 系统包括了:

(1)车与云平台间的通信

是指车辆通过卫星无线通信或移动蜂窝等无线通信技术实现与车联网服务平台的信息传输,接受平台下达的控制指令,实时共享车辆数据。

(2)车与车间的通信

是指车辆与车辆之间实现信息交流与信息共享,包括车辆位置、行驶速度等车辆状态信息,可用于判断道路车流状况。

(3)车与路间的通信

是指借助地面道路固定通信设施实现车辆与道路间的信息交流,用于监测道路路面状况,引导车辆选择最佳行驶路径。

(4)车与人间的通信

是指用户可以通过 Wi-Fi、蓝牙、蜂窝等无线通信手段与车辆进行信息沟通,使用户能通过对应的移动终端设备监测并控制车辆。

(5)车内设备间的通信

是指车辆内部各设备间的信息数据传输,用于对设备状态的实时检测与运行控制,建立数字化的车内控制系统。

从协同构成来看,IoV 系统包括了:

(1)车辆和车载系统

车辆和车载系统是参与交通的每一辆汽车和车上的各种设备,通过这些传感器设备,车辆不仅可以实时地了解自己的位置、朝向、行驶距离、速度和加速度等车辆信息,还可以通过各种环境传感器感知外界环境的信息,包括温度、湿度、光线、距离等,不仅方便驾驶员及时了解车辆和信息,而且可以对外界变化做出及时的反应。此外,这些传感器获取的信息还可以通过无线网络发送给周围的车辆、行人和道路,上传到车联网系统的云计算中心,加强了信息的共享能力。

(2)车辆标识系统

车辆上的若干标志标识和外界的标识识别设备构成了车辆标识系统,其中标志以 RFID

和图像识别系统为主。

(3)路边设备系统

路边设备系统会沿交通路网设置,一般会安装在交通热点地区、交叉路口或者高危险地区,通过采集通过特定地点的车流量,分析不同拥堵段的信息,给予交通参与者避免拥堵的若干建议。

(4)信息通信网络系统

有了若干信息之后,还需要信息通信系统对各种数据的传输,这是网络链路层的重要组成部分,目前车联网的通信系统以 Wi-Fi、移动网络、无线网络、蓝牙网络为主,车联网的大部分网络需求需要和网络运营商合作,以便和用户的手机随时连接。

从网络上看,IoV 系统是一个"端管云"三层体系:

(1)第一层(端系统):端系统是汽车的智能传感器,负责采集与获取车辆的智能信息,感知行车状态与环境;是具有车内通信、车间通信、车网通信的泛在通信终端;同时还是让汽车具备 IoV 寻址和网络可信标识等能力的设备。

(2)第二层(管系统):解决车与车(V2V)、车与路(V2R)、车与网(V2I)、车与人(V2H)等的互联互通,实现车辆自组网及多种异构网络之间的通信与漫游,在功能和性能上保障实时性、可服务性与网络泛在性,同时它是公网与专网的统一体。

(3)第三层(云系统):车联网是一个云架构的车辆运行信息平台,它的生态链包含了 ITS、物流、客货运、汽修汽配、汽车租赁、企事业车辆管理、汽车制造商、保险、紧急救援、移动互联网等,是多源海量信息的汇聚,因此需要虚拟化、安全认证、实时交互、海量存储等云计算功能,其应用系统也是围绕车辆的数据汇聚、计算、调度、监控、管理与应用的复合体系。

从体系结构来看,IoV 系统包括:

(1)应用层

应用层是车联网的最高层次,可以为联网用户提供各种车辆服务业务,从当前最广泛就业的业务内容来看,主要就是由全球定位系统取得车辆的实时位置数据,然后返回给车联网控制中心服务器,经网络层的处理后进入用户的车辆终端设备,终端设备对定位数据进行相应的分析处理后,可以为用户提供各种导航、通信、监控、定位等应用服务。

(2)网络层

网络层主要功能是提供透明的信息传输服务,即实现对输入输出的数据的汇总、分析、加工和传输,一般由网络服务器以及 Web 服务组成。GPS 定位信号及车载传感器信号上传到后台服务中心,由服务器对数据进行统计的管理,为每辆车提供相应的业务,同时可以对数据进行联合分析,形成车与车之间的各种关系,成为局部车联网服务业务,为用户群提供高效、准确、及时的数据服务。

(3)采集层

采集层负责数据的采集,它是由各种车载传感器完成的,包括车辆实时运行参数、道路环境参数以及预测参数等,例如车速、方向、位置、里程、发动机转速、车内温度等。所有采集到的数据上传到后台服务器进行统一的处理与分析,得到用户所需要的业务数据,为车联网提供可靠的数据支持。

2.4 交通参数

刻画道路交通的参数很多,这些参数可按以下方法进行分类:

(1)按时空消耗进行分类

道路交通是时空管控问题,从时空消耗的角度考虑,道路交通参数包括单位车辆的时间消耗与空间消耗、单位车辆的时间消耗率与空间消耗率、交通流的时间消耗与空间消耗以及交通流的时间消耗率与空间消耗率。

(2)按度量的方式进行分类

可以分为断面参数、区间参数与网络参数,或者分为单个样本参数与平均参数。

(3)按应用场景进行分类

可以分为安全性能参数、运行效率参数、服务指数参数等。

(4)按参数的可度量性进行分类

可以分为直接参数与间接参数。例如延误、停车次数等参数,都是通过其他参数进行运算而获得,并非直接度量而得到。

交通参数是度量交通运营综合影响效率的标尺,除了交通量、速度、密度、时间占有率、空间占有率外,本节着重从时空消耗的角度阐述刻画交通流状态的参数。道路交通的空间消耗、空间富余率等参数,在同一程度上反映道路交通流安全性、受干扰的程度与变换车道的可行性。由于车辆种类的多样性,确定不同车辆单车空间有效占有率和单车空间富余率是必不可少的,其可用于道路交通规划、不同车型构成的交通流的通行能力计算、安全性评估及道路交通管控。

2.4.1 时间消耗

(1)时间富余率

时间富余率 $O_{ct_{lo}}$ 是指观测时间内,当车辆都静止时,车辆间空余距离的时距之和与观测时间长度之比,其可用下式表示:

$$O_{ct_{lo}} = \frac{\sum_{i=1}^{n} \frac{l_{0i}}{v_i}}{T} \qquad (2.4\text{-}1)$$

式中,l_{0i} 为第 i 辆车与前导车都停止时其之间的净距(m);v_i 为第 i 辆车的速度(m/s);n 为统计时间 T 内通过的车辆数(下同)。

(2)车辆长度的时间占有率

车辆长度的时间占有率 O_{ct_l} 可用下式表示:

$$O_{ct_l} = \frac{\sum_{i=1}^{n} \frac{l_i}{v_i}}{T} \qquad (2.4\text{-}2)$$

式中,l_i 为第 i 辆车的长度(m)。

(3) 车辆的制动反应时间占有率

车辆的制动反应时间 $t_r(s)$ 是指车辆操作者的反应时间和车辆制动滞后时间之和,车辆的制动反应时间占有率 O_{ct_r} 可用下式表示:

$$O_{ct_r} = nt_r/T \tag{2.4-3}$$

(4) 单位车辆的时间消耗

单位车辆的时间消耗 $D_t(s)$ 可用下式表示:

$$D_t = t_r + \frac{\bar{l}_0 + l}{v} \tag{2.4-4}$$

2.4.2 空间消耗

(1) 空间富余率

空间富余率是指交通流处于静止状态时,观测范围 $S(m)$ 内车辆的安全间距之和与观测范围长度之比,可用下式表示:

$$O_{cs_{lo}} = \frac{\sum_{i=1}^{n} l_{0i}}{S} \tag{2.4-5}$$

(2) 车辆长度的空间占有率

车辆长度的空间占有率,是指观测范围 $S(m)$ 内,车辆长度 l_i 之和占观测距点的比例,可用下式表示:

$$O_{cs_l} = \frac{\sum_{i=1}^{n} l_i}{S} \tag{2.4-6}$$

(3) 车辆的反应时间空间占有率

车辆的反应时间空间占有率,是指观测范围 $S(m)$ 内,车辆在制动反应时间内行驶的距离之和占观测距点的比例,可用下式表示:

$$O_{cs_s} = \frac{\sum_{i=1}^{n} t_r v_i}{S} \tag{2.4-7}$$

(4) 单位车辆的空间消耗

单位车辆的空间消耗 $D_S(m)$ 可用下式表示:

$$D_S = \bar{l}_0 + l + t_r v \tag{2.4-8}$$

2.4.3 时空消耗量

道路交通的时空消耗量为车辆行驶时间与其占用距离的乘积。

设时空资源可利用率为 P,其可以表示为:

$$P = \frac{C_{可用}}{C_{总}} \tag{2.4-9}$$

$$C_{总} = L_{总} T_0 \tag{2.4-10}$$

式中，$C_总$为时空总资源；$L_总$为道路总长度；T_0为有效运营时间。

对于信号交叉口，机动车车辆在行驶过程中产生了时空消耗，单个机动车所消耗的时空资源为该机动车行驶时间与其占用距离的乘积。当车辆进入交叉口时有一定概率遇到红灯，红灯时长为$(1-\lambda)T$，平均等待红灯的时长为：

$$t_{平均} = \frac{(1-\lambda)T}{2} \tag{2.4-11}$$

式中，T为信号周期；λ为绿信比。

车辆到交叉口有一定概率会遇到红灯，遇到红灯的概率应该为红灯在信号周期中所占的比例，则遇到红灯的概率可表示为$(1-\lambda)$，车辆行驶遇到并等待红灯的期望时间为：

$$t_e = (1-\lambda)t_{平均} \tag{2.4-12}$$

交叉口入口道与上一交叉口之间路段，车辆通过交叉口所需总时间就表示为：

$$t_总 = t + t_e = t + \frac{(1-\lambda)^2 T}{2} \tag{2.4-13}$$

式中，t为交叉口入口道与上一交叉口之间路段的平均走行时间；t_e为遇到并等待红灯的期望时间。

所以，单位车的时空消耗可表示为：

$$C_车 = \frac{1}{K}\left[t + \frac{(1-\lambda)^2 T}{2}\right] \tag{2.4-14}$$

式中，K为交通流密度（veh/m）。

2.5 交通风险

出行即存在交通风险，道路交通具有很大的随机性。如车辆到达规律，当车辆较少时服从泊松分布，较多时服从负二项分布，比较拥挤时服从均匀分布。交通流事故可能在任何时间任何地点发生，通行能力的调查值不具备重复性，因为每次调查抽取的样本不可能完全相同，这是由驾驶行为、车辆性能不同所决定的，因此，研究道路交通有必要引入风险度的概念。

鉴于道路交通流的随机性，可以以置信水平作为风险度的度量指标，定义为一定技术与经济条件下可容许的交通风险，其应用主要体现在以下3个方面：

(1) 解释通行能力的不确定性

通行能力是道路交通规划、道路服务水平评价、道路安全性分析等的重要参数之一，无论是理论通行能力、实际通行能力或模型计算的通行能力，都是以实际调查值作为"真值"，通行能力的大小，受车辆制动性能、车辆操作与反应时间的影响很大，实际调查中不可能每次抽样的样本相同，故通行能力的调查值不同，引入风险度的概念，可以注释通行能力调查值的不确定性，使得交通管控更科学合理。

(2) 评价道路交通流的安全性

道路交通事故中的尾撞现象，都是由于车间净距不足所造成的。不同的车辆操作者或不同的车辆，其制动反应时间长短不同，制动反应时间越大，发生尾撞的可能性越大，制动反应时间越小，发生尾撞的可能性越小。引入风险度这一参数，可以评估不同风险度时交通流中发生尾撞事故的可能性,有利于提高交通安全水平。

(3)解决安全与节能之间的矛盾

隧道是道路交通的用电大户。洞内照明亮度大,行车光环境好,发生事故的交通风险就低,运营费用则相应增加;洞内亮度低,行车环境差,发生事故的交通风险随之增加,运营费用则相应降低。安全与节能之间存在着矛盾,引入风险度的概念,可使决定隧道照明建设与运营费用的重要参数 L_{20}(洞外亮度)取值更加科学合理。

2.6 灰色系统理论

2.6.1 基本原理

灰色系统理论是我国学者邓聚龙教授于1982年创立的。"灰色"是指信息不完全,也就是:①系统因素不完全明确;②因素关系不完全清楚;③系统结构不完全知道;④系统的作用原理不完全明了。

这种信息的不完全性,使得灰色系统理论:①在使命上致力于现实规律的探讨,而不同于数理统计致力于历史规律的研究;②建模的任务是少数据建模,目标是微分方程模型,要求是动态信息的利用、开发和加工;③在处理问题的决策上,应用"非唯一性原理",即"灰靶"思想,达到目标非唯一与目标可约束相统一,从而使得目标可接近、信息可补充、方案可完善、关系可协调、思维可多向、认识可深化。

把灰色系统理论与模糊数学、黑箱方法相比较,灰色系统理论着重外延明确、内涵不明确的对象,模糊数学着重于外延不明确、内涵明确的对象;在研究方法上,灰色系统的命题,可以通过信息补充转化性质,而"黑箱"建模方法是着重系统外部行为数据的处置方法,是因果关系的量化方法,是取外延而弃内涵的处置方法。

灰色系统理论其所以能够建立近似的微分方程型模型,是基于下述概念、观点、方法和途径。

(1)灰色系统理论将随机量当作是在一定范围内变化的灰色量,将随机过程当作是在一定幅区和一定时区变化的灰色过程。

(2)灰色系统理论将无规律的原始数据生成后,使其变为较有规律的生成序列再建模,所以,灰色模型是生成数据模型,而一般建模得到的是原始数据模型。

(3)通过灰色模型得到的数据,必须经过逆生成还原后才能使用。

(4)灰色系统理论是针对符合光滑离散函数条件的一类数列建模,一般原始数据作累加生成(Accumulated Generating Operation, AGO)后,可以得到光滑离散函数。

(5)基于光滑离散函数的收敛性与灰关联空间的极限概念,定义了灰导数。

(6)灰色系统理论认为,微分方程是背景值与各阶导数(灰导数)的某种组合。

(7)灰色系统理论通过灰数的不同生成,数据的不同取舍,不同级别的残差灰色模型的补充、调整、修正、提高模型精度。

(8)灰色模型在考虑残差灰色模型的补充后,变成了近似的差分微分模型。

(9)灰色系统理论根据关联子空间某种特定的关联映射下的关联收敛,选择参考模型。

(10) 关联收敛是一种近似收敛,是离散函数的收敛。
(11) 一般采取三种方法检验和判断灰色模型的精度:
① 参差大小检验,这是逐点检验;
② 关联度检验,是模型曲线形状与参考曲线形状接近程度的检验;
③ 后验差检验,是参差分布,残差统计特征的检验。
(12) 高阶系统是由一阶的灰色模型群建立状态方程解决的。

从灰色理论诞生到今天,经十余年的发展,灰色理论已初步形成以灰色关联空间(简称灰关联空间)为基础的分析体系,以灰色模型(简称灰模型)(Grey Models,GM)为主体的模型体系,以灰色过程(简称灰过程)及其生成空间为基础与内涵的方法体系,以系统分析、建模、预测、决策、控制、评估为纲的技术体系,并已在国民经济的许多领域得到广泛的应用。

2.6.2 灰色预测方法与步骤

灰色预测是基于灰色理论而进行的预测,其基本步骤包括:
(1) 对原序列进行累加生成;
(2) 对生成序列建模;
(3) 对模型进行参数识别;
(4) 模型检验与改进。

2.6.3 传统预测方法

传统方法是指邓聚龙先生提出的预测方法,其内容如下。
(1) 累加生成

定义 1: 令 $X^0 = \{x^{(0)}(1), x^{(0)}(2), \cdots, x^{(0)}(n)\}$,
G 为一种生成,若有

$$G[x^{(0)}(1), x^{(0)}(2), \cdots, x^{(0)}(k)] = x^{(1)}(k)$$

则称 $x^{(1)}(k)$ 为 $X^{(0)}$ 在 k 时的 1 次生成。
类似地,若有

$$G[x^{(r-1)}(1), x^{(r-1)}(2), \cdots, x^{(r-1)}(k)] = x^{(r)}(k)$$

则称 $x^{(r)}(k)$ 为 $X^{(0)}$ 在 k 时的 r 次生成。
若

$$G[x^{(r-1)}(1), x^{(r-1)}(2), \cdots, x^{(r-1)}(k)] = \sum_{m=1}^{k} x^{(r-1)}(m)$$

$$\sum_{m=1}^{k} x^{(r-1)}(m) = x^{(r)}(k) \tag{2.6-1}$$

则称 $x^{(r)}(k)$ 为 $X^{(r-1)}$ 的 1 次累加生成。
(2) 累减生成

定义 2: 令 IG 为一种生产,则

$$IG[x^{(r)}(k)] = [x^{(r-1)}(1), \cdots, x^{(r-1)}(k), a_1, \cdots, a_k]$$

式中，a_i 为 $x^{(r-1)}(i)$ 的系数，$a_i \in \{0,1\}$。
当
$$a_1 = 0, a_2 = 0, \cdots, a_{k-2} = 0, a_{k-1} = 1, a_k = 1$$
且
$$IG[x^{(r)}(k)] = [x^{(r-1)}(1), \cdots, x^{(r-1)}(k), a_1, \cdots, a_k]$$
$$= IG[x^{(r-1)}(k)] - IG[x^{(r-1)}(1)] \tag{2.6-2}$$

时，则称 IG 为 $x^{(r)}(k)$ 的 1 次累减生成。

(3) 邻均值生成

定义 3：令 $z(k)$ 为 $x(k)$ 的邻均值生成，则
$$z(k) = 0.5[x(k) + x(k-1)] \tag{2.6-3}$$

(4) 灰微分方程

单变量的灰微分方程主要有以下形式：

① GM(1,1) 模型
$$dx^{(1)}/dt + af^{(1)} = b \tag{2.6-4}$$

② GM(1,1,0,α) 模型
$$dx^{(1)}/dt + af^{(1)} = b(f^{(1)})^\alpha \tag{2.6-5}$$

③ 带有线性时间项的 GM(1,1,t) 模型
$$dx^{(1)}/dt + af^{(1)} = \rho t + b \tag{2.6-6}$$

④ GM(2,1) 模型
$$d^2 x^{(1)}/dt^2 + a_1 dx^{(1)}/dt + a_2 f^{(1)} = u \tag{2.6-7}$$

在以上各式中，$f^{(1)}$ 为背景值，a、b、a_1、a_2、u、ρ、α 为参数。

(5) 参数识别

灰色数列预测是对原序列进行累加生成，然后对生成序列建模。建模方法为：

① 一般选以上四种模型之一为数学模型。

② 取均值生成值为背景值，即：
$$z(k) = x^{(1)}(k) + x^{(1)}(k-1)$$

从而得到灰微分方程的白化形式。

③ 对参数进行估计。参数估计用最小二乘法来完成，在得到白化微分方程的通解后，代入初值则可得到特解形式，从而初步完成建模工作。

2.6.4 灰色系统的新型生成方法与预测方法

前面简述了灰色预测的理论与方法。由此可见，累加生成与背景值选取是灰色系统理论的两个关键方法与步骤。累加生成提高了数据的利用率，这与时间序列参数的极大熵谱估计方法基本上异曲同工；均值生成是对新息与老息赋予同一权重，不同于时间序列的指数平滑法重老息而轻新息，卡尔曼滤波法新息与老息的权重取决于噪声特性。

累加生成是一种数据处理手段。灰色系统理论认为,反映事物本质的特征量,其统计数据既含有确切信息,又含有未知信息。按照灰色系统理论探讨事物发展的内在规律,是通过对历史数据求和(累加生成)、建立灰微分方程、白化、参数识别等来实现的。累加生成的目的是突出统计数据反映事物的规律性、降低随机性,从而探讨事物的发展规律。作为一种数据处理手段,其应具有非唯一性。基于此,在此提出指数生成法与对数生成法,以更好地突出统计数据反映事物的规律性而降低随机性。

(1) 指数生成法

定义 4:序列 $x^{(0)}$ 在 k 时的一次指数累加生成为:

$$x^{(1)}(k) = \sum_{m=1}^{k} [x^{(0)}(m)]^q \tag{2.6-8}$$

其中,q 为参数,与之相对应的一次指数累减生成为:

$$x^{(0)}(k) = [x^{(1)}(k) - x^{(1)}(k-1)]^{1/q} \tag{2.6-9}$$

(2) 对数生成法

定义 5:序列 $x^{(0)}$ 在 k 时的一次对数累加生成为:

$$x^{(1)}(k) = \sum_{m=1}^{k} \ln[x^{(0)}(m)] \tag{2.6-10}$$

与之对应的一次对数累减生成为:

$$x^{(0)}(k) = e^{[x^{(1)}(k) - x^{(1)}(k-1)]} \tag{2.6-11}$$

以上两种生成方法与邓聚龙教授提出的生成方法不同之处在于,在对原始数据加工再利用时,邓教授的累加生成法对每个原始数据赋予相同的权重,而对数累加生成法与指数累加生成法对每个数据所赋予的权重是以该数据的大小为基础,前者是指数累加生成法 $q=1$ 的特例;对数累加生成法要求每个原始数据大于零,而邓教授的累加生成法只要求原始数据非负即可。

(3) 基于新型生成方法的预测方法

通过对原始数据进行累加生成,使得原始数据有限的信息得到浓缩与升华,更突出了其规律性而降低了随机性,不同的累加生成方法,只是对原始数据的处理手段不同,而对灰色系统理论建模所要求的有关条件并未发生改变,但却对事物发展的规律性、未来发展变化的范围能得到更广阔与深刻的了解。因而,在此仅以 GM(1,1) 模型为例,说明两种生成方法时灰参数的估计公式。

设生成序列 $x^{(1)}$ 满足方程(2.6-3),背景取值 $z^{(1)}$,即:

$$z^{(1)}(k) = 0.5[x^{(1)}(k) + x^{(1)}(k-1)] \tag{2.6-12}$$

通过最小二乘法辨识参数 a、b。

以差分代替微分,且因等间隔取样,$\Delta t = 1$,故有

$$\frac{\Delta x^{(1)}(k)}{\Delta t} = \Delta x^{(1)}(k)$$

即

$$\frac{\Delta x^{(1)}(k)}{\Delta t} = \Delta x^{(1)}(k) - x^{(1)}(k-1) \tag{2.6-13}$$

①指数生成法。

根据指数生成法的定义,有

$$\frac{\Delta x^{(1)}(k)}{\Delta t} = [x^{(0)}(k)]^q \tag{2.6-14}$$

故

$$\begin{vmatrix} [x^{(0)}(1)]^q \\ [x^{(0)}(2)]^q \\ \vdots \\ [x^{(0)}(n)]^q \end{vmatrix} = \begin{vmatrix} -x^{(1)}(2) & 1 \\ -x^{(1)}(3) & 1 \\ \vdots \\ -x^{(1)}(n) & 1 \end{vmatrix} \begin{vmatrix} \overline{a} \\ \overline{b} \end{vmatrix} \tag{2.6-15}$$

令

$$Y_n = \{[x^{(0)}(2)]^q, [x^{(0)}(3)]^q, \cdots, [x^{(0)}(n)]^q\}^T \tag{2.6-16}$$

$$B = \begin{vmatrix} -z^{(1)}(2) & 1 \\ -z^{(1)}(3) & 1 \\ \vdots \\ -z^{(1)}(n) & 1 \end{vmatrix} \tag{2.6-17}$$

从而有

$$\begin{vmatrix} \overline{a} \\ \overline{b} \end{vmatrix} = (B^T B^{-1} B^T Y_n) \tag{2.6-18}$$

其中,$\overline{a}$、$\overline{b}$ 为参数 a、b 的估计值。

②对数生成法。

同理,命

$$Y_n = \{[\ln x^{(0)}(2)]^q, [\ln x^{(0)}(3)]^q, \cdots, [\ln x^{(0)}(n)]^q\}^T \tag{2.6-19}$$

则对数生成法的参数 a、b 亦可用上述方法来估计。

③GM(1,1)的解。

GM(1,1)解的通式可表示为

$$\overline{x}^1(k) = c e^{-\overline{a}k} + \overline{b}/\overline{a} \tag{2.6-20}$$

其中,c 为待估参数,$\overline{x}^1(k)$ 为序列 x^0 一次生成序列 x^1 的模型计算值。

令

$$S = \sum_{i=1}^{n} [x^{(1)}(i) - \overline{x}^1(k)]^a$$

显然,c 的优化值 $\overline{c}$ 的条件为 $dS/dc = 0$,从而有

$$\overline{c} = \frac{\sum_{i=2}^{n} x^{(1)}(i) e^{-\overline{a}k}}{\sum_{i=2}^{n} e^{-\overline{a}k}} \tag{2.6-21}$$

由指数生成法与对数生成法的定义,还原后的模型计算值 $\overline{x}^0$ 为:

a. 指数生成法：

$$\overline{x}^0(k) = \{\overline{c}[\mathrm{e}^{-\overline{a}k} - \mathrm{e}^{-\overline{a}(k-1)}]\}^{1/q}$$

b. 对数生成法：

$$\overline{x}^0(k) = \mathrm{e}^{\{\overline{c}[\mathrm{e}^{-\overline{a}k} - \mathrm{e}^{-\overline{a}(k-1)}]\}}$$

2.7 时间序列法

目前，应用最多的是时间序列的线性模型，即 ARMA(p,q) 模型。ARMA(p,q) 模型要求序列为平稳、零均值序列，对于非平稳情况，应对顺序列进行差分，使之转化成平稳序列，即采用 ARIMA(p,d,q) 模型，从而对序列的平稳性进行检验；通常情形下，只有正态序列才能用时间序列的线性模型去拟合，而且，利用分布的正态性，模型参数可以实现极大似然估计，以提高模型的估计精度，故应检验序列的正态性；在通过了序列的平稳性、正态性检验后，为了判断模型的合理性，还应检验模型噪声(参差序列)的独立性。因此，时间序列建模包括以下步骤：

①选定样本长度 n，得到采样后的序列 $X = \{x_1, x_2, \cdots, x_n\}$；
②检验序列的平稳性；
③检验序列的正态性；
④模型识别与参数辨识；
⑤模型考核。

步骤③在此不做讨论，这里主要论述步骤②、④、⑤。

2.7.1 序列的平稳性检验

时间序列的平稳性是分析与建模的重要前提。由平稳序列的定义可知，欲检验时间序列的平稳性，必须检验两个内容，一是均值和方差是否为常数，二是其自协方差函数是否仅与时间间隔有关，而与此间隔端点的位置无关。

当序列不满足平稳性时，应对原序列进行差分使之转化成平稳序列。转化方法是，引入差分算子"∇"。设经过 d 次差分后是一个平稳序列，记作 Y。将序列 Y 零均值化，则形成的新序列是一个零均值的平稳序列。

平稳性检验主要有两类方法，平稳性的参数检验法与平稳性的非参数检验法。这两种方法都要求样本长度足够大，当样本长度不够大时，无法进行平稳性检验。

2.7.2 模型识别与参数辨识

设 ω 是零均值的平稳序列，有：

$$\omega = \{\omega_1, \omega_2, \cdots, \omega_n\} \tag{2.7-1}$$

又设 a 是白噪声序列，有：

$$a = \{a_1, a_2, \cdots, a_n\} \tag{2.7-2}$$

则 Box、Jenkins 提出的对时间序列 ω 的线性差分方程模型为：

$$\omega_t - \varphi_1\omega_{t-1} - \cdots - \varphi_p\omega_{t-p} = a_t - \theta_1 a_{t-1} - \cdots - \theta_q a_{t-q} \quad (2.7\text{-}3)$$

其中,$\varphi_1,\cdots,\varphi_p,\theta_1,\cdots,\theta_q$ 都是参数。

引入延迟算子"B",则上式又可写作,

$$\varphi(B)\omega_t = \theta(B)a_t \quad (2.7\text{-}4)$$

其中,

$$\varphi(B) = 1 - \varphi_{1B} - \cdots - \varphi_p B^p \quad (2.7\text{-}5)$$

$$\theta(B) = 1 - \theta_{1B} - \cdots - \theta_q B^q \quad (2.7\text{-}6)$$

若 $\varphi(B)$ 与 $\theta(B)$ 无公共因式,且 $\varphi(B)$ 满足平稳性条件,$\theta(B)$ 满足可逆性条件,则式(2.7-4)称为平稳自回归-可逆滑动平均混合模型,记作 ARMA(p,q) 模型,(p,q) 称为模型的阶。

在式(2.7-3)中,若 $q=0$,且满足方程 $\varphi(B)=0$ 的根全在单位圆外,则有:

$$\varphi(B)\omega_t = a_t \quad (2.7\text{-}7)$$

式(2.7-7)称为 p 阶平稳自回归模型,记作 AR(p)。

在式(2.7-3)中,若 $p=0$,且满足方程 $\theta(B)=0$ 的根全在单位圆外,则有,

$$\omega_t = \theta(B)a_t \quad (2.7\text{-}8)$$

式(2.7-8)称为 q 阶可逆滑动平均模型,记作 MA(q)。

ARMA(p,q)、AR(p)、MA(q) 是线性时间序列模型的三种主要形式。模型识别时究竟用哪一个模型拟合原序列数据,可根据各个模型的特性确定,见表2.7-1。

ARMA(p,q)、AR(p)、MA(q) 模型的特性　　　表 2.7-1

类别	模型名称		
	ARMA(p,q)	AR(p)	MA(q)
基本方程	$\varphi(B)\omega_t = \theta(B)a_t$	$\varphi(B)\omega_t = a_t$	$\omega_t = \theta(B)a_t$
平稳条件	$\varphi(B)=0$ 的根在单位圆外	$\varphi(B)=0$ 的根在单位圆外	无条件平稳
可逆条件	$\theta(B)=0$ 的根在单位圆外	无条件可逆	$\theta(B)=0$ 的根在单位圆外
自相关函数	拖尾	拖尾	截尾
偏相关函数	拖尾	截尾	拖尾

模型参数估计有很多种方法。矩估计法简单易行,但精度不是很高。要提高估计精度,应采用参数精估计法,如最小二乘法、极大似然估计、最小平方和估计等。最小二乘法具有对舍入误差的鲁棒性,特别是序列最小二乘法(SLS),引用了逆矩阵定理,具有不必计算逆矩阵、不必等到收集足够多的数据才能获得第一个最小二乘估计值的优点。因此,建议采用 SLS 算法来估计参数。

2.7.3 模型考核

在模型识别中,往往有多种可能的识别结果。模型选择是否恰当,主要看实用后的效果如何。因此,应对模型进行考核。

模型考核大多采用自相关函数检验法。计算残差序列的自协方差函数,若能判定残差序

列是白噪声序列,则模型选择恰当,否则,应对模型进行改进。

2.7.4 指数平滑法

以上简述了时间序列的建模过程。就应用而言,该方法的主要限制是要求样本量足够大(一般不小于50)。当数据结构发生变化时,采用变参数比常参数预测精度要高,当然,计算过程也更复杂,需不断地对参差序列进行辨识,以决定是否要对模型加以改进。实用中指数平滑法是一种常用的方法。

指数平滑法是布朗(Robert G. Brown)提出的,布朗认为时间序列的态势具有稳定性或规则性,所以时间序列可被合理地顺势推延;他认为最近的过去态势,在某种程度上会持续到最近的未来,所以将较大的权数放在最近的资料。

指数平滑法是生产预测中常用的一种方法,也用于中短期经济发展趋势预测。所有预测方法中,指数平滑法是用得最多的一种。简单的全期平均法是对时间数列的过去数据一个不漏地全部加以同等利用;移动平均法则不考虑较远期的数据,并在加权移动平均法中给予近期资料更大的权重;而指数平滑法则兼具全期平均法和移动平均法所长,不舍弃过去的数据,但是仅给予逐渐减弱的影响程度,即随着数据的远离,赋予逐渐收敛为零的权数。也就是说,指数平滑法是在移动平均法基础上发展起来的一种时间序列分析预测法,它是通过计算指数平滑值,配合一定的时间序列预测模型对现象的未来进行预测。其原理是任一期的指数平滑值都是本期实际观察值与前一期指数平滑值的加权平均。

指数平滑法的基本公式如下:

$$S_t = ay_t + (1-a)S_{t-1} \tag{2.7-9}$$

式中,S_t 为时间 t 的平滑值;y_t 为时间 t 的实际值;S_{t-1} 为时间 $t-1$ 的平滑值;a 为平滑常数,其取值范围为 $[0,1]$。

由该公式可知:

(1)S_t 是 y_t 和 S_{t-1} 的加权算数平均数,a 取值的大小变化决定 y_t 和 S_{t-1} 对 S_t 的影响程度。当 a 取 1 时,$S_t = y_t$;当 a 取 0 时,$S_t = S_{t-1}$。

(2)S_t 具有逐期追溯性质。其过程中,平滑常数以指数形式递减,故称为指数平滑法。指数平滑常数取值至关重要。平滑常数决定了平滑水平以及对预测值与实际结果之间差异的响应速度。平滑常数 a 越接近于 1,远期实际值对本期平滑值影响程度的下降越迅速;平滑常数 a 越接近于 0,远期实际值对本期平滑值影响程度的下降越缓慢。由此,当时间数列相对平稳时,可取较大的 a;当时间数列波动较大时,应取较小的 a,以不忽略远期实际值的影响。生产预测中,平滑常数的值取决于产品本身和管理者对良好响应率内涵的理解。

(3)尽管 S_t 包含全期数据的影响,但实际计算时,仅需要两个数值,即 y_t 和 S_{t-1},再加上一个常数 a,这就使指数滑动平均具有逐期递推性质,从而给预测带来了极大的方便。

(4)根据公式 $S_1 = ay_1 + (1-a)S_0$,当欲用指数平滑法时才开始收集数据,则不存在 y_0。无从产生 S_0,自然无法根据指数平滑公式求出 S_1,指数平滑法定义 S_1 为初始值。初始值的确定也是指数平滑过程的一个重要条件。

如果能够找到 y_1 的历史资料,那么,初始值 S_1 的确定是不成问题的。数据较少时,可用全期平均法、移动平均法；数据较多时，可用最小二乘法。但不能使用指数平滑法本身确定初始值，因为数据必会枯竭。

如果仅有从 y_1 开始的数据，那么确定初始值的方法有：

①取 S_1 等于 y_1；

②待积累若干数据后，取 S_1 等于前面若干数据的简单算术平均数，如：$S_1 = (y_1 + y_2 + y_3)/3$。

根据平滑次数不同，指数平滑法分为：一次指数平滑法、二次指数平滑法和三次指数平滑法等。

2.8 离散模型参考自适应控制系统

2.8.1 离散系统的输入输出模型

确定性单输入单输出系统用差分方程描述为：

$$y(t) + a_1 y(t-1) + \cdots + a_{n_a} y(t-n_a)$$
$$= b_0 u(t-k) + b_1 u(t-k-1) + \cdots + b_{n_b} u(t-k-n_b) \tag{2.8-1}$$

式中，$y(t)$、$u(t)$ 分别为 t 时刻系统的输出和输入（控制量）；k 表示控制量对输出的传输延迟，一般假设 k 为采样周期的整数倍。

引入单位后移算子 z^{-1}，即 $z^{-1}y(t) = y(t-1)$，令：

$$A(z) = 1 + a_1 z^{-1} + a_2 z^{-2} + \cdots + a_{n_a} z^{-n_a}$$

$$B(z) = b_0 + b_1 z^{-1} + b_2 z^{-2} + \cdots + b_{n_b} z^{-n_b}$$

则式(2.8-1)可以写成：

$$A(z)y(t) = B(z)u(t-k)$$

或：

$$y(t) = \frac{B(z)}{A(z)} u(t-k) \tag{2.8-2}$$

实际系统存在各种各样的干扰和随机量误差等的影响，我们把这些干扰和误差等用一个作用于系统输出端的随机噪声 $\xi(t)$ 来表示。如果 $\{\xi(t)\}$ 是一个具有有理谱密度的平稳随机序列，那么它可以被看作一个白噪声 $\{w(t)\}$ 驱动一个有理传递函数的输出，不妨假设：

$$\xi(t) = \frac{C(z)}{A(z)} w(t) \tag{2.8-3}$$

其中：

$$C(z) = 1 + c_1 z^{-1} + c_2 z^{-2} + \cdots + c_{n_c} z^{-n_c}$$

白噪声序列$\{w(t)\}$是一个零均值、方差为σ^2的随机序列,从而有:

$$A(z)y(t) = B(z)u(t-k) + C(z)w(t) \tag{2.8-4}$$

其中,$B(z)u(t-k)$称为受控部分,$A(z)y(t) = \xi(t)$为自回归(AR)模型,$\xi(t) = C(z)w(t)$为滑动平均(MA)模型,故式(2.8-4)称为受控自回归滑动平均模型,简称CARMA模型。根据噪声模型的不同结构,还有下列四种随机模型。

(1) 受控自回归(CAR)模型为:

$$A(z)y(t) = B(z)u(t-k) + C(z)w(t) \tag{2.8-5}$$

(2) 受控自回归自回归(CARAR)模型为:

$$A(z)y(t) = B(z)u(t-k) + \frac{1}{D(z)}w(t) \tag{2.8-6}$$

其中,$D(z) = 1 + d_1 z^{-1} + d_2 z^{-2} + \cdots + d_{n_d} z^{-n_d}$。

(3) 受控自回归自回归滑动平均(CARARMA)模型为:

$$A(z)y(t) = B(z)u(t-k) + \frac{C(z)}{D(z)}w(t) \tag{2.8-7}$$

其中,$D(z) = 1 + d_1 z^{-1} + d_2 z^{-2} + \cdots + d_{n_d} z^{-n_d}$。

(4) 输出误差(OE)模型为:

$$y(z) = \frac{B(z)}{A(z)}u(t-k) + w(t) \tag{2.8-8}$$

在自适应控制系统中,被控对象数学模型一般由CARMA模型描述,它可以改写为:

$$y(z) = \frac{B(z)}{A(z)}u(t-k) + w(t) \tag{2.8-9}$$

由上述方程可以绘出CARMA模型描述的被控对象的输入输出关系。

2.8.2 离散系统的状态空间模型

多输入多输出时变离散系统的状态空间模型为:

$$\begin{cases} \boldsymbol{x}(t+1) = \boldsymbol{A}(t)\boldsymbol{x}(t) + \boldsymbol{B}(t)\boldsymbol{u}(t) \\ \boldsymbol{y}(t) = \boldsymbol{C}(t)\boldsymbol{x}(t) \end{cases} \tag{2.8-10}$$

式中,$\boldsymbol{x}(t) \in \boldsymbol{R}^n$为状态向量;$\boldsymbol{y}(t) \in \boldsymbol{R}^m$为系统输出向量;$\boldsymbol{u}(t) \in \boldsymbol{R}^r$为系统输入向量;$\boldsymbol{A}(t) \in \boldsymbol{R}^{n \times n}$,$\boldsymbol{B}(t) \in \boldsymbol{R}^{n \times r}$,$\boldsymbol{C}(t) \in \boldsymbol{R}^{m \times n}$为时变系统矩阵。

单输入单输出时变离散系统的状态空间模型为:

$$\begin{cases} \boldsymbol{x}(t+1) = \boldsymbol{A}(t)\boldsymbol{x}(t) + \boldsymbol{b}(t)u(t) \\ y(t) = \boldsymbol{c}(t)\boldsymbol{x}(t) \end{cases} \tag{2.8-11}$$

式中,$\boldsymbol{x}(t) \in \boldsymbol{R}^n$为状态向量;$y(t) \in \boldsymbol{R}^1$为系统输出(标量);$u(t) \in \boldsymbol{R}^1$为系统输入(标量);$\boldsymbol{A}(t) \in \boldsymbol{R}^{n \times n}$,$\boldsymbol{b}(t) \in \boldsymbol{R}^{n \times 1}$,$\boldsymbol{c}(t) \in \boldsymbol{R}^{1 \times n}$为时变系统矩阵。

单输入单输出时不变离散系统的状态空间模型可以简化为：

$$\begin{cases} x(t+1) = Ax(t) + bu(t) \\ y(t) = cx(t) \end{cases} \tag{2.8-12}$$

对应的脉冲传递函数为：

$$G(z) = c(zI - A)^{-1}b \tag{2.8-13}$$

单位脉冲响应为：

$$g(t) = cA^{t-1}b$$

单位阶跃响应为：

$$h(t) = c\left(\sum_{i=0}^{t-1} A^i\right)b \tag{2.8-14}$$

系统的输出可以表示为系统输入与系统脉冲采样的卷积，即：

$$y(t) = T_s \sum_{i=0}^{\infty} g(i)u(t-i) \tag{2.8-15}$$

其中，T_s 为采样周期。

当 $t < 0$ 时，$u(t) = 0$，则有：

$$y(t) = T_s \sum_{i=0}^{\infty} g(i)u(t-i) = T_s \sum_{i=0}^{t} g(t-i)u(i) \tag{2.8-16}$$

令 $n = \max(n_a, n_b, n_c)$，设 $a_i = 0 (i > n_a)$，$b_i = 0 (i > n_b)$，$c_i = 0 (i > n_c)$，那么当延迟 $k = 0$ 时，式(2.8-7)可以等价写为：

$$A(z)y(t) = B(z)u(t) + C(z)w(t) \tag{2.8-17}$$

其中：

$$A(z) = 1 + a_1 z^{-1} + a_2 z^{-2} + \cdots + a_n z^{-n}$$

$$B(z) = b_0 + b_1 z^{-1} + b_2 z^{-2} + \cdots + b_n z^{-n}$$

$$C(z) = 1 + c_1 z^{-1} + c_2 z^{-2} + \cdots + c_n z^{-n}$$

这样，CARMA 模型与下列状态空间规范型等价：

$$\begin{cases} x(t+1) = Ax(t) + bu(t) + dw(t) \\ y(t) = cx(t) + w(t) \end{cases} \tag{2.8-18}$$

其参数之间的关系为：

$$b = [b_1, b_2, \cdots, b_n]^T$$

$$d = [c_1 - a_1, c_2 - a_2, \cdots, c_n - a_n]^T$$

$$c = [1, 0, 0, \cdots, 0]$$

$$A = \begin{bmatrix} -a_1 & 1 & 0 & \cdots & 0 \\ -a_2 & 0 & 1 & \cdots & 0 \\ \vdots & \vdots & \vdots & \ddots & \vdots \\ -a_{n-1} & 0 & 0 & \cdots & 1 \\ -a_n & 0 & 0 & \cdots & 0 \end{bmatrix}$$

2.8.3 离散模型参考自适应控制系统的数学描述

设可调系统的离散状态空间模型为：

$$\begin{cases} \boldsymbol{x}_p(t-1) = \boldsymbol{A}_p(t)\boldsymbol{x}_p(t) + \boldsymbol{B}_p(t)\boldsymbol{u}_p(t) \\ \boldsymbol{y}_p(t) = \boldsymbol{C}_p(t)\boldsymbol{x}_p(t) \end{cases} \tag{2.8-19}$$

式中，$\boldsymbol{x}_p(t) \in \boldsymbol{R}^n$、$\boldsymbol{y}_p(t) \in \boldsymbol{R}^m$ 和 $\boldsymbol{u}_p(t) \in \boldsymbol{R}^r$ 分别为可调系统的状态向量、输出向量和输入向量；$\boldsymbol{A}_p(t) \in \boldsymbol{R}^{n \times n}$、$\boldsymbol{B}_p(t) \in \boldsymbol{R}^{n \times r}$ 和 $\boldsymbol{C}_p(t) \in \boldsymbol{R}^{m \times n}$ 均为可调系统的时变参数矩阵。

设参考模型的离散状态空间方程为：

$$\begin{cases} \boldsymbol{x}_m(t+1) = \boldsymbol{A}_m\boldsymbol{x}_m(t) + \boldsymbol{B}_m\boldsymbol{u}_m(t) \\ \boldsymbol{y}_m(t) = \boldsymbol{C}_m\boldsymbol{x}_m(t) \end{cases} \tag{2.8-20}$$

式中，$\boldsymbol{x}_m(t) \in \boldsymbol{R}^n$、$\boldsymbol{y}_m(t) \in \boldsymbol{R}^m$ 和 $\boldsymbol{u}_m(t) \in \boldsymbol{R}^r$ 分别为参考模型的状态向量、输出向量和输入向量；$\boldsymbol{A}_m \in \boldsymbol{R}^{n \times n}$、$\boldsymbol{B}_m \in \boldsymbol{R}^{n \times r}$ 和 $\boldsymbol{C}_m \in \boldsymbol{R}^{m \times n}$ 均为常数矩阵。

广义输出误差向量 $\boldsymbol{e}(t)$ 定义为：

$$\boldsymbol{e}(t) = \boldsymbol{y}_m(t) - \boldsymbol{y}_p(t) \tag{2.8-21}$$

在并联模型参考自适应控制系统中，自适应机构对可调系统的调整作用可以分为参数自适应和信号综合自适应两种。对于参数自适应控制系统，自适应机构以调整可调系统的参数来达到自适应控制目标。参数自适应可调系统的离散状态方程为：

$$\begin{cases} \boldsymbol{x}_p(t+1) = \boldsymbol{A}_p[\boldsymbol{e}(t)]\boldsymbol{x}_p(t) + \boldsymbol{B}_p[\boldsymbol{e}(t)]\boldsymbol{u}_p(t) \\ \boldsymbol{x}_p(0) = \boldsymbol{x}_{p0}, \boldsymbol{A}_p(0) = \boldsymbol{A}_{p0}, \boldsymbol{B}_p(0) = \boldsymbol{B}_{p0} \end{cases} \tag{2.8-22}$$

式中，$\boldsymbol{A}_p[\boldsymbol{e}(t)]$ 和 $\boldsymbol{B}_p[\boldsymbol{e}(t)]$ 取决于广义误差向量 $\boldsymbol{e}(t)$ 的时变参数矩阵。

对于信号综合自适应控制系统，自适应机构借助调整可调系统输入端的一个综合信号来达到自适应控制的目标。信号综合自适应可调系统的离散状态方程为：

$$\begin{cases} \boldsymbol{x}_p(t+1) = \boldsymbol{A}_p\boldsymbol{x}_p(t) + \boldsymbol{B}_p\boldsymbol{u}_p(t) + \boldsymbol{u}_a[\boldsymbol{e}(t)] \\ \boldsymbol{x}_p(0) = \boldsymbol{x}_{p0}, \boldsymbol{u}_a(0) = \boldsymbol{u}_{a0} \end{cases} \tag{2.8-23}$$

式中，$\boldsymbol{A}_p$ 和 $\boldsymbol{B}_p$ 是常数矩阵；综合信号 $\boldsymbol{u}_a[\boldsymbol{e}(t)]$ 是一个取决于广义误差向量 $\boldsymbol{e}(t)$ 的时变向量。

设计的目标是调整可调系统式(2.8-22)中的参数矩阵 $\boldsymbol{A}_p[\boldsymbol{e}(t)]$ 和 $\boldsymbol{B}_p[\boldsymbol{e}(t)]$，或式(2.8-23)中的综合信号辅助向量 $\boldsymbol{u}_a[\boldsymbol{e}(t)]$，进而获得自适应控制量 $\boldsymbol{u}(t)$，使广义输出误差式(2.8-21)

中 $e(t)$ 趋于零,即 $\lim\limits_{t\to\infty} e(t) = 0$

因此,按照稳定性理论设计的自适应控制系统是全局渐进稳定的。

2.9 分析方法

分析方法是数学建模中不可或缺的步骤,是使用数学来解决问题的手段,是用数学来将一个系统简化后予以描述,以便研究不同组成部分的影响,并对行为做出预测。其不可避免地涉及假设条件、参数选择和模型的优缺点比较。

假设条件是数学建模成败的决定性因素之一,适宜的假设条件有利于显化客观实际的规律性。从这个意义来讲,假设条件是降低或消除数据噪声的手段,通过设定适宜的假设,使实际问题的现象在数学世界产生映射,更容易获得作用机理。

假设条件包括了假设关系和条件关系,根据假设条件可以建立一些准则。下面着重阐述分析方法中的因素与参数选择的问题。

2.9.1 因素分析法

道路交通的影响因素很多,因素之间是相关的,也正是因为具有相关性,才使得大数据分析技术有用武之地,或者说正是因为因素之间的相关性,才使得大数据分析技术逐步发展成熟。就相关性而言,有强、弱之分,进行强、弱因素归类,则需要确定归类的准则,从而舍弃非重要因素的影响,通过重要因素分析、探讨发展规律。从这个层面来讲,因素分析法是通过对影响因素的权重进行分析,根据分析结果建立数学模型的一种新方法,其主要包括以下步骤:

(1)确定可知的影响因素集;
(2)确定同级别影响因素的准则;
(3)根据影响因素的判别准则,对影响因素进行聚类分析;
(4)根据分析结果建立数学模型;
(5)对数学模型进行验证分析,判别是否符合准则的规定以及是否满足应用场景的要求;
(6)不符合准则的规定或不满足应用场景的要求时,应重新建模。

影响因素分析法具有普适性,其关键是影响因素集具有权威性且能准确满足应用场景的需求,采用该方法可判别成果的先进性和实用性。一般来说,同等应用效果时,影响因素越少,模型越先进;相同影响因素与准则时,数学工具越先进,效果越好。

2.9.2 参数分析法

参数是一种变量,用来控制随其变化而变化的其他量,对于所需描述的系统,其可能受一个变量影响,也可能受多个变量影响。可以用同一个变量来描述系统,也可以用其他变量来描述系统。因此,在进行数学建模中,如何选取参数是至关重要的问题。

参数选择涉及以下方面:
(1)可以用哪些参数描述系统;
(2)可以用于描述系统参数之间的什么关系;
(3)用哪些参数描述系统更有效。

要解决以上问题,应深入理解需要解决的问题所表现的现象,由所表现的现象,选择能有效反映现象特征及作用机理的参数。

参数的相关关系可分为独立和不相关。独立和不相关是两个概念,独立不一定相关,不相关不一定独立(对于均值为0的随机变量,"独立"和"不相关"等价)。不相关就是两者都没有线性关系,但不排除其他关系存在。因此,最好选择不相关参数,否则,增加参数获取成本。刻画道路交通影响因素、状态和效果的参数很多,参数之间可能是相关的,也可能是不相关的。无论是相关还是不相关,都有一个准则,或者说在规定的准则下是相关或不相关。有了准则,才有"降维"的可能性,才能在满足场景需求的条件下将物理模型抽象为数学模型。从这个意思上讲,参数分析法是在一定的相关性准则规定下,抽取不相关且可观察的能够反映道路交通影响因素、状态和效果的参数进行数学建模的方法,其包括以下步骤:

(1)确定应用的影响因素集;
(2)确定参数相关性准则;
(3)抽取不相关参数建模;
(4)实验并分析模型效果;
(5)利用模型中相关性最强的参数重新建模;
(6)分析实验的效果,直到满意为止。

值得说明的是,因素分析法也可以对准则进行进一步优化,采用人工智能算法,使得准则更加合理。

2.9.3 敏感性分析法

敏感性分析是数学建模中参数选择的一种方法,主要是通过参数的敏感性分析,选择比较明确的参数,以便实现"降维"或者用较少的参数刻画满足应用场景需求的系统的演变规律,以达到减少信息采集成本、信息量和运算量的目的。参数有效性可以采取下列方法进行分析。

设 $y_1 = f_1(x_1, x_2, \cdots, x_n)$,$y_2 = f_2(x_1, x_2, \cdots, x_n)$。

1)分析参数 x_i 和 x_j 对 y_1 的影响

构造函数 y:

$$y_i = \frac{f(x_1, x_2, x_i + \mathrm{d}x_i, \cdots, x_n) - f(x_1, x_2, x_i, \cdots, x_n)}{f(x_1, x_2, x_i + \mathrm{d}x_j, \cdots, x_n) - f(x_1, x_2, x_i, \cdots, x_n)} \tag{2.9-1}$$

函数可简化为:

$$y = \frac{\dfrac{\partial v'}{\partial x_i}}{\dfrac{\partial v'}{\partial x_j}} \tag{2.9-2}$$

$|y|$ 的结果可分为三种情况:

(1)$|y| = 1$,x_i 和 x_j 对 v' 的影响相同。
(2)$|y| < 1$,x_j 比 x_i 对 v' 的影响更大,更敏感。
(3)$|y| > 1$,x_i 比 x_j 对 v' 的影响更大,更敏感。

构造函数后,可对影响函数 y_1 的参数进行排序,其中有三个作用:

(1) 根据不同参数影响,选择性价比高的交通系统改进措施。
(2) 选择能够反映主要影响因素的参数,使系统描述更为客观实际。
(3) 涉及某一或某些参数,使系统描述更简洁,但又能满足实际需要。

2) 不同参数模型对同一系统描述分析

选择不同参数、不同建模方法,得到的数学模型不同。模型的效果评价,可采用实验法和参数比较法。实验法是通过实际应用来检验模型的有效性;参数比较法是通过对比分析两者之间的差异,方法如下:

构造函数 y':

$$y' = \frac{f_1(x_1, x_2, x_i + \mathrm{d}x_i, \cdots, x_n) - f_1(x_1, x_2, x_i, \cdots, x_n)}{f_2(x_1, x_2, x_i + \mathrm{d}x_i, \cdots, x_m) - f_2(x_1, x_2, x_i, \cdots, x_m)} \tag{2.9-3}$$

函数可简化为:

$$y' = \frac{\frac{\partial v'}{\partial x_i}}{\frac{\partial v}{\partial x_i}} \tag{2.9-4}$$

其中,$x_1, x_2, x_i, \cdots, x_n$ 是 v' 和 v 中共有的参数;m、n 为参数的个数,且大于或等于1。

$|y'|$ 的结果可分为三种情况:

(1) $|y'_i| = 1$,x_i 对 v' 和 v 的影响相同;
(2) $|y'_i| > 1$,x_i 对 v' 的影响大于对 v 的影响;
(3) $|y'_i| < 1$,x_i 对 v' 的影响小于对 v 的影响。

2.9.4 示例

下面以"高速公路隧道群交通异常预警技术研究"为例,说明交通问题的分析方法。

1) 从题目中找关键词

该题目的关键词有三个:高速公路隧道群,交通异常,预警。

2) 挖掘关键词的内涵

(1) 高速公路隧道群

高速公路隧道群没有名词定义,隧道群有定义,高速公路有定义,这个名词是组合名词。高速公路的特征是全互通单向交通,隧道群的特征是反复进洞出洞,而进洞速度一般小于出洞速度,且在隧道群中行驶时有速度变化和交通行为的变化,视觉变化与心理变化的结果体现在速度与交通行为上,故高速公路隧道群特征为:单向交通 + 速度变化 + 交通行为。

(2) 交通异常

交通异常有明确的定义,异常的分类有拥堵、交通事故或停车、变道(不允许变道的隧道)等。

(3) 预警

预警的定义很明确,是对未发生的警情进行预报,从而避免发生警情现象,也就是交通异常。所以,预警的核心是找到要发生而未发生的临界点或临界域。

3) 寻找内涵因果涉及的问题、因素与知识点

上一步的分析得到了特征,由其可知:

(1)单向交通问题,不涉及对面碰撞。
(2)不允许变道的隧道,不涉及对向碰撞和变道可能产生的尾撞与侧撞。
(3)由(1)和(2)分析知,异常为"尾撞+拥堵"(不允许变道)、"尾撞+侧撞"或"尾撞+拥堵"。
(4)要预警情况(3)的警情,且未发生,则涉及未发生且将发生的条件。
(5)拥堵的条件为超出通行能力,尾撞的条件为车间净距不足。
(6)未发生且将发生,是一个模糊的概念,涉及模糊数学和语义函数,涉及预警或预警分级,涉及混沌理论。
(7)不发生拥堵,涉及拥堵的位置,隧道内不拥堵,即整个隧道不拥堵,也就是说涉及隧道长度,拥堵是因为超出通行能力,且有一个从低于通行能力到超出通行能力的演变过程。因此,要得到交通量的演变与隧道长度的关系,使隧道内不拥堵,通行能力的位置在隧道外,$q = f(t,X)$的关系要建立,X为隧道内的某处位置。
(8)尾撞或侧撞都和速度相关,和隧道内路面的坡度及路面摩擦系数相关。
(9)车辆停车可能是尾撞、交通事故,也可能是车辆故障停车。
(10)根据上述分析,可以得出需解决的问题。
①车辆故障停车引起的洞内拥堵预警;
②超出通行能力引起的洞内拥堵;
③尾撞或侧撞。
(11)因素。
①反应时间不足;
②车间距不足;
③速度差太大;
④车辆故障;
⑤因素中③可控、④不可控,故可以不考虑车辆故障的因素,但其产生的问题需考虑。
4)成果查阅
根据上述分析,可查阅"尾撞+拥堵"的成果,这些成果又以隧道或隧道群的成果作为重点可参考的成果,可按表2.9-1汇总,以便进一步分析。

成果汇总表   表2.9-1

序号	题目	成果来源	模型	效果参数	数学工具	针对的问题
			$Y = f(x_1, x_2, \cdots, x_n)$			尾(侧)撞
						拥堵

5)成果对比
进行成果对比,是为了确定解决问题的技术路线,克服现有成果存在的问题,主要做下述工作:
(1)成果原理分类
交通异常算法成果,可以分为模式识别法和统计预测法。由模式识别法可推理涉及的知识点是归类问题或分形问题,统计预测法涉及的知识点是概率统计与预测,二者都涉及预测问题和数据处理问题。

(2)成果参数对比

①对比参数的个数；

②分析参数的相关性。

(3)成果数学工具对比

数学工具并无先进与不先进,数学工具对比,是看所采用的数学工具:①效果如何;②参数的相关性如何;③参数的可测性、可控性如何。

(4)先进性对比

先进性对比,主要有以下步骤：

①效果对比

根据效果评价对所采用的参数进行定量对比,将同等效果划分为同一类别。

②同类效果参数对比

对同类效果所采用的参数进行分析,将模型中相关的参数"降维",仅保留不相关的参数。

③同类效果不相关参数对比

同类效果不相关参数个数相同,以易测易控参数作为模型参数的效果为优;参数皆易测易控时,以参数个数少者为优。

6)确定所选用的参数与建模

通过敏感性和相关性分析,确定解决问题所需的参数,建模步骤如下：

(1)确定不相关的参数；

(2)对不相关的参数按敏感性进行排序；

(3)按全参数建模；

(4)逐步减少参数,直到效果变化不明显为止；

(5)列出不同参数建模的效果,根据应用场景,确定推荐的成果。

7)进行试验或模拟验证

8)凝练创新

第3章 道路交通流信息采集

3.1 概 述

信息采集是车路协同的基础,有了信息才能进行信息融合与车路协同。道路数字化解决了车路协同中路的信息支撑问题,但车和运行管理的信息化仍有待解决。采集信息的数量与质量,影响着信息采集的成本、模型的构建、信息的运算量和运行管理的效果,这就涉及如何采集道路交通流信息,本章就这一问题进行阐述。

3.2 信息分类

信息分类对于数据库建设和信息应用非常重要,合理的分类方法便于信息调用、信息清洗、信息融合和垃圾信息清除。针对信息采集,有多种方法对信息进行分类,在这里按照信息的属性、序列和应用进行分类。

3.2.1 信息属性

道路交通信息的属性,主要包括时空属性、权威性、保密性和有效性。

(1)时空属性

交通信息采集,离不开信息采集的时刻、位置、时间范围、区间范围、所在车道和交通方向,这些信息在采样值中并不能直接体现,在数据库构建时,存放采样值的矩阵中包含上述信息,才能准确刻画信息所反映的内容。

(2)权威性

信息有不同的采集方式,其中包括第三方数据以及直接获取的原始数据。第三方数据是指从外部环境所获得的数据,不是由原始采集器所获得;相对于第三方数据,直接获取的原始数据的精确性较高,而第三方数据涉及面较广,两者互相补充,使得数据更加精确与完善,在使用中可以引用官方信息,如年报,可以引用网络信息,也可以通过设置检测设备进行信息采集或引用移动、联通的数据进行推算。不同的信息采集方式,造成信息的可靠性不同,采集的程度不同,算法中的权值也不同。在信息采集中将信息来源进行分类,有利于信息融合和应用。

(3)保密性

信息按保密性可分为绝密、机密、秘密和公开。确定信息的密级,有利于信息存储和信息清除。道路交通学科属于社会公益类,大多数信息是公开信息,但也有部分信息如收费数据为秘密信息,涉及企业秘密和企业利益的,一般来讲是属于秘密或秘密以上级别的信息。

(4)有效性

信息的有效性可以从信息的噪声和信息的相关性两个方面来考虑。信息中都包含有噪声,噪声越大,可用信息含量越小,若信息采集通过选择合理的信息采集设备和信息采集方法,便可有效区分有效信息和无效信息,这样既能提高信息的质量,又可减少信息采集成本,减少垃圾信息。此外,信息可分为独立信息、相关信息和不相关信息。如道路交通流的流量 q(veh/s)、密度 k(veh/m)和速度 v(m/s),若在数学建模中采用了 $k=f(v)$,则 k 与 v 具有相关性,在信息采集中,既采集 k 又采集 v,是没有必要的,不仅造成信息冗余,而且增大信息成本。事实上,假定了 $k=f(v)$,又由于 $q=kv$,则 q、k 与 v 中,任意检测一个参数,其他两个参数可由推算得知;反之,若 k、v 不相关,则检测 k 和 v 是必须的,得知 k 和 v 才能推算 q。因此,信息应用中应该考虑信息的相关性。

3.2.2 信息序列

采集的道路交通样本构成了信息序列,其可分为静态信息序列和动态信息序列。静态信息是指设计周期内不发生变化的信息,如道路的线形参数、交通标志等。动态信息是指设计周期内变化的信息,如交通流信息。也有一些信息,应用场景不同,其既可以是动态信息也可以是静态信息,如交通信号灯,从维护管理的角度考虑,其是动态信息;从交通管控的角度考虑,其是静态信息。

按交通数据短时间内是否随时间变化可以将其分为原始静态数据 D_s 与动态交通数据 D_d。原始静态数据是指道路网络上短时间内不会随时间变化而变化的数据,如自然地形数据、用地布局数据、路网数据(道路长度、车道数、道路连通情况等)以及历史出行数据信息等;动态交通数据指的是道路网络上会随时间变化而变化的数据,如流量数据、车速数据、排队长度数据、车长数据、RFID 数据、卡口数据以及手机信令等数据。

3.2.3 信息应用

信息应用是从场景的角度考虑信息问题,主要涉及以下几个方面:

(1)精度

应用场景不同,对信息的精度要求不同,如交通规划、交通控制、交通诱导和交通指示,在数学建模时对信息精度的要求完全不同。

(2)对象

车辆级信息和车流级信息的采集方式完全不同。前者属于精准检测,后者属于平均值检测。前者多数用于执法,后者多数用于交通流状态识别和推演。随着交通信息化、智能化的发展,两者将趋于统一,既检测每辆车的状态,又可通过每辆车的状态推演交通流的状态。

(3)粒度

道路交通流信息是以采集的平均值作为交通态势的度量参数,这就涉及采集的时间范围与空间范围,基于空间时间内的平均值,时间范围或空间范围不同,则采样值也不同。采样的时间范围和空间范围的大小,称为粒度,粒度越小采集的成本越高,数据粒度越小越利于信息融合与数学建模。不同粒度的信息进行演算与建模,可能得到完全不同的结论。交通管控中的诱导、指示和控制对于信息的粒度要求不同。

(4)融合

按数学建模过程可分为输入信息、过程信息和输出信息,这些信息包括可测信息和不可测信息,原始信息和再生信息(即加工后的信息)。区分原始信息与再生信息,有利于信息存储和信息清除;可以通过其他信息推测的方式区分可测信息和不可测信息,有利于减少信息采集成本与建模中的"降维"。例如交通流中车辆之间的净距、交通流的密度,虽然难以监测,但可以通过其他信息进行推算而获取,将其用于安全性计算。对于可进行推算的信息,一般没有必要进行监测,从而减少信息采集成本。

3.3 信 息 采 集

道路交通的信息采集,至少应确定采集的设备,采集的空间区段和时间区段,如采集的时间或空间间隔。关于信息采集设备问题需专门论述,在此主要阐述时间间隔和空间间隔问题。

3.3.1 时间间隔

道路交通的通行信息,大多数都是某一采样间隔内的样本形成的时间序列,采样间隔的大小不同,采样值不同,同一时间段落数据序列的样本数不同,而样本数的多少又影响着数学建模的应用场景需求的实现。例如交通量信息采集,不同的时间间隔采样值完全不同。

图 3.3-1 给出原始数据相同,采样间隔分别为 1min、5min、15min 以及 1h 和 2h 的交通量采样值序列。由图可见,若对交通量的发展点势进行分析,不同的采样间隔会得到不同的分析结果。

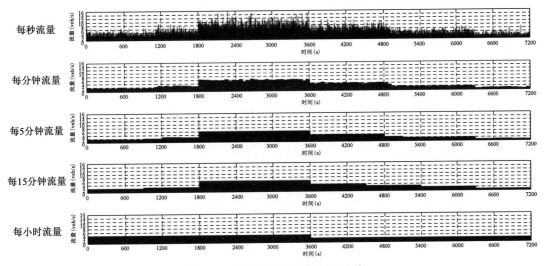

图 3.3-1 不同抽样间隔的交通量采样值

3.3.2 空间间隔

道路交通的某些参数,是以空间间隔作为采样间隔,例如空间平均速度和密度,下面论证空间间隔大小对采样值的影响。

以空间平均速度为例,设有两个抽样间隔,其长度分别为 x_1 和 x_2,在 x_1 和 x_2 内分别有 n 和 m 辆车,不失一般性,设 $m > n$,令第 i 辆车的速度为 v_i,根据空间平均速度的定义,抽样间隔为 x_1 时的空间平均速度 v_1 和抽样间隔为 x_2 时的空间平均速度 v_2 分别为

$$v_1 = \frac{x_1}{\sum_{i=1}^{n}\int_0^{x_1}\frac{\mathrm{d}x}{f_i(x)}} \tag{3.3-1}$$

$$v_2 = \frac{x_2}{\sum_{i=1}^{n}\int_0^{x_2}\frac{\mathrm{d}x}{f_i(x)} + \sum_{i=n+1}^{M}\int_0^{x_2}\frac{\mathrm{d}x}{f_i(x)}} \tag{3.3-2}$$

构造函数 y,且

$$y = \frac{v_2}{v_1} \tag{3.3-3}$$

将式(3.3-1)、式(3.3-2)代入式(3.3-3),可得

$$y = \frac{x_1\left(\sum_{i=1}^{n}\int_0^{x_2}\frac{\mathrm{d}x}{f_i(x)} + \sum_{i=n+1}^{M}\int_0^{x_2}\frac{\mathrm{d}x}{f_i(x)}\right)}{x_2\sum_{i=1}^{n}\int_0^{x_1}\frac{\mathrm{d}x}{f_i(x)}} \tag{3.3-4}$$

不失一般性,设 $x_2 > x_1$,由于

$$\int_0^{x_2}\frac{\mathrm{d}x}{f_i(x)} = \int_0^{x_1}\frac{\mathrm{d}x}{f_i(x)} + \int_{x_1}^{x_2}\frac{\mathrm{d}x}{f_i(x)} \tag{3.3-5}$$

将式(3.3-5)代入式(3.3-4),有

$$y = \frac{x_1}{x_2}\left[1 + \frac{\sum_{i=1}^{n}\int_{x_1}^{x_2}\frac{\mathrm{d}x}{f_i(x)}}{\sum_{i=1}^{n}\int_0^{x_1}\frac{\mathrm{d}x}{f_i(x)}} + \frac{\sum_{i=n+1}^{M}\int_0^{x_2}\frac{\mathrm{d}x}{f_i(x)}}{\sum_{i=1}^{n}\int_0^{x_1}\frac{\mathrm{d}x}{f_i(x)}}\right] \tag{3.3-6}$$

由式(3.3-6)可见,一般情况下,采样间隔不同,采样值的大小也不相同,更详细的讨论涉及速度的变化特征和交通量的大小,涉及车辆在路段上的分布,以及采样区段是否包括节点以及与节点的相对位置,在此不再进行展开。

3.3.3 时空刻度

时空刻度是指道路交通信息采集时,开始采集的时刻与位置。例如,断面交通量、时间平均速度,都存在着每个采样间隔开始时刻和结束时刻以及采集的位置(如桩号)。

图3.3-2给出相同速度数据,以时间平均速度与空间平均速度分别计算时的采样值,由于时空刻度与采样间隔不同,所表示的含义以及数值大小也不相同。信息维度图如图3.3-3所示。

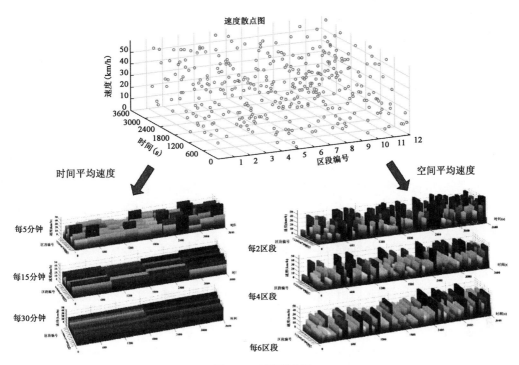

图 3.3-2　速度误差图

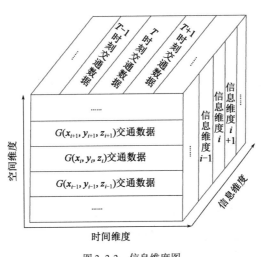

图 3.3-3　信息维度图

3.4　信息精度

3.4.1　概念

精度是指观测值与真实值的接近程度,也称误差。容易混淆的是数据的准确性与数据的精度,两者对数据的描述完全不同,精度是个体对个体,准确性是群体对群体。

设数据的真值为 $\bar{x}$，数据的观测值为 x，则观测值与真值的误差 δ 为

$$\delta = x - \bar{x} \tag{3.4-1}$$

若统计的样本数为 n，均方差为 σ，置信度为 ∂，其相对应的系数为 t_∂，则有

$$\delta = \frac{\sigma t_\partial}{\sqrt{n}} \tag{3.4-2}$$

或者

$$n = \left(\frac{\sigma t_\partial}{\delta}\right)^2 \tag{3.4-3}$$

确定了所需信息的精度，则可根据式(3.4-3)确定所需的样本数。

3.4.2 观测区间对精度的影响

道路交通信息受到采集时间范围或空间范围影响，其观测值不同，精度不同，只有确定观测范围如何影响观测值，才能分析观测区间对精度的影响。利用观测区间大小确定整个观测范围样本数量，就可以根据式(3.4-1)~式(3.4-3)探讨观测区间大小对精度的影响，故在此仅讨论观测区间对观测值的影响。

信息的检测区间划分对观测值影响很大，以交通量为例，设在 $\Delta t(\mathrm{s})$ 内共有 x 辆车通过，其中 $\Delta t_1(\mathrm{s})$ 内有 x_1 辆车，$\Delta t_2(\mathrm{s})$ 内有 x_2 辆车，$\Delta t = \Delta t_1 + \Delta t_2$，则 Δt_1、Δt_2 和 Δt 内交通量的统计值 q_1、q_2 以及 $q_3(\mathrm{veh/s})$ 分别为：

$$q_1 = \frac{x_1}{\Delta t_1} \tag{3.4-4}$$

$$q_2 = \frac{x_2}{\Delta t_2} \tag{3.4-5}$$

$$q_3 = \frac{x_1 + x_2}{\Delta t_1 + \Delta t_2} \tag{3.4-6}$$

可以论证，当 $\Delta t_1 = \Delta t_2$ 时，$q_3 = (q_1 + q_2)/2$，而 q_1、q_2、q_3 观测值随 Δt_1 或 Δt_2 的取值而变化，论证如下：

命

$$y_1 = \frac{q_3}{q_1} \tag{3.4-7}$$

将式(3.4-4)、式(3.4-6)代入式(3.4-7)，则可推测

$$y_1 = \frac{1 + \dfrac{x_2}{x_1}}{1 + \dfrac{\Delta t_2}{\Delta t_1}} \tag{3.4-8}$$

由式(3.4-8)可见，除非 $x_2/x_1 = \Delta t_2/\Delta t_1$，否则 $q_3 \neq q_1$，同理可证 $q_3 \neq q_2$。

命

$$y_2 = \frac{q_3}{\dfrac{q_1 + q_2}{2}} \tag{3.4-9}$$

将式(3.4-4)、式(3.4-5)和式(3.4-6)代入式(3.4-9)，可得

$$y_2 = \frac{q_1 + q_2}{1 + \dfrac{\Delta t_1}{\Delta t_2}} \tag{3.4-10}$$

由于 $\Delta t_1 = \Delta t_2$，故 $y_2 = (q_1 + q_2)/2$，证毕。

不失一般性，采用同样的方法，可以证明采用等时间间隔时，在 Δt 内的观测值可将其分为若干个等时间间隔得到的观测值的平均值。由上述可见，信息的采样区间不同，观测值不同，应根据应用场景需求确定信息的采样区间。

3.4.3 采样区间与应用场景的关系

信息的采样区间选择，对信息融合、信息储存、信息服务都有很大影响，可以以交叉口的交通控制为例得出二者之间的关系。

一般来讲，交叉口的高峰小时长度和交通量大小都有历史数据，即使没有历史数据也可通过经验来估计。设高峰小时长度为 $T(s)$，高峰小时内交通量为 $\bar{q}(veh/s)$，采样的样本容量为 Q，第 i 个采样值为 q_i，其有 m 个采样区间且采样区间长度相等，若样本的均方差为 σ，根据数理统计知识，有

$$q_i = \bar{q} \pm \frac{\sigma t_\partial}{\sqrt{m}} \tag{3.4-11}$$

式中，t_∂ 为置信水平为 ∂ 时相应系数。

若交叉口的通行能力为 q_c，当 $q_i/q_c \leq 1$ 时，能保证在置信水平为 ∂ 时，不会发生交叉口的拥堵现象，将 $q_i/q_c \leq 1$ 代入式(3.4-11)有

$$q_i \geq \bar{q} \pm \frac{\sigma t_\partial}{\sqrt{m}} \tag{3.4-12}$$

式(3.4-12)中的 ± 取 +，则有

$$q_i \geq \bar{q} + \frac{\sigma t_\partial}{\sqrt{m}} \quad \text{或} \quad m \geq \left(\frac{\sigma t_\partial}{q_c \bar{q}}\right)^2 \tag{3.4-13}$$

由式(3.4-13)可见，应用场景与信息检测区间的大小存在一定的关系。根据式(3.4-13)，信息检测区间应不大于 $T/m(s)$，这时采集的交通信息才能适应交通控制的需求。

3.5 信息选择

3.5.1 信息选择原则

反映道路交通运行特征的信息很多，为了减少信息采集成本，在信息选择中应尽可能遵循以下原则：

(1) 独立性原则

信息分为独立的、相关的和非相关的，若采集信息是非独立信息，则难以较好反映交通特征。

(2) 可测性原则

信息可分为可测信息和非可测信息，若信息难以度量，则不易进行数学建模。

（3）敏感性原则

选取对交通特征影响较大的信息,以便快速准确获得交通特征。

3.5.2 占有率与速度的敏感性

下面以交通异常检测为例,分析占有率与速度的敏感性。

设有一时间序列 X,有

$$X = \{x(1), x(2), \cdots, x(n)\}$$

序列 X 的算术平均值 $\bar{x}_t$、方差 σ_x^2、调和中项 $\bar{x}_m$ 及均值 $\bar{x}$ 的关系分别如式(3.5-1)~式(3.5-3)所示。

$$\bar{x}_t = \sum_{i=1}^{n} \frac{x(i)}{n} \tag{3.5-1}$$

$$\sigma_x^2 = \frac{\sum_{i=1}^{n} [x(i) - \bar{x}_t]^2}{n} \tag{3.5-2}$$

$$\bar{x}_m = \frac{n}{\sum_{i=1}^{n} \frac{1}{x(i)}} \tag{3.5-3}$$

设有 n 个采样间隔,每次采用的交通量 Q、时间平均速度 V_t、空间平均速度 V_a、占有率 O_{ct}、交通流密度 K 的时间序列分别为

$$Q = \{q(1), q(2), \cdots, q(n-1), q(n)\}$$
$$V_t = \{v_t(1), v_t(2), \cdots, v_t(n-1), v_t(n)\}$$
$$V_a = \{v_a(1), v_a(2), \cdots, v_a(n-1), v_a(n)\}$$
$$O_{ct} = \{o_{ct}(1), o_{ct}(2), \cdots, o_{ct}(n-1), o_{ct}(n)\}$$
$$K = \{k(1), k(2), \cdots, k(n-1), k(n)\}$$

设第 i 个采样间隔有 $m(i)$ 辆车,第 j 辆车的速度为 $s(j)$,从而有

$$v_a(i) = \sum_{j=1}^{m(i)} \frac{s(j)}{m(i)} \tag{3.5-4}$$

设采样间隔长度为 T,对于通过型检测器,根据占有率定义有:

$$O_{ct}(i) = \frac{\sum_{j=1}^{m(i)} \frac{L_j}{s(j)}}{T} \tag{3.5-5}$$

式中,L_j 为第 j 辆车的车长。

设 L 为平均车辆长度,ΔL_j 为 L_j 与 L 之差,则有

$$O_{ct}(i) = \frac{L \sum_{j=1}^{m(i)} \frac{1}{s(j)}}{T} + \frac{\sum_{j=1}^{m(i)} \frac{\Delta L_j}{s(j)}}{T}$$

假设1：

$$\frac{\sum_{j=1}^{m(i)} \frac{\Delta L_j}{s(j)}}{T} = 0 \tag{3.5-6}$$

则

$$O_{ct}(i) = \frac{L \sum_{j=1}^{m(i)} \frac{1}{s(j)}}{T} \tag{3.5-7}$$

可推出

$$O_{ct}(i) = \frac{L \times q(i)}{v_a(i)} \tag{3.5-8}$$

由于

$$q(i) = k(i) v_a(i) \tag{3.5-9}$$

故式(3.5-8)又可写作

$$O_{ct}(i) = L \times k(i) \tag{3.5-10}$$

设 n 个采样间隔的平均占有率为 $\overline{O}_{ct}$，平均密度为 $\overline{K}$，从而有

$$\overline{O}_{ct} = L \times \overline{K} \tag{3.5-11}$$

假设2：

$$\frac{v_t(i)}{\overline{v}_t} = \frac{\sigma_t(i)}{\overline{\sigma}_t} \tag{3.5-12}$$

其中，

$$\sigma_t(i) = \sum_{j=1}^{m(i)} \left\{ \frac{[g(j) - \sigma_t(j)]^2}{m(i)} \right\}^{1/2} \tag{3.5-13}$$

$$\overline{\sigma}_t = \sum_{i=1}^{n} \left\{ \frac{[v_t(i) - \overline{V}_t]^2}{n} \right\}^{1/2} \tag{3.5-14}$$

式中，$\overline{V}_t$ 为 n 个采样间隔的时间平均速度。

根据式(3.5-1)、式(3.5-12)，可推出

$$\frac{v_t(i)}{\overline{V}_t} = \frac{v_a(i)}{\overline{V}_a} \tag{3.5-15}$$

式中，$\overline{V}_a$ 为 n 个采样间隔的空间平均速度。

设前 $n-1$ 个间隔没有异常，第 n 个采样间隔有异常发生，构造如下变量

$$R(O_{ct}, V_t) = \frac{\dfrac{O_{ct}(n)}{\overline{O}_{ct}}}{\dfrac{V_t(n)}{\overline{V}_t}} \tag{3.5-16}$$

显然，若 $R(O_{ct}, V_t) > 1$，则可称异常发生时占有率参数比速度参数敏感；若其等于1，则二者等效；否则，速度参数比占有率参数敏感。

由式(3.5-9)、式(3.5-10)、式(3.5-11)、式(3.5-15)，可得

$$R(O_{ct}, V_t) = \frac{\frac{q(n)}{\overline{V}_a^2}}{\frac{\overline{Q}}{V_a^2(n)}} \tag{3.5-17}$$

由式(3.5-9),式(3.5-17)又可写作

$$R(O_{ct}, V_t) = \frac{k(n)\overline{V}_a}{K V_a(n)} \tag{3.5-18}$$

观测与试验表明,当异常发生时,密度将增加,而车速将下降,占有率从非阻塞区移到高密阻塞区,在占有率过渡期间,速度有一个突然的下降。因此,$v(n) < \overline{V}_m, k(n) > \overline{K}$,故式(3.5-18)大于1,从而可知,在异常发生期间,速度参数比占有率参数更敏感。

3.5.3 交通量与占有率的敏感性比较

仍以交通异常检测为例,构造如下函数:

$$R(O_{ct}, Q) = \frac{\frac{o_{ct}(n)}{\overline{o}_{ct}}}{\frac{q(n)}{\overline{Q}}} \tag{3.5-19}$$

由式(3.5-10)、式(3.5-11)、式(3.5-15),可得

$$R(O_{ct}, Q) = \frac{k(n)\overline{Q}}{q(n)\overline{k}} \tag{3.5-20}$$

由式(3.5-9)、式(3.5-10)、式(3.5-11)、式(3.5-15),式(3.5-20)又可写作

$$R(O_{ct}, Q) = \frac{v_m(n)}{\overline{V}_n} \tag{3.5-21}$$

当异常发生时,由 $v_m(n) < \overline{V}_n$,故 $R(O_{ct}, Q) < 1$,从而可知,在异常发生期间,交通量参数比占有率参数更敏感。

综合以上分析,在异常发生期间,速度参数最敏感,交通量次之,占有率参数最不敏感。

3.6 信息特征

信息是指音讯、消息、通信系统传输和处理的对象,泛指人类社会传播的一切内容,信息是对客观世界中各种事物的运动状态和变化的反映,是客观事物之间相互联系和相互作用的表征,表现的是客观事物运动状态和变化的实质内容,其中信息的属性和功能就是所谓信息特征。

3.6.1 分类

在信息论中,可以对信息进行以下分类:

(1)按性质,可分为语法信息、语义信息和语用信息。
(2)按地位,可分为客观信息和主观信息。
(3)按作用,可分为有用信息、无用信息和干扰信息。
(4)按应用部门,可分为工业信息、农业信息、军事信息、政治信息、科技信息、文化信息、经济信息、市场信息和管理信息等。
(5)按携带信息的信号的性质,可以分为连续信息、离散信息和半连续信息等。
(6)按事物的运动方式,可以分为概率信息、偶发信息、确定信息和模糊信息。
(7)按内容,可以分为消息、资料和知识。
(8)按社会性,可以分为社会信息和自然信息。
(9)按空间状态,可以分为宏观信息、中观信息和微观信息。
(10)按信源类型,可以分为内源性信息和外源性信息。
(11)按价值,可以分为有用信息、无害信息和有害信息。
(12)按时间性,可以分为历史信息、现时信息和预测信息。
(13)按载体,可以分为文字、图形(图像)、声音、视频。

3.6.2 基本特征

信息具有的基本特征主要有:
(1)依附性
信息必须依附一定的媒体介质表现出来,如看到蚂蚁搬家可以知道快下雨了。
(2)价值不确定性
信息作为一种特殊的资源,具有相应的使用价值,它能够满足人们某些方面的需要。但信息的价值大小是相对的,它取决于接收信息者的需求及对信息的理解、认识和利用的能力。
(3)时效性
信息会随着客观事物的变化而变化,如天气预报、市场信息都会随时间的推移而变化。
(4)共享性
信息可进行分享,如网络上的信息被人下载和利用。
(5)客观性
又称真实性,与主观性相对,客观性即客观实在性,它指事物客观存在,唯有将主观性通过实践与客观性统一才能获得客观真理。主观精神的认识能力把存在作为认识对象,这就构成了互为对象的依存关系。因此和主观认识行为发生相互作用的存在就是客观存在,存在包括物质与精神两种存在,唯有主观符合客观,才能真正认识和改造世界。主观存在和客观存在这对概念是最典型的相对概念,只有当主观意识开始把某种存在及其内涵作为自己对象时,这个对象才成为相对于主观的客观存在。
(6)可处理性
信息的可处理性,是指信息能够被有效收集、存储和分析的能力,可以帮助组织更有效地管理信息,提高效率。
(7)传递性
信息的传递性打破了时间和空间的限制,没有传递就没有信息。

(8) 可识别性

信息是可以识别的,识别又可分为直接识别和间接识别,直接识别是指通过感官的识别,间接识别是指通过各种测试手段的识别。不同的信息源有不同的识别方法。

(9) 可存储性

信息是可以通过各种方法存储的。

(10) 可扩充性

也就是再生性(扩充性),信息随着时间的变化,将不断扩充。

(11) 可压缩性

人们对信息进行加工、整理、概括、归纳就可使之精炼,从而压缩。

(12) 可转换性

信息可以由一种形态转换成另一种形态。

(13) 可预测性

即通过现时信息推导未来信息形态。信息对实际有超前反映,可反映出事物的发展趋势。

(14) 普遍性

指的是事件发生的常见性和必然性。

3.6.3 安全属性

信息安全的基本属性主要表现在以下 5 个方面:

(1) 保密性

即保证信息为授权者享用而不泄露给未经授权者。

(2) 完整性

即保证信息从真实的发信者传送到真实的收信者手中,传送过程中没有被非法用户添加、删除、替换等。

(3) 可用性

即保证信息和信息系统随时为授权者提供服务,保证合法用户对信息和资源的使用不会被不合理地拒绝。

(4) 可控性

即出于国家和机构的利益和社会管理的需要,保证管理者能够对信息实施必要的控制管理,以对抗社会犯罪和外敌侵犯。

(5) 不可否认性

即人们要为自己的信息行为负责,提供保证社会依法管理需要的公证、仲裁信息证据。

3.7 信息采集设备

信息采集的精度与采集的设备相关。信息采集主要分为人工采集方式以及自动采集方式。人工采集方式是指通过人力对交通数据进行采集。自动采集方式是指通过相关数据采集设备对交通数据进行采集,常见的有固定型采集技术和移动型采集技术。

固定型采集技术是指在固定的地点布设交通数据检测器,对过往的车辆进行检测和对交通数据进行采集,常用于特殊道路断面或者路段上,可对交通量数据、车流数据、道路占有率数据以及车流密度数据进行采集。常见的固定型采集技术主要包括视频采集技术、波频采集技术以及磁频采集技术。视频采集技术是将摄像机安装在需检测的路段,摄取道路交通图像并传送至计算机进行数字图像处理、识别,从而得到各类参数。波频采集技术通过波频发射器发射波频,遇到车辆后被反射回来,接收机接受处理检测器变化率,从而检测道路中的车辆。目前,用得较多的波频采集设备主要有超声波检测器、红外检测器以及微波检测器等。磁频采集技术主要通过电磁感应技术实现,检测器通过感应电流电压的变化,达到检测的目的。常见的磁频检测器有环形线圈感应器、磁力检测器等。固定型采集技术基本都是对道路某一节点进行检测,检测的覆盖面积小,且检测过程中易受到外界环境的干扰或者影响,安装或者维修会占用道路资源,影响交通运行。

移动型采集技术是指运用安装有特定设备的移动车辆来采集交通参数数据的技术的总称。主要包括全球定位系统(GPS)的采集技术、基于射频识别技术的采集技术、基于车辆牌照自动识别的采集技术,以及目前正在发展的手机信令采集技术。移动型采集技术主要具有数据检测连续性强、可全天候进行工作等特征。

固定型采集技术所采集得到的交通数据为道路某一节点的交通数据,移动型采集技术能对路段数据进行采集,例如行程时间、行程速度等参数。表3.7-1给出了几种典型的固定型交通检测器检测参数。本节主要阐述常用交通信息采集设备所采用的技术。

几种典型的固定型交通检测器检测参数 表3.7-1

检测技术	车速	交通流量	占有率	车队长度	其他参数
视频检测器	√	√	√	○	车型,车辆运动状态
超声波检测器	√	√	√	○	车头时距
微波检测器	√	√	√	○	车头时距
红外检测器	○	√	√	○	×
环形线圈感应器	○	√	√	○	车身长度

注:√表示可直接检测;○表示间接检测;×表示无法检测。

3.7.1 射频识别技术

射频识别技术(Radio Frequency Identification,RFID)是自动识别技术的一种,通过无线射频方式进行非接触双向数据通信,利用无线射频方式对记录媒体(电子标签或射频卡)进行读写,标签进入阅读器后,接收阅读器发出的射频信号,凭借感应电流所获得的能量发送出存储在芯片中的产品信息(Passive Tag,无源标签或被动标签),或者由标签主动发送某一频率的信号(Active Tag,有源标签或主动标签),阅读器读取信息并解码后,送至中央信息系统进行有关数据处理,从而达到识别目标和数据交换的目的。

射频识别技术依据其标签的供电方式可分为三类,即无源RFID、有源RFID和半有源RFID,其具有如下特性:

(1)适用性:RFID技术依靠电磁波,并不需要连接双方的物理接触。这使得它能够无视尘、雾、塑料、纸张、木材以及各种障碍物而建立连接,直接完成通信。

(2)高效性:RFID 系统的读写速度极快,一次典型的 RFID 传输过程通常不到 100ms。高频段的 RFID 阅读器甚至可以同时识别、读取多个标签的内容,极大地提高了信息传输效率。

(3)唯一性:每个 RFID 标签都是独一无二的,通过 RFID 标签与产品的一一对应关系,可以清楚地跟踪每一件产品的后续流通情况。

(4)简易性:RFID 标签结构简单、识别速率高、所需读取设备简单。尤其是随着近距离无线通信(NFC)技术在智能手机上逐渐普及,每个用户的手机都将成为最简单的 RFID 阅读器。

3.7.2 视频识别技术

视频识别技术是通过中间嵌入的智能分析模块,对视频画面进行识别、检测、分析,滤除干扰,对视频画面中的异常情况做目标和轨迹标记,主要具有以下功能:

(1)可以区分人、动物、车辆等各种物体并进行侦测和跟踪,每个摄像机可以同时对 50 种不同的目标进行分别监控。

(2)可接入摄像机、门禁、RFID、智能围栏、GPS、雷达等多种探测设备,并进行分析整合。

(3)可以设置虚拟围界。

(4)根据安全策略(日间/夜间,交通忙时/闲时等)设置保安等级,可在特定区域或全场设置安全级别,并可创建或改变报警区域。

(5)当报警自动联动跳出 PTZ(Pan/Tilt/Zoom,安防监控器材)摄像机图像窗口时,可采用系统提供的云台、镜头控制图标手动或者自动锁定目标,并且通过声音、邮件、电话、传呼机等发送警报。

(6)可以用鼠标双击目标物即可跳出联动监视图像,查看目标物细节。

(7)可以有效地屏蔽水面的阳光反射、雨雪天气等对系统目标物捕捉的影响。单摄像机场景视频智能分析功能要求能够应对各种灯光和环境因素变化,包括由于阴影、天气、区域的光线变化,以及探照灯、反光和风等引起的变化。

(8)入侵侦测:能够分辨人体大小的入侵者,而忽略小动物及禽鸟。

(9)计数:一个摄像机上实现在多个感兴趣区域和多个移动方向的计数。

(10)队列管理:能够提供全面的统计图表报告,了解流量、人流/客户转换率、平均轮候时间等。

(11)异常行为探测:可以区分人的滑倒、跑动等异常行为。

(12)游荡探测:可以预设定游荡报警时间。

(13)拥挤人群管理:在设定区域内,实时统计人员数量,并且根据预设的拥挤度阈值报警。

(14)遗留目标探测:繁忙拥挤环境下,在一个摄像机场景内探测多个遗留目标,遗留目标物最小可以达到图像尺寸的 3%。

(15)盗窃探测:能够在繁忙拥挤环境下,探测遗失物品。

(16)违章泊车探测:能够在繁忙拥挤环境下,探测到违章停车。

(17）涂鸦、张贴海报和破坏探测。

(18）摄像机检查功能：对摄像机不同状态，如断开、聚焦不良、被破坏、移动、没有足够的帧速或由于雾、雨和雪等天气无法侦测等状态进行判断。

3.7.3 雷达与激光

雷达与激光主要用于测速。雷达测速主要是利用多普勒效应原理：当目标向雷达天线靠近时，反射信号频率将高于发射机频率；反之，当目标远离天线而去时，反射信号频率将低于发射机频率。如此即可借由频率的改变数值（目标面对雷达飞行，多普勒频率为正，当目标背向雷达飞行，多普勒频率为负），计算出目标与雷达的相对速度。

雷达工作原理与声波的反射情形极类似，差别只在于其所使用的波为频率极高的无线电波，而非声波。雷达的发射机相当于喊叫声的声带，发出类似喊叫声的电脉冲，雷达的指向即天线犹如喊话筒，使电脉冲的能量能集中某一方向发射。接收机的作用则与人耳相仿，用以接收雷达发射机所发出电脉冲的回波。

雷达测速具有以下特点：

(1）相较于激光光束（射线）的照射面，雷达波束测速模块大，因此易于捕捉目标，无须精确瞄准。

(2）雷达测速设备可安装在巡逻车上，在运动中实现车速检测，是"流动电子警察"非常重要的组成部分。

(3）雷达固定测速误差为±1km/h，运动时测速误差为±2km/h，完全可以满足对交通违章查处的要求。

(4）雷达发射的电磁波波束有一定的张角，故有效测速距离相对于激光测速较近，最远测速距离为800m（针对大车）。

(5）雷达测速仪因技术成熟、价格适中，因此广受欢迎。

(6）雷达测速仪发射波束的张角是一个很重要的技术指标。张角越大，测速准确率越易受影响；反之，则影响较小。

激光测速设备采用红外线半导体激光二极管。激光二极管有几个特点使它极适合用来量测速度：

(1）激光二极管自微小范围中发射出极窄的光束，此狭窄光束能精确地瞄准目标。

(2）激光二极管以小于十亿分之一秒的瞬间切换开关，大大提高精确度。

(3）激光二极管发射率很窄，其侦测器极易接收到精确的波长，因此在日间有强烈阳光时，仍能正常操作。

(4）激光二极管只发射电磁光谱中的红外线部分，而红外线是眼睛看不见的，不会影响驾驶人的注意力。

激光测速枪以测量红外线光波传送时间来决定速度。由于光速是固定的，激光脉冲传送到目标再折返的时间与距离成正比。以固定间隔发射两个脉冲，即可测得两个距离，将两距离之差除以发射时间间隔即可得到目标的速度。理论上，发射两次脉冲即可量测速度；实际上，为避免错误，一般激光测速器（枪）在瞬间发射高达七组的脉冲波，以最小平方法求其平均值，计算目标速度。激光测速枪的缺点是无法于移动状态下使用，但在超速车辆的车道定位上优于雷达。

雷达与激光的最远测速距离均在两千多英尺❶,可以通过加强设备发射功率而增长,只是这样做并不具实际效益。雷达测速器需经常用固定频率的音叉加以校正,而激光测速器则无此必要。另一重要差别在于测速的时间,雷达测速约需要 2~3s,而使用激光测速则只需要约 0.3s。

---

❶ 1 英尺(ft) =0.3048 米(m)。

第4章 道路交通数据融合

4.1 概 述

道路交通参数如交通流量、速度、密度,分别从不同的维度刻画了道路交通的状态,根据采集的交通信息获取道路交通的状态,就需要进行数据融合。道路交通的数据融合应满足国家标准《智慧城市 数据融合 第2部分:数据编码规范》(GB/T 36625.2—2018),其流程见图4.1-1。

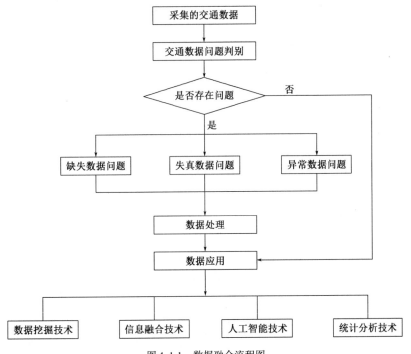

图4.1-1 数据融合流程图

数据融合技术是一项通过综合利用信号处理、计算机技术、控制原理、数理统计等方面的相关理论与技术,把布置于多个位置、处于不同运行状态的多个传感器所提供的数据与信息实现综合处理,从而获得对研究对象的相对全面有用信息的技术。传统的信息获取方式一般都采用单一类型传感器,但由于受到自身制约,单一传感器无法获取到足够全面的信息,且融合模型较为简单,大多提取原始信息并和历史数据进行对比给出预测结果。虽然这些技术都已经在不同的交通应用场景中得到使用,但依然存在很多问题。而道路交通数据融合则是通过多传感器感知道路交通,获取包括车速、车流量、环境、路面等更加系统准确的信息,并对多传感器获取的实时交通数据进行融合,可以获得更加全面准确的交通信息,实现更加有效的交通管控。

数据融合涉及数据采集。在交通数据采集过程中,由于一些不可抗力的因素,如天气、信号问题、设备问题等,导致采集的数据存在无效、冗余、错误以及缺失等,若不进行处理,将会导致结果达不到预期效果。因此,进行数据融合,需要对如下常见的交通数据问题进行数据清洗:

(1)缺失数据问题

在数据采集过程中,无论是固定型检测方法或是移动型检测方法都是通过一定的时间间隔对交通数据进行采集,由于传输线路出现故障、检测器扫描频率不稳定或是车流量过多等因素都会导致采集到的交通数据不能按照一定的时间间隔上传,形成数据缺失问题。缺失数据不仅会影响交通数据的准确性,而且会给数据处理或是交通数据预测等带来不利的影响。

(2)失真数据问题

当交通检测器或者传输线路出现故障时,采集到的交通数据通常都是错误的,不能反映道路交通的真实状况,交通管理者将不能准确把握交通状态,对交通问题会存在处理不及时或者不处理等状况,影响交通运行。

(3)异常数据问题

异常数据指的是与正常交通状态下产生的交通数据相比,存在较大偏差的数据。在正常交通状态下,交通流的变化是一个平稳的随机过程,交通参数的幅值应在某一区间内。当道路出现特殊交通事件时,将会导致交通数据出现较大的偏差。

交通数据进行清洗后,可用一定的技术方法对交通数据进行分析应用,常见的数据应用方法有数据挖掘技术、信息融合技术、统计分析技术以及人工智能技术等。数据挖掘技术是指从大量的、不完全的、模糊的、随机的数据中提取人们事先不知道但又潜在有用的信息的过程,提取的信息可用于决策支持、过程控制等,还可以用于数据自身的维护。信息融合技术是利用计算机技术对若干传感器的观测信息在一定的准则下自动分析、优化完成所需的决策和估计任务而进行的信息处理过程,从而使得数据更为准确可靠。统计分析技术是通过一定的数据信息来研究对象总体特征的一门技术,常见的有回归分析法、时间序列法以及聚类分析方法等。人工智能技术是当前科学技术发展中的一门前沿技术,主要研究领域有专家系统、机器学习、模式判别、自动程序设计、遗传算法、智能决策支持系统和人工神经网络等。

本章结合道路交通数据的特点,主要就数据清洗和数据挖掘与映射进行阐述。

4.2 数　　据

4.2.1 数据属性

数据属性主要包括以下内容:

(1)标识类属性:适用于数据元标识的属性。包括中文名称、英文名称、中文全拼、内部标识符、版本、注册机构、同义名称、语境。

(2)定义类属性:描述数据元语义方面的属性。包括定义、对象类词、特性词、应用约束。

(3)关系类属性:描述各数据元之间相互关联和(或)数据元与模式、数据元概念、对象、实体之间关联的属性。包括分类方案、分类方案值、关系。

(4)表示类属性:描述数据元表示方面的属性。包括表示词、数据类型、数据格式、值域、计量单位。

(5)管理类属性:描述数据元管理与控制方面的属性。包括状态、提交机构、批准日期、备注。

4.2.2 组成

数据元一般由对象类、特性及表示三部分组成:

(1)对象类(Object Class)。是现实世界或抽象概念中事物的集合,有清楚的边界和含义,并且其特性和行为遵循同样的规则而能够加以标识。

(2)特性(Property)。是对象类的所有个体所共有的某种性质,是对象有别于其他成员的依据。

(3)表示(Representation)。是值域、数据类型、表示方式的组合,必要时也包括计量单位、字符集等信息。

对象类是我们所要研究、收集和存储相关数据的实体,例如人员、设施、装备、组织、环境、物资等。特性是人们用来区分、识别事物的一种手段,例如人员的姓名、性别、身高、体重、职务,坦克的型号、口径、高度、长度、有效射程等。表示是数据元被表达的方式的一种描述。表示的各种组成成分中,任何一个部分发生变化都将产生不同的表示,例如人员的身高用"厘米"或用"米"作为计量单位,就是人员身高特性的两种不同的表示。数据元的表示可以用一些具有表示含义的术语作标记,例如名称、代码、金额、数量、日期、百分比等。

数据元基本模型中,对象类对应于数据模型中的实体、特性和表示对应于数据模型中的属性。

4.2.3 分类

数据元按不同的方式可以作如下分类:

1)按数据元的应用范围分

数据元按应用范围分为通用数据元、应用数据元(或称"领域数据元")和专用数据元。通用数据元是与具体的对象类无关的、可以在多种场合应用的数据元。应用数据元是在特定领域内使用的数据元。应用数据元与通用数据元是相对于一定的应用环境而言的,两者之间并没有本质的区别,应用数据元是被限定的通用数据元,通用数据元是被泛化的应用数据元,随环境的变化彼此可以相互转化。专用数据元是指与对象类完全绑定、只能用来描述该对象类的某个特性的数据元。专用数据元包含了数据元的所有组成部分,是"完整的"数据元。

2)按数据元值的数据类型分

数据元按元值的数据类型可分为文字型数据元与数值型数据元。例如人的姓名是用文字表示的,属于文字型数据元;人的身高是用数值表示的,属于数值型数据元。

3)按数据元中数据项的多少分

数据元按数据项的多少可分为简单数据元和复合数据元。简单数据元由一个单独的数据项组成;复合数据元是由2个及2个以上的数据项组成的数据元,即由2个以上的数据元组成。组成复合数据元的数据元称为成分数据元。虽然数据元一般被认为是不可再分的数据的基本单元,而复合数据元是由两个以上的数据元组成的,但是在实际应用中复合数据元一般被当作不可分割的整体来使用,所以复合数据元仍然可以看作是数据的基本单元,即数据元。例如数据元"日期时间"是一个复合数据元,表示某一天的某一时刻,它由"日期"和"时间"两个数据元组成。

4.2.4 命名规则

数据元的名称是为了方便人们的使用和理解而赋予数据元的语义的、自然语言的标记。一个数据元是由对象类、特性、表示3个部分组成的,相应地,一个数据元的名称是由对象类术语、特性术语、表示术语和一些描述性限定术语组成的,数据元的命名规则主要对各术语成分的含义、约束、组合方式等进行规范。

数据元的命名规则主要包括以下内容:

1)语义规则

语义规则主要规定数据元名称的组成成分,使名称的含义能够准确地传达。

(1)对象类术语表示作战仿真领域内的事物或概念,在数据元中占有支配地位。

(2)专用数据元的名称中必须有且仅有一个对象类术语。

(3)特性术语用来描述数据元的特性部分,表示对象类的显著的、有区别的特征。

(4)数据元名称中必须有且仅有一个特性术语。

(5)表示术语用来概括地描述数据元的表示成分。

(6)数据元名称需要有且仅有一个表示术语。

(7)限定术语是为了使一个数据元名称在特定的相关环境中具有唯一性而添加的限定性描述。限定术语是可选的。对象类术语、特性术语和表示术语都可以用限定术语进行描述。

2)句法规则

句法规则主要规定数据元名称各组成成分的组合方式。

(1)对象类术语应处于名称的第1(最左)位置。

(2)特性术语应处于第2位置。

(3)表示术语应处于最后位置。当表示术语与特性术语有重复或部分重复时,在不妨碍语义精确理解的前提下,可以省略表示术语。

(4)限定术语应位于被限定成分的前面。

3)唯一性规则

唯一性规则主要为了防止出现同名异义现象。在同一个相关环境中所有数据元名称应是唯一的。

为规范数据元的命名,除了需要遵守上述的命名规则外,还需要对数据元名称各成分的术语作统一的规范。数据元名称中的术语应采用仿真领域标准、公认的术语,在数据元注册系统中可以构建一个仿真领域的术语字典,作为数据元命名时各术语成分的统一来源。

4.2.5 数据元与元数据

数据元与元数据是两个容易混淆的概念。元数据用来描述数据的内容、使用范围、质量、管理方式、数据所有者、数据来源、分类等信息。它使得数据在不同的时间、不同的地点,都能够被人们理解和使用。元数据也是一种数据,也可以被存储、管理和使用。

数据元是一种用来表示具有相同特性数据项的抽象"数据类型"。对于一个数据集而言,元数据侧重于对数据集总体的内容、质量、来源等外部特征进行描述,而数据元则侧重于对数据集内部的基本元素的"名、型、值"等特性进行定义。元数据只用来定义和描述已有的数据,数据元则可以用来指导数据模型的构建,进而产生新数据。

为了使数据元容易被理解和交流,需要用一种特定格式的数据对数据元进行描述,这种用来描述数据元的特定格式的数据就是数据元的元数据。数据的提供者为使数据能够被其他人理解和使用,在提供数据的同时需要同时提供描述该数据的元数据,数据元的元数据是其中的一个重要的组成部分。

4.2.6 数据元提取

数据元主要有自下而上和自下而上两种提取方法。

1) 自上而下提取法

对于新建系统的数据元提取,一般适用这种"自上而下"的提取法。基本步骤是,在流程和功能分析的基础上,通过建模分析,确立关心的"对象"。在概念数据模型和逻辑数据模型的基础上,分析提取数据元及其属性。具体标识如下信息:

(1) 确定数据元的来源和上下文;
(2) 标识数据元概念所基于的对象和特性,形成数据元概念;
(3) 定义并标识包含数据值的数据元;
(4) 标识数据值所表示的值域和允许的值;
(5) 对数据元进行分类等。

2) 自下而上提取法

自下而上提取法也称逆向工程,对于已建系统的数据元提取,一般适用这种"自下而上"提取法。在这种情况下,数据元直接来自各个信息系统。数据元创建者依据数据元标准化方法,对信息系统及相关资源的数据,在分析、梳理的基础上,归纳整理出数据元;根据数据元的实际应用,阐明并写出相关数据元在采集、存储和交换过程中各个属性以及属性的约束要求;描述和定义各个属性所需要的属性描述符及其约束要求;根据给定的命名、定义、标识规则和表示规范,形成数据元。具体的步骤如下:

(1) 理解数据元,自下而上提取法的第一步就是获取对数据元的理解。
① 与该数据元有关的有哪些数据?
② 是否有数据值得定义或描述?
③ 有没有允许值或者实例?
④ 数据值是通过算术公式计算还是统计得出的?

(2)内容研究,在研究数据元的基本属性之前,应对下列问题做出研究:
①该数据元是否在国际、国内或者其他组织标准中进行了定义?
②该数据元是否已经存在于注册系统中,有没有重新应用的潜力?
(3)根据应用场景或上下文,确定数据元的定义。
(4)根据应用场景或上下文,确定数据元的允许值和值域。
(5)根据应用场景或上下文,确定数据元的表示词类。
(6)根据应用场景或上下文,确定数据元的名称和标识符。
(7)根据应用场景或上下文,确定数据元的其他属性。

4.3 道路交通数据

刻画道路交通状态的参数(如无特殊说明,仅指交通运行数据)是道路交通参数针对母体抽样的观测值,本节主要阐述道路交通数据的特征和常见的一些参数。

4.3.1 母体

道路交通数据的母体,可以是单个车辆也可以是交通流。

母体为单个车辆时,其抽样值既可作为该车辆母体特征值的依据,也可体现该车辆的交通行为特征。例如,针对某车辆的车速检测,每次的观测值可作为该车辆是否超速的依据,该车辆的总的抽样值,既可推算该车辆的平均速度,也可推算该车辆的超速频率。

母体为交通流时,其抽样值为单位检测区间观测值的平均值,其现成的序列观测值,既是母体特征值估计的依据,也是交通流变化规律把握与其他特征值映射的基础。例如,交通流平均速度观测值序列,其既可用于估计所有观测样本的平均值,也可用于寻求交通流平均速度的变化规律,亦可用于将速度在应用场景如安全性、畅通性、速度管控的函数关系上进行映射,分析交通流的安全性、畅通性,寻求科学合理的速度管控措施。

4.3.2 精度

道路交通数据样本精度随应用场景的不同而不同,下面以速度为例来说明这一问题。

假设获得 n 辆车的速度,有以下3个应用场景:

场景1:是否有超速车辆;

场景2:交通流的时间平均速度;

场景3:交通流时间平均速度的变化趋势。

场景1判断是否有超速车辆,这 n 辆车速度的观测值都是样本,这类样本在判断超速中有一个规则就是最大速度和误差,而观测值也有误差,若观测值的精度小于规则的精度,则无法判断是否有超速行为。

场景2需要获得观测交通流的平均速度,其是一个观测值的算术平均值,估计值的精度不大于样本的精度。

场景3需要获得交通流平均速度的变化趋势,则应将 n 个样本的观测时间分为 m 个长度相等的检测区间,计算每个区间的时间平均速度作为该区间的观测值,得到 m 个样本,由该 m

个样本得到时间平均速度变化规律。显然,$m \geq 3$,m个样本的精度不大于原n个样本值——样本的精度。

由上述可见样本精度在应用中的重要性,样本精度＞应用场景精度是样本应用的先决条件。

4.3.3 参数

道路交通运行车流级参数主要有流量$Q(\text{veh/s})$、时间平均速度/空间平均速度$v(\text{m/s})$和交通流密度$K(\text{veh/m})$,此外,还有排队长度$l_q(\text{veh}\ \text{或}\ \text{m})$、车头时距$n(\text{s})$、车间净距$l_0(\text{m})$等参数。

车流级交通参数都是某检测区段内的观测值或观测值的平均值,其包含的信息有:

数据检测观测区段的时间起点与时间终点;

数据检测观测区段的空间起点与空间终点;

数据检测的交通流的方向;

数据检测采用的设备,即数据源;

数据检测设备的精度。

车辆级交通参数除了包括上述部分信息外,一定包括车牌号这一车辆的唯一特征信息。此外,无论是车辆级信息还是车流级信息都包含有装载数信息。

时间类参数X和空间类参数Y一般可表示如下:

$$X = (x_1 \quad x_2 \quad x_3 \quad x_4 \quad x_5 \quad x_6 \quad x_7 \quad x_8 \quad x_9 \quad x_{10}\cdots) \tag{4.3-1}$$

$$Y = (y_1 \quad y_2 \quad y_3 \quad y_4 \quad y_5 \quad y_6 \quad y_7 \quad y_8 \quad y_9 \quad y_{10} \quad y_{11}\cdots) \tag{4.3-2}$$

式中,x_1为观测值;x_2为观测区段起点;x_3为观测区段终点;x_4为观测位置;x_5为观测交通流方向;x_6为观测设备编号;x_7为观测设备精度;x_8为装载数;x_9为车牌号;x_{10}为准载量;y_1为观测值;y_2为观测区段起点;y_3为观测区段终点;y_4为观测时刻起点;y_5为观测时刻终点;y_6为观测交通流方向;y_7为观测设备编号;y_8为观测设备精度;y_9为装载数;y_{10}为车牌号;y_{11}为准载量。

时间类交通参数$x_1 \sim x_5$属于必有信息,当同一类信息由多种设备检测时,x_6也属于必有信息,x_7一般默认满足应用场景要求,涉及数据源精度时,则是必有信息;x_8是否为必有信息取决于参数的定义;x_9仅当数据为车辆级数据时为必有信息;至于空间类参数的必有信息,在此不再赘述。

下面是一些交通参数,读者可以按上述方法来分析在数据库构建中必须填充的信息。

1)车载人均时间平均速度

车载人均时间平均速度,是指一定时间内通过道路某一地点的车辆的速度与载人数之积的算术平均值,表达式如下:

$$v_{\text{tp}} = \frac{1}{n} \frac{\sum\limits_{i=1}^{n} v_i p_i}{\sum\limits_{i=1}^{n} p_i} \tag{4.3-3}$$

式中，v_{tp}为车载人均时间平均速度（m/s）；v_i为检测时间内第i辆车通过监测点的速度；p_i为第i辆车载人数；n为检测时间内通过的车辆数。

根据定义，车载人均时间平均速度包含的信息为$x_1 \sim x_9$，与车辆时间平均速度相比，车载人均时间平均速度更能准确反映城市道路的交通情况，反映出行人员所需的出行时间，既有利于出行者选择合理的交通方式，也有利于公共交通和绿色交通的发展。

2) 车载货均时间平均速度

车载货均时间平均速度，是指一定时间内通过道路某一地点的车辆的速度与载货吨位之积的算术平均值，表达式如下：

$$v_{tg} = \frac{1}{n} \frac{\sum_{i=1}^{n} v_i g_i}{\sum_{i=1}^{n} g_i} \qquad (4.3\text{-}4)$$

式中，v_{tg}为车载货均时间平均速度（m/s）；g_i为第i辆车货物装载量（t）。

根据车载货均时间平均速度的定义，$x_1 \sim x_7$、x_9和x_{10}都是必有信息。装载可通过计算得到，从而可知是否超载，是否空载。车载货均时间平均速度的益处在于，可以减少超载事故，降低物流成本。但现在关于是否空载、超载的数据挖掘研究较少。

3) 加权时间平均速度

加权时间平均速度是指平均速度和车载货物时间平均速度的加权平均值，其表达式如下：

$$v_{tpg} = p_1 v_{tp} + p_2 v_{tg} \qquad (4.3\text{-}5)$$

式中，p_1、p_2为加权系数。

当p_1、p_2为统计时间内货车和客车比例时，应取车载人均时间平均速度和车载货物时间平均速度的算术平均值。

v_{tpg}与传统的车辆时间平均速度相比，既参考了车辆构成，也考虑了车辆装载，既能反映交通运行状态，亦能反映交通运输特征。

可以将车辆分为若干类，计算基于运输特征的车辆换算系数。例如，将客车分为M_1类，选定标准车，将换算车载人数与速度之积和标准车的速度与载人数之积相比，得到客车车辆换算系数。货车同理，在此不再赘述。

4) 平均车间净距

平均车间净距是指一定时间内通过道路某一地点前导车车尾与跟踪车车头之间距离的算术平均值，其表达式如下：

$$\bar{l}_0 = \frac{1}{n} \sum_{i=1}^{n} l_i \qquad (4.3\text{-}6)$$

式中，l_i为第i辆车车尾与第i辆车车头之间的距离；$\bar{l}_0$为平均车间净距，平均车间净距既反映了道路交通流的安全性，也反映了道路交通空间资源的利用效率。

5) 空间平均速度

空间平均速度是指各车辆通过观测路段所用时间平均值除以路段长度所得的商，其表达式如下：

$$v_{\mathrm{s}} = \frac{L_{\mathrm{n}}}{\frac{1}{n}\sum_{i=1}^{n} t_i} \tag{4.3-7}$$

式中，L_n 为观测路段长度(m)；t_i 为第 i 辆车通过观测路段所用的时间(s)；v_s 为空间平均速度(m/s)。

当观测路段长度较长或在观测时段内车辆的速度变化不大时，空间平均速度可用下式计算：

$$v_{\mathrm{s}} = \frac{1}{\frac{1}{n}\sum_{i=1}^{n} \frac{1}{v_i}} \tag{4.3-8}$$

式中，v_i 为第 i 辆车的速度。

要保证观测值能客观反映出所选道路的空间平均速度，则应满足下式要求，

$$L_{\mathrm{n}} = \frac{k^2 \Delta^2 L_{\mathrm{N}}}{L_{\mathrm{N}} E^2 + k^2 \Delta^2} \tag{4.3-9}$$

式中，L_n 为最小抽样长度(m)；L_N 为所选道路的长度(m)；k 为置信水平系数；Δ 为所选道路空间平均速度的标准偏差(m/s)，由经验确定；E 为允许误差(m/s)。

空间平均速度可用车辆的瞬时速度计算，此时，$y_4 \approx y_5$，所得到的计算值，为某时刻所观测车辆占用的道路范围内的空间平均速度，单纯的某时刻观测范围内的一个计算值意义不大，因此采用该种方法，将其作为一个抽样值，是对空间母体的抽样，确定了所需研究的空间范围，则可得到 L_n。根据所需精度，可确定需观测的空间范围长度，从而得到某时刻研究范围的空间平均速度，再以该空间平均速度构成研究范围空间平均速度的时间序列，推断出空间平均速度的发展变化规律。实际应用中主要有以下3个场景：

(1) 以车辆的空间平均速度推断研究的空间范围内空间平均速度变化规律。

根据空间平均速度的定义，可以选定研究范围 L_n，规定观测的时间范围长度，统计观测时间范围内车辆通过观测区段所需的时间，得到该时间范围内空间平均速度的抽样值，选定下一个观测的时间范围，方便寻求空间平均速度的时间变化规律，可以以上个观测时间的终点作为本地观测时间的起点，且观测时间长度与上个观测时间长度相同；得到一个抽样值，以此类推，可构成研究范围空间平均速度的时间序列。

(2) 以瞬时速度推断观测范围内的空间平均速度的时间变化规律。

根据定义，可推断道路空间为观测路段，虽然是瞬时速度，实际上只不过是时间较短而已。确定所需预测的时间范围的精度，保证上一个抽样和下一个抽样之间的时间间隔小于时间范围精度的长度，采用等时间间隔，得到了新抽样值，则可探寻观测范围内空间平均速度的变化规律。

(3) 以瞬时速度推断研究的空间范围内空间平均速度变化规律。

6) 路线平均交通量

路线平均交通量是指在各观测路段平均交通量与观测路段长度之积的和与总观测路段长度之比，表达式为：

$$Q_{\text{线}} = \frac{\sum_{i=1}^{n} Q_i L_i}{\sum_{i=1}^{n} L_i} \qquad (4.3\text{-}10)$$

式中,L_i 为第 i 条观测路段长度(m);Q_i 为第 i 条观测路段平均交通量(veh/s);n 为观测路段个数。

路线平均交通量包含路段长度,能够更好地反映路网交通量。

空间区段类交通参数比时间区段类交通参数相对较少,实际应用中更多是以时间区段类交通参数代之,或既有空间区段类交通参数又有时间区段类交通参数。

4.4 道路交通数据融合的必要条件

道路交通数据进行融合前,应先检查数据的异常性、一致性和覆盖性。

4.4.1 数据的异常性

数据的异常性,是指数据表达参数的意义与逻辑推理、经验判断或理论推导不符。

道路交通数据主要有道路上设置的仪器设备检测的数据和互联网发布的数据,数据的异常性主要来自以下三个方面:

(1)客观因素

由于气候、环境等原因造成的检测设备故障,从而造成数据失真或数据错误,这是数据异常产生的主要原因。

(2)主观因素

由于维修、养护不足,造成检测设备输出的数据达不到精度要求,形成异常数据,如某隧道交通事故死亡 36 人,由于所采用的速度检测设备长期未进行标定,使道路上车辆超速行为不能进行超速执法,成为事故车辆超速的原因之一。

(3)主、客观因素

由于经济原因,检测设备布点不足或其他原因而采用互联网数据,作为数据源之一。互联网数据的实时性、精度范围、数据的采样区间范围等,可能造成数据异常,如互联网数据更新时间间隔为 5min,若以刚更新的数据作为当前数据,则显然是错误的。

值得注意的是,判断是否异常,应先规定异常的准则。对于预警类的应用场景,规则设置不合理,则可能造成将真值,也就是需要预警的状态的参数判断为异常值,从而降低了预警的检测率,增大了误报率和漏报率。

4.4.2 数据一致性

数据一致性主要包括以下三个方面:

(1)检测时刻与采样时间区间的一致性:数据为时间序列数据,采用同类数据和相关联数据,以寻求道路交通在时间上的变化规律,应保证数据的检测的时钟同步,检测时刻与采样时间区段一致。

（2）检测起点位置与检测采样空间的一致性：数据为时间序列数据，采用同类数据和关联数据，以寻求道路交通在空间上的变化规律，应保证数据的起点位置和检测采样的空间范围一致。

（3）检测精度的一致性：反映道路交通运行特征的数据有很多种，都在某种程度上刻画了道路交通发生变化的本质。采用多源数据寻求道路交通的时空变化规律应确保所采用的数据精度都能满足应用需求。

数据一致性是数据清洗非常重要的一个方面。道路交通数据源很难做到时钟同步、时间检测范围与空间检测范围相同以及精度都满足任一应用场景需求，这就需要依据道路特征，选择数学工具去处理，详见数据填充和数字滤波相关内容。

4.4.3 数据覆盖性

道路交通数据的覆盖性是指数据检测的时间刻度、空间位置、检测精度、检测的时间区间和空间区间的覆盖位置。

任意一个道路交通运行数据都离不开其所包含的时空特征，这可以用下述两组数据来说明数据的覆盖性。

$$X = (60\ 6:00\ 6:05\ K15.00\ NS\ 005\ 2)$$

$$Y = (55\ 5:55\ 6:05\ K15.00\ NS\ 004\ 3)$$

数据 X 为 005 号设备在车道 2 采用瞬时速度估计交通流空间平均速度，采样值为 60km/h，精度为 2km/h，设备位置在桩号 K15 处，交通流方向为北到南，采样时间间隔为 5min，起点时刻为 6:00；数据 Y 为 004 号设备在车道 3 采用瞬时速度估计交通流空间平均速度，采样值为 55km/h，精度为 1km/h 采样时间间隔为 10min，起点时刻为 5:55，设备位置和交通流方向与 005 号设备相同。数据 X 与数据 Y 在 6:00 至 6:05 区间重合，其精度小于数据 X 的精度，两组数据精度不同，可以认定，6:00 至 6:05 的空间平均速度 60km/h 更接近真值。

4.5 数据清洗

由于环境因素异常、设备故障、通信故障等原因，同一检测器获得的数据存在无效、冗余、错误、丢失、噪声、时间点漂移等现象，通常称这些数据为"脏数据"。为了避免"脏数据"影响交通状态的估计、预测与评价的效果，需要对这些数据进行消除噪声、修正错误信息、约简冗余数据、推导计算缺失数据等"清理"工作，从而提高智能运输系统应用中的数据质量，这个过程称之为数据清洗。

数据清洗，是整个数据分析过程中不可缺少的一个环节，其结果质量直接关系到模型效果和最终结论。在实际操作中，数据清洗通常会占据分析过程的 50%~80% 的时间。数据清洗是指发现并纠正数据文件中可识别的错误，是数据分析过程中不可或缺的环节，其结果质量关系到模型效果和最终结论。数据清洗内容主要包括：

（1）数据分析：通过比较详细的数据分析来检测数据源中的错误和不一致。
（2）定义转换规则：根据数据源的个数、数据源中数据质量，需为模式相关的数据清洗和转换选定一种算法,从而提高数据自动转换效率。

(3)验证:一般是在数据源中选择数据样本进行清洗验证,当测试结果不满足数据清洗要求时,需要对原有的数据清洗转换规则进行调整和改进。

(4)数据清洗:在数据源上执行预先设计好并且已经得到验证的数据清洗转换规则,在源数据上对数据进行清洗前,需要对源数据进行备份,以防源数据的丢失或损坏。

(5)干净数据的回流:当数据被清洗之后,干净的数据应该替换数据源中原有的数据,这样既可以提高原有数据库中数据的质量,还可以避免再次抽取数据时进行重复的清洗工作。

数据清洗中涉及信息加工。信息加工是对收集来的信息进行去伪存真、去粗取精、由表及里、由此及彼的加工过程。它是在原始信息的基础上,生产出价值含量高、方便用户利用的二次信息的活动过程,这一过程将使信息增值。只有在对信息进行适当处理的基础上,才能产生新的、用以指导决策的有效信息或知识。主要包括以下三个方面:

(1)信息的筛选和判别:在大量的原始信息中,不可避免地存在一些假信息和伪信息,只有通过认真筛选和判别,才能防止鱼目混珠、真假混杂。

(2)信息的分类和排序:收集来的信息是一种初始的、零乱的和孤立的信息,只有把这些信息进行分类和排序,才能存储、检索、传递和使用。

(3)信息的分析和研究:对分类排序后的信息进行分析比较、研究计算,可以使信息更具有使用价值乃至形成新信息。

4.5.1 预处理阶段

预处理阶段主要有两个工作:

(1)将数据导入处理工具。通常来说,建议使用数据库,单机跑数搭建 MySQL 数据库服务环境即可。如果数据量大(千万级以上),可以使用文本文件存储 + Python 操作的方式。

(2)看数据。这里包含两部分:一是看元数据,包括字段解释、数据来源、代码表等一切描述数据的信息;二是抽取一部分数据,使用人工查看方式,对数据本身有一个直观的了解,并且初步发现一些问题,为之后的处理做准备。

4.5.2 缺失值清洗

缺失值清洗主要有四个工作:

1)重要性分析

重要性分析内容如图 4.5-1 所示。

2)去除不需要的字段

3)填充缺失内容

某些缺失值可以进行填充,有以下三种方法:

(1)以业务知识或经验推测填充缺失值。

(2)以同一指标的计算结果(均值、中位数、众数等)填充缺失值。

(3)以不同指标的计算结果填充缺失值。

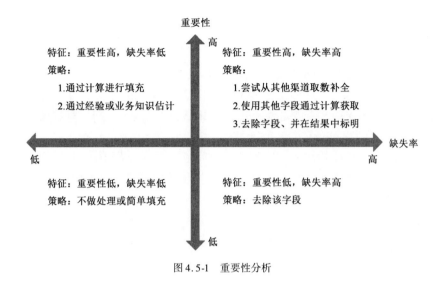

图 4.5-1 重要性分析

4) 重新取数

如果某些指标非常重要,缺失率又高,那就需要和取数人员或业务人员了解是否有其他渠道可以取到相关数据。

更详细的方法见 4.5.5 节。

4.5.3 格式内容清洗

如果数据是由系统日志而来,那么通常在格式和内容方面,会与元数据的描述一致。而如果数据是由人工收集或用户填写而来,则有很大可能性在格式和内容上存在一些问题,简单来说,格式内容有以下三类问题:

(1)时间、日期、数值、全半角等显示格式不一致。
(2)内容中有不该存在的字符。
(3)内容与该字段应有内容不符。

4.5.4 逻辑错误清洗

主要包含以下三个步骤:
(1)去重。
(2)去除不合理值。
(3)修正矛盾内容。

4.5.5 数据填充

数据填充是指对数据排序中的缺失数据进行补正,道路交通数据序列是否需要填充,应遵循以下原则:

(1)核查数据序列检测区间的大小

道路交通数据序列的检测区间有时间区间和空间区间或同时具有时间区间和空间区间。

例如,以瞬时速度获得某范围的空间平均速度,则具有时间区间和空间区间,多源数据融合时,若数据序列的检测区间不同,则应进行数据补正。

(2)核查数据序列检测区间的时空刻度

道路交通数据序列检测区间的大小可能相同,但检测区间的时间或空间起点与终点不同。例如,路线平均交通量,另一个序列是含两个交叉口三个路段的路线平均交通量,另一个是该三个路段中任一路段的路线平均交通量。若该两组数据进行融合,则应对数据进行补正。

(3)核查数据序列的时空范围

道路交通数据序列可能检测的空间范围与时间范围的大小都不相同,检测的时间区间起、终点不相同。但若空间范围所包含的区域不同,进行数据融合时,应进行数据补正。

总之,道路交通数据填充,可采用以下方法:

(1)均值法

均值法是以需补正数据前后两个数据的平均值作为补正值,是数据填充中最简单且最常用的方法。

(2)指数平滑法

指数平滑法是一种时间序列预测方法,它通过对历史数据进行加权平均,以消除随机因素和季节性因素对数据的影响,从而揭示出数据的基本趋势。

(3)灰色预测法

根据已有数据序列,建立灰色预测模型,以部分已有数据作为需预测的数据,采用最小二乘法调整模型参数,根据不确定的预测模型预测计算补正的数据。

(4)多元回归法

建立多元回归模型,对数据进行修正。

4.5.6 数据融合

如果数据有多个来源,那么有必要进行关联性验证,融合不同尺度的特征是提高分割性能的一个重要手段。低层特征分辨率更高,包含更多位置、细节信息,但是由于经过的卷积更少,其语义性更低,噪声更多。高层特征具有更强的语义信息,但是分辨率很低,对细节的感知能力较差。如何将两者高效融合,取其长处,弃之糟粕,是改善分割模型的关键。

按照融合与预测的先后顺序,分为早融合(Early fusion)和晚融合(Late fusion)。

(1)早融合(Early fusion)

先融合多层的特征,然后在融合后的特征上训练预测器(只在完全融合之后,才统一进行检测)。这类方法也被称为跳跃连接(skip connection),即采用concat、add操作。这一方法的代表是 Inside-Outside Net(ION)和 HyperNet。两个经典的特征融合方法操作如下:

①concat:系列特征融合,直接将两个特征进行连接。两个输入特征 x 和 y 的维数若为 p 和 q,输出特征 z 的维数为 $p+q$。

②add:并行策略,将这两个特征向量组合成复向量,对于输入特征 x 和 y,$z = x + iy$,其中 i 是虚数单位。

(2)晚融合(Late fusion)

通过结合不同层的检测结果改进检测性能(尚未完成最终的融合之前,在部分融合的层

上就开始进行检测,会有多层的检测,最终将多个检测结果进行融合)。这一类研究思路的代表有两种:

①feature 不融合,多尺度的 feature 分别进行预测,然后对预测结果进行综合,如 Single Shot MultiBox Detector(SSD),Multi-Scale CNN(MS-CNN)。

②feature 进行金字塔融合,融合后进行预测,如 Feature Pyramid Network(FPN)等。

4.6 滤 波

滤波是从包含着误差(意味着干扰、噪声)的数据(或信号)中提取需要的信息。在交通异常检测中,数据的不准确性会干扰识别异常信号,妨碍检测,或形成类似异常的交通模式,引起误报。此外,由于交通并不是同质过程,未处理的交通数据短期的非同质性,常常类似于异常模式。数据滤波可以滤掉不合理的波动,使异常检测算法免于把这些随机波动信号作为异常,目前,在交通异常检测中常用的滤波器都是线性滤波器,主要有低通(Low-Pass)滤波器与卡尔曼滤波器。

4.6.1 低通滤波器

低通滤波器是允许检测器输出信号的低频部分通过,而拒绝不合理的高频噪声部分信号通过的滤波器。其有很多种形式,在交通异常检测中,为了减少高频随机交通波动产生的异常误报数量,应采用低通滤波器先对原始数据进行这种处理,可以减少误报数量。实际数据表明,环形线圈检测器输出的交通量、占有率数据,常常包括孤立的大脉冲,这种高峰并不代表实际的交通波动,因为脉冲常常出现在许多连贯的检测站,而在一个采样间隔内(30s),交通变化不可能推进了几个检测站的长度,高峰很可能是来自检测系统的通信噪声,或来自暂时性的系统故障。

然而,如果信号串是由像阶梯一样的采样值所组成,则低通滤波器在滤掉高频噪声信号的同时,也会歪曲原始信号,此时应该采用其他滤波器。

4.6.2 卡尔曼滤波器

20 世纪 60 年代初,在计算机日益发展的背景下,卡尔曼等人提出了递推滤波的算法方程。如果已知系统的数学模型,并且掌握了输入有用信号和干扰信号的统计特性,加上对量测噪声特性的了解,就可实时地获得系统状态变量和输入信号的最优估计值。最优估计值的计算公式是在估计误差平方和最小的条件下导出的,其既适用于稳态,又适用于短期非稳态的情形,虽然如此,卡尔曼滤波器有以下特征:

(1)稳定性问题:由于初始条件往往未知,故要保证滤波器的稳定性,即可以任意选择初值,即使选择不当,经过几次递推计算后,将不影响估值和估计误差。

(2)滤波器发散问题:卡尔曼滤波器有老化缺陷,即随递推次数的增多,量测信号的作用越来越小,而造成滤波发散。

(3)在数值计算方面,卡尔曼滤波算法具有一定的难点。在计算协方差矩阵中,要求计算机有足够的字长,才能保证需要的数值计算精度。在量测信号精度较高时,可能存在计算机字长不够的问题更加突出,甚至会导致在协方差矩阵的对角线上出现负的元素。

另一方面,就实用而言,还需解决下列问题:

(1)确定系统的状态转移矩阵;

(2)建立系统的误差模型,对噪声模式及其参数进行识别。

4.6.3 幂函数滤波器

除了低通滤波器、卡尔曼滤波器外,还有许多种其他类型的滤波器。如上所述,低通滤波器、卡尔曼滤波器都有一些缺陷。低通滤波器显然不能满足工程需要。卡尔曼滤波器的稳定性问题,根据长期的经验,可以较好地确定初值,在工程应用中得到解决;老化缺陷,可以通过建立自适应滤波——这也是目前系统控制中应用与探讨的一个热门领域,而得到解决,或者通过改变滤波增益矩阵的计算方法,如"冻结"增益矩阵、对协方差矩阵进行加权、采用与卡尔曼滤波器原理相同的平方根滤波器如波特尔滤波器、协方差因子分解滤波器等,来避免滤波发散问题。虽然以上缺陷能得到解决,但仍需确定噪声特性与状态转移矩阵,因此,有必要探讨新型的滤波器。

1)幂函数滤波器的基本形式

设 n 次采样的时间序列 X 为:

$$X = \{x_1, x_2, \cdots, x_n\} \tag{4.6-1}$$

X 的滤波序列为 Y:

$$Y = \{y_1, y_2, \cdots, y_n\} \tag{4.6-2}$$

第 i 个采样间隔的滤波值为:

$$y_i = \left(\frac{1}{k}\sum_{j=i-k+1}^{i} x_j^\alpha\right)^{\frac{1}{\alpha}} \tag{4.6-3}$$

或

$$y_i = \left[y_{i-1}^\alpha + \frac{1}{k}(x_i^\alpha - x_{i-k}^\alpha)\right]^{\frac{1}{\alpha}} \tag{4.6-4}$$

显然,上式可看作 x_i 的滤波值等于 x_{i-1} 的滤波值的 α 次方,加上 x_i^α 与 x_{i-k}^α 之差与一个权系数 β 之积,然后再开 α 次方,故式(4.6-4)又可写作:

$$y_i = \left[y_{i-1}^\alpha + \beta(x_i^\alpha - x_{i-k}^\alpha)\right]^{\frac{1}{\alpha}} \tag{4.6-5}$$

由式(4.6-5)可见,幂函数滤波器是非线性形式的滤波器,i 时刻滤波值与 $i-1$ 时刻的滤波值、$i-k$ 时刻的采样值相关,受两个参数 α 与 β 的制约,β 反映了 i 时刻的采样值相对 $i-k$ 时刻的采样值的变化所采用的权重,α 反映了对各相关因素所采用的综合权重。采用两个参数,更能反映数据结构的变化及其相互关系。当 $\alpha=1$、$k=1$ 时,幂函数滤波器类似于单指数平滑滤波器。

2)参数取值对滤波值的影响

参数 β 对 y_i 的影响,取决于第 i 个采样间隔采样值与第 $i-k$ 个采样间隔采样值间的关系，这可由式(4.6-4)中 y_i 对 β 求偏导看出：

$$\frac{\partial y_i}{\partial \beta} = \frac{1}{\alpha} \cdot y_i^{1-\alpha} \cdot (x_i^\alpha - x_{i-k}^\alpha) \tag{4.6-6}$$

参数 α 对 y_i 的影响，主要取决于数据结构的形式，也就是数据间的相互关系，这可从下式看出[式(4.6-4)中 y_i 对 α 求偏导]：

$$\frac{\partial y_i}{\partial \alpha} = \frac{y_{i-1}^\alpha \ln(y_{i-1}) + \beta[x_i^\alpha \ln(x_i) - x_{i-k}^\alpha \ln(x_{i-k})] - y_i^\alpha \ln(y_i)}{\alpha \cdot y_{i-1}^\alpha} \tag{4.6-7}$$

3）几种滤波器的比较

以上给出了低通滤波器、卡尔曼滤波器、幂函数滤波器的基本形式，幂函数滤波器是从低通滤波器（时域平滑器）演化而来的，其最终形式类似于单指数平滑器；卡尔曼滤波器具有"老化"现象，克服这一缺陷的方法之一是"冻结"滤波增益矩阵，对于一维变量的序列，这时卡尔曼滤波器演化成单指数平滑滤波器（设系统状态变量与观测变量相同），因而，在此仅将幂函数滤波器与单指数平滑滤波器作比较。

(1) 单指数平滑滤波器

单指数平滑滤波器，其滤波方法如下：

$$y_i = \gamma x_i + (1-\gamma) y_{i-1} \tag{4.6-8}$$

式中，γ 为参数。

式(4.6-8)又可写作：

$$y_i = \sum_{k=0}^{i-1} \gamma (1-\gamma)^k x_{i-k} + (1-\gamma)^i y_0 \tag{4.6-9}$$

由式(4.6-9)可见，单指数平滑滤波器滤波值是当前采样值与历史采样值的线性组合，又由于 γ 一般较小，故又是重老信息而轻新信息的滤波器。

(2) 幂函数滤波器

设 $y_1, y_2, \cdots, y_n$ 分别为式(4.6-5)中 $k=1,2,\cdots,n$ 时的初值，以 $y(i,m)$ 表示 $k=m$ 时第 i 个序列的滤波值，则式(4.6-5)又可写作：

$$y(i,m) = \left[y^\alpha(i-1,m) + \beta \left(\sum_{j=1}^m x_j^\alpha - \sum_{j=i-m+1}^i x_j^\alpha \right) \right]^{\frac{1}{\alpha}} \tag{4.6-10}$$

4）结论

由式(4.6-10)得出以下结论：

结论1：若 $x_i > x_{i-k}$，则 y_i 随着 β 的增大而增大；若 $x_i < x_{i-k}$，则 y_i 随着 β 的增大而减小。

这是因为：

若 $\alpha > 0$，当 $x_i > x_{i-k}$ 时，则 $x_i^\alpha - x_{i-k}^\alpha > 0$，从而 y_i 随着 β 的增大而增大；当 $x_i < x_{i-k}$ 时，则 $x_i^\alpha - x_{i-k}^\alpha < 0$，从而 y_i 随着 β 的增大而减小。

若 $\alpha < 0$，当 $x_i > x_{i-k}$ 时，则 $x_i^\alpha - x_{i-k}^\alpha < 0$，从而 y_i 随着 β 的增大而增大；当 $x_i < x_{i-k}$ 时，则 $x_i^\alpha - x_{i-k}^\alpha > 0$，从而 y_i 随着 β 的增大而减小。

结论2：幂函数滤波器对信息的采用不是使用所有的已知信息，而是采取了"取头取尾"的方法,具有"遗忘"性。以某一基值 y_m^α 反映数据的趋势量,以"尾" m 个数据与"头" m 个数据的差异反映数据的趋势变化量,m 越大,说明数据趋势变化越复杂。

结论 3:当数据结构变化不大时,趋势变化量受 β 的影响不大。因此,当主要关心数据结构是否有变化时(对异常检测尤其如此),可采用较大的 β 以加大趋势变化量的权重;当主要关心数据的趋势量(采样值减去噪声)时,应取较小的 β 值。

结论 4:参数 α、β 选取不同的值,幂函数滤波器可以成为低通滤波器或中值滤波器。

例如,$k=1$、$\alpha=-2$ 时,$\beta<0.30$ 时是中值滤波器,$0.3<\beta<0.6$ 时是低通滤波器;对 k、α、β 取其他值也可得到类似的结果(低通与中值滤波器的划分,参考时域平滑器的内容)。

结论 5:改变参数 k,可以由滤波值发现数据结构的变化。

例如,$k=2$,$\alpha=-2$ 时,$\beta \geq 0.8$,异常发生后采样的滤波值明显失真,而异常发生前采样的滤波值则变化不是很大。

结论 6:一般的,滤波值随着 α 的增大而增大。

在该例中,除 $k=2$,$\alpha=-2$ 的情况外,其他情况都体现出这种规律性;$k=2$,$\alpha=-2$ 时,异常发生前各滤波值也体现出这种规律性,另外一些模拟计算(同一分布的数据)结果也是如此。

4.7 数据挖掘与数据映射

4.7.1 数据挖掘任务分类

数据挖掘是发现预测性和描述性的信息,根据获取的信息由低价值链到高价值链的过程。预测性和描述性的主要区别在于是否有目标变量。

1)预测性

包括分类和回归:

(1)分类:输出变量为离散型,常见的算法包括朴素贝叶斯、决策树、逻辑回归、K 最近邻算法(KNN)、支持向量机(SVM)、神经网络、随机森林。

(2)回归:输出变量为连续型。

2)描述性

包括聚类和关联:

(1)聚类:实现对样本的细分,使得同组内的样本特征较为相似,不同组的样本特征差异较大。

(2)关联:指的是我们想发现数据的各部分之间的联系和规则。

4.7.2 建立分类模型的方法

分类是在一群已经知道类别标号的样本中,训练一种分类器,让其能够对某种未知的样本进行分类。分类算法属于一种有监督的学习。分类算法的分类过程就是建立一种分类模型来描述预定的数据集或概念集,通过分析由属性描述的数据库元组来构造模型。分类的目的就是使用分类对新的数据集进行划分,其主要涉及分类规则的准确性、过拟合、矛盾划分的取舍等。建立分类模型的过程如图 4.7-1 所示,主要方法如下。

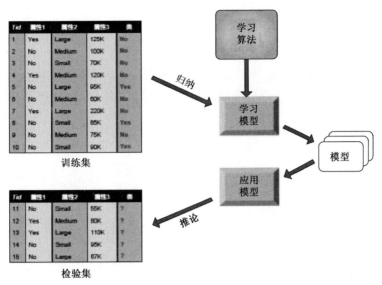

图 4.7-1　分类流程图

1) 贝叶斯方法

对于给出的待分类项(即特征属性的集合),求解在此项出现的条件下各个类别出现的概率,哪个最大,就认为此待分类项属于哪个类别,分类流程如图 4.7-2 所示。

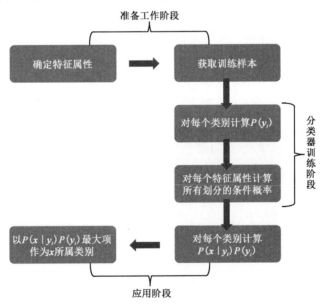

图 4.7-2　贝叶斯分类流程图

2) KNN 算法

KNN 算法是 Cover 和 Hart 于 1968 年提出的理论上比较成熟的方法,为十大挖掘算法之一。该算法的思路非常简单直观:如果一个样本在特征空间中的 k 个最相似(即特征空间中最邻近)的样本中的大多数属于某一个类别,则该样本也属于这个类别。该方法在定类决策上只依据最邻近的一个或者几个样本的类别来决定待分类样本所属的类别。

KNN 算法的优点主要有:
(1)算法简单、有效;
(2)适用于样本容量比较大的类域的自动分类;
(3)由于 KNN 方法主要靠周围有限的邻近的样本,而不是靠判别类域的方法来确定所属类别的,因此对于类域的交叉或重叠较多的待分类样本集来说,KNN 方法较其他方法更为适合。

KNN 算法的缺点主要有:
(1)计算量较大;
(2)需要事先确定 K 值;
(3)输出的可解释不强;
(4)对样本容量较小的类域很容易产生误分。

3) ANN 算法

人工神经网络(ANN)算法就是一组连续的输入/输出单元,其中每个连接都与一个权相关。在学习阶段,通过调整神经网络的权,使得能够通过预测样本的正确类标号来学习。

ANN 算法的优点主要有:
(1)能处理数值型及分类型的属性;
(2)分类的准确度高,分布并行处理能力强;
(3)对包含大量噪声数据的数据集有较强的鲁棒性和容错能力。

ANN 算法的缺点主要有:
(1)学习时间过长,甚至可能达不到学习的目的;
(2)对于非数值型数据,需要做大量数据预处理工作;
(3)输出结果难以解释,会影响结果的可信度和可接受程度;
(4)神经网络需要大量的参数,如网络拓扑结构、权值和阈值的初始值。

4) NBC 算法

NBC 模型发源于古典数学理论,有着坚实的数学基础。该算法是基于条件独立性假设的一种算法,当条件独立性假设成立时,利用贝叶斯公式计算出其后验概率,即该对象属于某一类的概率,选择具有最大后验概率的类作为该对象所属的类。

NBC 算法的优点主要有:
(1)逻辑简单,易于实现;
(2)所需估计的参数很少;
(3)对缺失数据不太敏感;
(4)具有较小的误差分类率;
(5)性能稳定,健壮性比较好。

NBC 算法的缺点主要有:
(1)在属性个数比较多或者属性之间相关性较大时,NBC 模型的分类效果相对较差;
(2)算法是基于条件独立性假设的,在实际应用中很难成立,故会影响分类效果。

5）LR 算法

LR 算法是当前业界比较常用的机器学习方法，用于估计某种事物的可能性。它与多元线性回归同属一个家族，即广义线性模型。简单来说，多元线性回归是直接将特征值和其对应的概率进行相乘得到一个结果，逻辑回归则是在这样的结果上加上一个逻辑函数。在此选择 LR 算法作为回归分析模型的代表进行介绍。

LR 算法的优点主要有：

（1）对数据中小噪声的鲁棒性好；

（2）已被广泛应用于工业问题中；

（3）多重共线性并不是问题，它可结合正则化来解决。

LR 算法的缺点主要有：

（1）对于非线性特征，需要转换；

（2）当特征空间很大时，LR 算法的性能并不是太好。

6）SVM 算法

SVM 算法是建立在统计学习理论基础上的机器学习方法，为十大数据挖掘算法之一。通过学习，SVM 算法可以自动寻找出对分类有较好区分能力的支持向量，由此构造出的分类器可以最大化类与类的间隔，因而有较好的适应能力和较高的分类准确率。SVM 算法的目的在于寻找一个超平面 H，该超平面可以将训练集中的数据分开，且与类域边界的沿垂直于该超平面方向的距离最大，故 SVM 算法亦被称为最大边缘算法。

SVM 算法的优点主要有：

（1）有很高的分类准确率；

（2）有很高的泛化性能；

（3）能很好地解决高维问题；

（4）对小样本情况下的机器学习问题效果好。

SVM 算法的缺点主要有：

（1）对缺失数据敏感；

（2）对非线性问题没有通用解决方案，得谨慎选择核函数来处理。

7）ID3 算法

ID3 算法是一种基于决策树的分类算法，该算法是以信息论为基础，以信息熵和信息增益为衡量标准，从而实现对数据的归纳分类。信息增益用于度量某个属性对样本集合分类的好坏程度。

ID3 算法的优点主要有：

（1）建立的决策树规模比较小；

（2）查询速度快。

ID3 算法的缺点主要有：

（1）不适合处理连续数据；

（2）难以处理海量数据集；

（3）建树时偏选属性值较大的进行分离，而有时属性值较大的不一定能反映更多的数据信息。

8) C4.5 算法

C4.5 算法是 ID3 算法的修订版,采用信息增益率来加以改进,选取有最大增益率的分割变量作为准则,避免 ID3 算法过度的适配问题。

C4.5 算法优点主要有:

(1) 继承了 ID3 优点;

(2) 在树构造过程中进行剪枝;

(3) 能对不完整数据进行处理;

(4) 能够完成对连续属性的离散化处理;

(5) 产生的分类规则易于理解,准确率较高;

(6) 用增益率来选择属性,克服了用增益选择属性时偏向选择取值多的属性。

C4.5 算法缺点主要有:

(1) 构造树时,需要对数据集进行多次的顺序扫描和排序,因而导致算法的低效;

(2) 只适合于能驻留于内存的数据集,当训练集达到内存无法容纳时程序无法运行。

C4.5 用于遥感分类过程中,首先依据通常的方式建立第一个模型。随后建立的第二个模型聚焦于被第一个模型错误分类的记录。以此类推,最后应用整个模型集对样本进行分类,使用加权投票过程把分散的预测合并成综合预测。提升(Boosting)技术对于噪声不大的数据,通常通过建立的多模型来减少错误分类的影响,提高分类精度。

9) C5.0 算法

C5.0 算法是 Quinlan 在 C4.5 算法的基础上改进而来的产生决策树的一种更新的算法,它除了包括 C4.5 的全部功能外,还引入许多新的技术,其中最重要的技术是 Boosting 技术,目的是进一步提高决策树对样本的识别率。同时 C5.0 的算法复杂度要更低,使用更简单,适应性更强,因此具有更高的使用价值。

C5.0 算法的优点主要有:

(1) 能同时处理连续和离散的数据;

(2) 通常不需要很长的训练时间;

(3) 引入 Boosting 技术以提高分类的效率和精度;

(4) 模型易于理解,模型推出的规则有非常直观的解释;

(5) 在面对数据遗漏和特征很多的问题时非常稳健。

C5.0 算法的缺点是目标字段必须为分类字段。

4.7.3 数据映射

道路交通数据映射是指道路交通两个或两个以上参数的函数关系。

道路交通数据,一般用于提高道路交通的安全性、畅通性、高效性、韧性和节能减排的交通参数。在任一应用场景的函数关系都有一个映射值。道路交通量数据映射,其步骤如下:

(1) 确定应用场景

应用场景可分为单目标和多目标场景。其中,多目标场景可分为价值与效率一致多目标场景和价值与效率矛盾多目标场景。例如,以安全与节能作为目标,从安全来讲,速度越小,发生交通事故的风险越低;从节能来讲,不同车辆有不同的经济速度,在隧道内行驶时车速越小,需要照明的亮度越低,但存在车辆自身的油耗、经济车速与出行效率和出行风险三者之间的协调问题。

(2)确定反映应用场景特征参数

任一参数都能在一定程度上反映应用场景的特征。应用场景特征参数的选取,应进行各种因素敏感性分析,一般选择宜度量且与目标主因素相关参数的一个或几个因素作为特征参数。如高速公路的安全性,事故的主要原因为尾撞事故,其原因为车间净距太短,车速过快,故此二参数可作为特征参数。

(3)确定特征参数与场景目标的函数关系

参数与目标的函数关系宜采用标准化函数、无量纲,其阈值范围一般宜选择 0~1,以便不同目标之间进行运算。

(4)根据特征参数与场景目标的函数关系进行映射

数据映射是道路交通态势识别、推演与智能决策不可或缺的步骤,在多目标价值决策中尤为重要。例如,道路交通流的速度 80km/h,其在畅通性映射上为 1,在安全性上的映射为 0.9,在经济性上的映射为 0.95,若能确定安全、经济、畅通之间的权值关系,则可得到安全、经济、畅通和协调的速度管控策略。

第5章 道路交通时空理论

5.1 概 述

道路交通无论是规划、设计还是运营,都离不开时间和空间。提高道路交通的时间和空间利用效率,是实现节约有限的道路空间资源、改善道路交通服务品质的重要途径之一。为此,就必须清晰道路交通流的空间构成和时间构成,探讨道路交通流时间和空间的关系。本章就这些问题进行阐述。

5.2 道路交通流的空间构成

道路交通流的空间构成,可以从单个车道车辆之间的空间关系来进行分析。

以 $x_{i-1,i}(\mathrm{m})$ 表示第 $i-1$ 辆车车尾与第 i 辆车车尾的间距,则有:

$$x_{i-1,i} = l_i + l_{\tau i} \tag{5.2-1}$$

式中,$l_{\tau i}$ 为第 $i-1$ 辆车与第 i 辆车之间的净距(m);l_i 为第 i 辆车的车辆长度(m)。

要保证车辆 i 与车辆 $i-1$ 不发生尾撞,则有:

$$l_{\tau i} > v_i t_{ri} + \frac{v_i^2 - v_{i-1}^2}{2g(\phi \pm \tau)} \tag{5.2-2}$$

式中,v_i 为第 i 辆车的速度(m/s);v_{i-1} 为第 $i-1$ 辆车的速度(m/s);ϕ 为道路摩擦系数;τ 为道路坡度,上坡取 +,下坡取 -;t_{ri} 为第 i 辆车的紧急制动反应时间(s);g 为重力加速度(m/s²)。

以 l_{0i} 表示第 $i-1$ 辆车和第 i 辆车都静止时车辆之间的净距,简称空余间距(m),则式(5.2-2)可写作:

$$l_{\tau i} = v_i t_{ri} + \frac{v_i^2 - v_{i-1}^2}{2g(\phi \pm \tau)} + l_{0i} \tag{5.2-3}$$

将式(5.2-3)代入式(5.2-1),有:

$$x_{i-1,i} = l_i + l_{0i} + v_i t_{ri} + \frac{v_i^2 - v_{i-1}^2}{2g(\phi \pm \tau)} \tag{5.2-4}$$

$\frac{v_i^2 - v_{i-1}^2}{2g(\phi \pm \tau)}$ 为第 i 辆车和第 $i-1$ 辆车的制动距离差,以 $l_{\tau i}(\mathrm{m})$ 代之,$v_i t_{ri}$ 以 l_{tri} 代之,则式(5.2-4)可写作:

$$x_{i-1,i} = l_i + l_{0i} + l_{\tau i} + l_{tri} \tag{5.2-5}$$

由式(5.2-5)可得以下结论:

结论1:道路交通流空间的消耗,由车辆长度、车辆操作与制动反应时间内行驶的距离、车辆间的空余间距和反映道路交通条件影响的跟踪车与前导车的制动距离差共4个部分构成。

若在 S 范围内只有 n 辆车,则有:

$$S = \sum_{i=1}^{n}(l_i + l_{0i} + l_{\tau i} + l_{tri})$$

或者,

$$S = n(\bar{l} + \bar{l}_0 + \bar{l}_\tau + \bar{l}_{tr})$$

即,

$$1 = \frac{S}{n(\bar{l} + \bar{l}_0 + \bar{l}_\tau + \bar{l}_{tr})} \tag{5.2-6}$$

式中,$\bar{l}$ 为车辆长度的平均值(m);$\bar{l}_0$ 为车辆间空余间距静止时的平均值(m);$\bar{l}_\tau$ 为跟踪车与前导车制动距离之差的平均值(m);$\bar{l}_{tr}$ 为车辆操作与制动反应时间内行驶距离的平均值(m)。

令:

$$D_{si} = L_i + L_{0i} + L_{\tau i} + L_{tri}$$

$$O_{csDsi} = \frac{D_{si}}{S}$$

式中,O_{csDsi} 为一个车辆的空间占有率;D_{si} 为一辆车占有的道路空间资源,可称为单位车辆空间占有量。

这两个参数在道路规划中很有用。

由于:

$$\bar{l}_\tau = \frac{1}{n}\left[\sum_{i=1}^{n}\frac{v_i^2}{2g(\phi \pm \tau)} - \sum_{i=1}^{n}\frac{v_{i-1}^2}{2g(\phi \pm \tau)}\right]$$

故当 n 足够大时,可以认为 $\bar{l}_\tau \approx 0$,从而式(5.2-6)可写作:

$$1 = \frac{S}{n(\bar{l} + \bar{l}_0 + \bar{l}_{tr})} \tag{5.2-7}$$

由式(5.2-7)可得以下结论:

结论2:道路交通流的空间消耗,当车辆速度变化不大时,由车辆的平均长度、平均空余间距和车辆制动反应时间内行驶距离的平均值三部分构成。

若以 δ 作为 $\bar{l}_\tau$ 的影响参数,式(5.2-6)也可写作:

$$1 = \frac{\delta S}{n(\bar{l} + \bar{l}_0 + \bar{l}_{tr})} \tag{5.2-8}$$

以 K 代表交通流的密度,式(5.2-8)可写作:

$$1 = \frac{\delta}{K(\bar{l} + \bar{l}_0 + \bar{l}_{tr})} \tag{5.2-9}$$

根据空间占有率的定义,式(5.2-7)可写作:

$$1 = n(O_{csl} + O_{csl_0} + O_{cstr}) \tag{5.2-10}$$

式中,O_{csl} 为车辆长度的空间占有率;O_{csl_0} 为车辆间空余间距的空间占有率,可称为空间富余率;O_{cstr} 为车辆制动反应时间内行驶距离的空间占有率。

空间富余率反映了道路交通流的拥挤程度和安全性。空间富余率越大,道路交通流越拥挤,发生尾撞交通事故的可能性越大。

5.3 道路交通流的时间构成

采用上节同样的方法,道路交通流从时间消耗的角度考虑,也可看作是由以下三部分构成:

(1)车辆制动反应时间占用的时间消耗;
(2)车辆长度占用的时间消耗;
(3)车辆空余间距占用的时间消耗。

不失一般性,仍以一个车道为例,若在观测时间 T 内有 n 辆车,则有下式成立:

$$T = \sum_{i=1}^{n}\left[t_{ri} + \frac{l_{0i} + l_i}{v_i}\right] \tag{5.3-1}$$

令:

$$D_{ti} = t_{ri} + \frac{l_{0i} + l_i}{v_i} \tag{5.3-2}$$

$$O_{ctD_{ti}} = \frac{D_{ti}}{T} \tag{5.3-3}$$

式(5.3-2)右边恰是一辆车占有的道路时间资源,可称为单位车辆时间占有量。
将式(5.3-2)、式(5.3-3)代入式(5.3-1),有:

$$T = \sum_{i=1}^{n} D_{ti} \tag{5.3-4}$$

式(5.3-1)两边都除以 T,有:

$$1 = \frac{\sum_{i=1}^{n}\left(t_{ri} + \frac{l_{0i} + l_i}{v_i}\right)}{T} \tag{5.3-5}$$

即,

$$1 = \sum_{i=1}^{n}(O_{ctl_i} + O_{ctl_{0i}} + O_{ctr_i}) \tag{5.3-6}$$

或者,

$$1 = \sum_{i=1}^{n} O_{ctD_{ti}} \tag{5.3-7}$$

$$1 = Q \cdot D_t \tag{5.3-8}$$

结论3:道路交通流的车辆长度时间占有率、反应时间占有率与时间富余率之和恒等于1。

5.4 道路交通流的时空等效性

上节阐述了道路交通流的时间构成与空间构成，本节将论证道路交通流时间占有率与空间占有率的等效性。

5.4.1 车辆长度占有率的等效性

假定1：道路交通流的车辆长度相同，皆为交通流中车辆长度的平均值。

根据假定1和空间占有率的定义，有：

$$O_{csl} = \frac{n\bar{l}}{S}$$

即，

$$O_{csl} = K\bar{l} \tag{5.4-1}$$

根据假定1和时间占有率的定义，可得：

$$O_{ctl} = \bar{l}n/(Tv_s) = \bar{l}Q/v_s$$

即，

$$O_{ctl} = K\bar{l}$$

$$O_{csl_0} = \frac{n\bar{l}_0}{S} \tag{5.4-2}$$

式(5.4-1)和式(5.4-2)相等，故有：

结论4：车辆长度的时间占有率等于车辆长度的空间占有率。

5.4.2 车辆反应时间占有率的等效性

假定2：道路交通流的各车辆反应时间相同，皆为交通流车辆反应时间的平均值。

根据假定2和时间占有率的定义，可得：

$$O_{cttr} = \bar{l}n/(Tv_s) = \bar{l}Q/v_s$$

即，

$$O_{cttr} = K\bar{l} \tag{5.4-3}$$

根据假定2和空间占有率的定义，同样可得：

$$O_{cstr} = K\bar{l} \tag{5.4-4}$$

式(5.4-3)和式(5.4-4)相等，故有：

结论5：车辆反应时间的时间占有率等于车辆反应时间的空间占有率。

5.4.3 空余间距占有率的等效性

根据上述结论可以推得：

结论6：道路交通流的车辆空余间距的时间占有率等于车辆空余间距的空间占有率。

结论7：当道路交通流车辆的反应时间和车辆长度相等时，道路交通流的时间占有率等于空间占有率。

结论 8：同一速度时,道路交通的时间占有率等于空间占有率。

5.5 道路交通流的时空关联性

无论是城市道路还是高速公路,交通拥堵已经是常态问题,通过交通诱导管控缓解交通拥堵,是普遍采用的方法,这就涉及对于管控时间与管控区域的选取。

传统管控时长与管控范围的选取主要根据道路交通量、速度、密度三个参数进行判别选取,但由于交通量、速度、密度是相互关联的,并不是相互独立的,即 $Q=Kv$；无论速度与密度的关系是线性关系,还是其他关系,当知道速度、密度的关系时,则知晓三者间的关系,即 $Q=f(v)$ 或 $Q=f(K)$,所以在实际应用中,无论用速度、密度或交通量中的一个或多个对交通状态进行判别,只要假定任意两个参数相关,其实都是采用单参数对交通状态进行判别。因此,所选择的管控时长与管控范围不准确,所以有必要探讨交通流在时间和空间上的关系,以此来精确计算管控时长与管控区域的长度。

在道路交通诱导管控研究中,对于管控范围的选取,多数研究均采用不同的方法确定道路网络中的关键节点,以此通过节点来确定管控区域。此种选取方法可以得到管控区域的范围,但不能得到管控区域的精确长度。在道路交通流时空特性研究中,多数学者利用交通流的时空特性,建立了短时交通流预测模型,有效地对交通流进行了预测；部分学者分析了不同等级道路交通流的时空特性,利用动态时间占有率分析了交通拥堵的效率,利用时空特性对道路网进行了动态的划分。现有的研究结果中,多为利用道路网的时空特性进行相关的研究,缺少对交通流在时间上与空间上关系研究。为了更好地从时间与空间上研究交通流的特征以及确定交通管控时长与管控范围长度,本节根据累计时间占有率与累计空间占有率的定义,证明累计时间占有率与累计空间占有率具有等效性,基于此,对累计时间占有率与空间占有率在一定时间段内积分,建立交通流时空模型,得出相关参数的关系,其结论对交通管理具有积极的参考意义。

5.5.1 累计时间占有率与累计空间占有率的等效性

假设 $T(\mathrm{s})$ 时间内,进入长度为 $L(\mathrm{m})$ 的道路上有 N 辆车,未有车辆驶出,车道数为 m,第 i 辆车的车辆长度为 $l_i(\mathrm{m})$,速度为 $v_i(\mathrm{m/s})$。根据累计时间占有率的定义可得,在 $T(\mathrm{s})$ 内、$L(\mathrm{m})$ 长的道路上,累计时间占有率为:

$$O_{ct}=\frac{\sum_{i=1}^{N}t_i}{T}=\frac{\sum_{i=1}^{N}\frac{l_i}{v_i}}{T} \tag{5.5-1}$$

设该 N 辆车的平均长度为 $\bar{l}(\mathrm{m})$,以 $\bar{l}$ 代替 l_i,则:

$$O_{ct}=\frac{\bar{l}}{T}\sum_{i=1}^{N}\frac{1}{v_i}=\frac{\bar{l}N}{Tv_s}=\frac{\bar{l}Q}{v_s}=K\bar{l} \tag{5.5-2}$$

式中,K 为多车道交通密度,即所有车辆随机分配在 m 条车道时,此状态下道路上的交通密度；v_s 为区间平均车速。同理,在 $T(\mathrm{s})$ 内、$L(\mathrm{m})$ 长的道路上,累计空间占有率为:

$$O_{cs} = \frac{1}{mL}\sum_{i=1}^{N} l_i \tag{5.5-3}$$

$$O_{cs} = \frac{\bar{l}TQ}{mL} = \frac{\bar{l}N}{mL} = \frac{1}{m}K'\bar{l} = \bar{K}\bar{l} \tag{5.5-4}$$

式中，K' 为单车道交通密度，即所有车辆都集中在一条车道时，此条道路上的交通密度。

由式(5.5-1)和式(5.5-4)可得：

$$O_{cs} = O_{ct} \tag{5.5-5}$$

结论 9：在一定条件下，累计时间占有率与累计空间占有率具有等效性。

5.5.2 累计时间占有率与累计空间占有率的关联性

累计时间占有率与累计空间占有率具有等效性，故在 T 时间内分别对累计时间占有率与累计空间占有率积分。对累计时间占有率积分，得：

$$\int_0^T O_{ct} = \int_0^T \frac{\bar{l}}{T}\sum_{i=1}^{N}\frac{1}{v_i} = \frac{\bar{l}}{T}\int_0^T \sum_{i=1}^{N}\frac{1}{v_i}dt \tag{5.5-6}$$

在道路行驶的车辆速度 v_i 的倒数与行驶时间 t 存在一定的函数关系，即：

$$\frac{1}{v_i} = f(t)_i \tag{5.5-7}$$

式中，v_i 为第 i 辆车的行驶速度。

将 $f(t)_i$ 通过泰勒公式展开，得：

$$f(t)_i = a_{0i} + 2a_{1i}t + 3a_{2i}t^2 + \cdots + (n+1)a_{ni}t^n \tag{5.5-8}$$

令：

$$f(t) = \sum_{i=1}^{N} f(t)_i = a_0 + 2a_1 t + 3a_2 t^2 + \cdots + (n+1)a_n t^n \tag{5.5-9}$$

则有：

$$\sum_{i=1}^{N}\frac{1}{v_i} = \sum_{i=1}^{N} f(t)_i = f(t) \tag{5.5-10}$$

式中，a_j 为待定系数，且 a_j 与道路等级相关；n 的取值与道路等级相关。

由式(5.5-6)~式(5.5-10)可得：

$$\int_0^T O_{ct} = \bar{l}\sum_{j=0}^{n} a_j T^j \tag{5.5-11}$$

对累计空间占有率积分，得：

$$\int_0^T O_{cs} dt = \frac{T^2 Q \bar{l}}{mL} \tag{5.5-12}$$

式中，Q 为 T 时间内的平均交通量。

由累计时间占有率与累计空间占有率的等效性和式(5.5-11)、式(5.5-12)可得：

$$QT^2 = mL\sum_{j=0}^{n} a_j T^j \tag{5.5-13}$$

上式反映了 Q、T、m、L 之间的关系，在实际应用中，可根据具体的应用场景，确定相关参数的取值。

5.5.3 讨论

采取控制变量法,对公式(5.5-13)进行求导,得到 Q、T、L 的相关关系,见表5.5-1。

Q、T、L 相关关系　　　　表5.5-1

条件	一阶导数	关系
T 一定时	$\dfrac{\alpha L}{\alpha Q} = \dfrac{T^2}{m \sum\limits_{j=0}^{n} a_j T^j}$	正相关
L 一定时	$\dfrac{\alpha T}{\alpha Q} = \dfrac{T^2}{mL \sum\limits_{j=1}^{n} j a_j T^{j-1} - QT}$	先负相关再正相关
Q 一定时	$\dfrac{\alpha L}{\alpha T} = \dfrac{2QT - mL \sum\limits_{i=1}^{n} j a_j T^{j-1}}{m \sum\limits_{j=0}^{n} a_j T^j}$	先正相关再负相关

此模型可用于交通管控,则 Q 可代表管控时间段内平均交通量,T 可代表管控时间,L 可代表管控区域长度,m 为管控区域道路的车道数,利用此模型,可在管控时间确定时,精确地计算出管控区域长度,当管控区域长度确定时,精确地计算出管控时间;由表5.5-1可知,对于交通管控而言,当管控时间 T 一定时,平均交通量 Q 增加时,需管控更多的区域 L 对交通量进行分流;L 一定时,当平均交通量 Q 很小时,无须进行交通管控,当平均交通量 Q 增加到某一阈值时,需进行管控,且平均交通量 Q 越大,需管控的时间 T 也越长;Q 一定时,当管控时间 T 增加时,应管控的区域 L 也应增加,但不能一直增加,存在最佳的管控时间 T 与管控区域 L。

5.5.4 示例

通过调查某内环快速路得到该道路管控时间为 8:00—10:00,并选取该时段的路段流量(间隔为5min)以及平均速度(间隔为5min)进行模型验证。将调查数据汇总并整理,见表5.5-2。

调查数据表　　　　表5.5-2

时刻	0	1	2	3	4	5	6	7	8
平均速度(km/h)	47.43	38.82	35.40	30.37	31.71	29.92	29.31	27.93	29.48
流量(pcu)	214	197	222.5	223	206.5	240	204.5	196.5	206
时刻	9	10	11	12	13	14	15	16	17
平均速度(km/h)	30.01	32.75	29.92	17.39	12.72	15.71	19.33	28.56	33.97
流量(pcu)	225.5	217.5	140	140.5	144	208.5	196	192.5	189
时刻	18	19	20	21	22	23	24		
平均速度(km/h)	35.28	32.54	30.28	28.31	22.49	20.52	20.94		
流量(pcu)	222	203	210	225	188.5	194	178		

对表中平均速度取倒数,并通过多元线性回归方法进行函数拟合,得出速度倒数与时间、平均交通量与时间的关系,见式(5.5-14)、式(5.5-15),拟合与设计差异见如图 5.5-1、图 5.5-2。

$$\frac{1}{v} = \begin{cases} 0.0218 + 0.0040t - 0.0003t^2 & t \in (0,10) \\ -0.1347 + 0.0160t & t \in (11,13) \\ 0.2174 - 0.0114t & t \in (14,17) \\ 0.3178 - 0.0318t + 0.0009t^2 & t \in (18,24) \end{cases} \quad (5.5\text{-}14)$$

$$Q(t) = \begin{cases} 202.6997 + 12.9294t - 2.2456t^2 + 0.0241t^3 + 0.0079t^4 - 0.0003t^5 & t \in (0,13) \\ 2348.2 + 14.6055t - 63.4637t^2 + 6.4867t^3 - 0.24654t^4 + 0.003285t^5 & t \in (13,24) \end{cases}$$
$$(5.5\text{-}15)$$

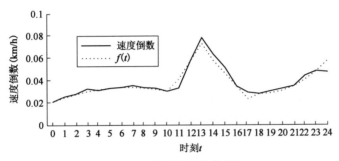

图 5.5-1　速度倒数拟合关系图

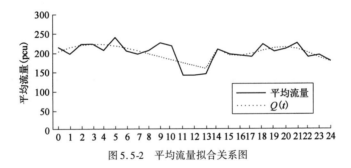

图 5.5-2　平均流量拟合关系图

对累计时间占有率及累计空间占有率在 T 内进行积分,得:

$$\int_0^T O_{ct} dt = \int_0^{T_1} O_{ct} dt + \int_{T_1}^{T_2} O_{ct} dt + \cdots + \int_{T_{n-1}}^{T_n} O_{ct} dt \quad (5.5\text{-}16)$$

将上述数据带入式(5.5-14),得出如表 5.5-3 所示结果。

结果分析表　　　　　　　　　　　　　　　　　表 5.5-3

不同情况	结果
在原管控时间段 8:00—10:00 内	计算得出应管控区域长度为 4846m,实际管控长度为 3300m
在原管控区域 3300m 内	计算得出应管控时间长为 1.2h,实际管控时间长为 2h

由表 5.5-3 可得,在保持原有管控方式与时间不变的情况下,应管控区域长度为 4846m,实际管理 3300m,造成了管控资源的浪费;在保持原管控区域长度不变的情况下,应将原管控时长 2h 变为 1.2h,避免管控资源的浪费。

5.6 道路交通流的五参数模型

道路交通流的运动状态特征参数有交通量、速度、密度,静止状态参数有前车车尾与跟踪车车头之间的间距,运动中是否会出现紧急制动时发生的尾撞,取决于运动中前车与跟踪车之间的动态间距和紧急制动反应时间。因此,要完整地刻画交通流的状态,实现运动状态与静止状态的统一,应揭示交通流安全风险的大小、提高通行能力的机理、可容忍交通管控时间范围与空间范围的关系以及车辆增长与道路建设及容忍速度之间的相互影响。

5.6.1 场景

交通流的形态,有自由流、干扰流与跟踪流。本节针对大交通量交通流的情形,或者说处于跟踪行驶的交通流形态,探讨交通参数之间的关系。

5.6.2 基本假定

探讨刻画交通流特征参数之间的关系,可以从三个角度进行论证。

(1)从交通流的空间消耗角度考虑

假设1:交通流中各车辆的速度等于其空间平均速度 $\bar{v}_s$(m/s),或交通流中各车辆的制动反应时间等于交通流制动反应时间平均值 $\bar{t}_r$(s)。

(2)从交通流的时间消耗角度考虑

假设2:道路交通流车辆长度相等。

假设3:道路交通流空余间距相等。

(3)从交通流紧急制动角度考虑

假设4:观测范围内的车辆数足够大。

5.6.3 数学模型

(1)以交通流的空间消耗角度出发

不失一般性,以单车道为例。

根据假设1,式(5.3-5)可写作:

$$1 = \frac{\sum_{i=1}^{n} \bar{t}_r v_i + \sum_{i=1}^{n}(l_{0i} + l_i)}{S} \tag{5.6-1}$$

以 $\bar{l}_0$(m)表示交通流的空余间距平均值,$\bar{l}$(m)表示交通流车辆长度的平均值,则上式可写作:

$$1 = \frac{n(\bar{l}_0 + \bar{l} + \bar{t}_r v_s)}{S} \tag{5.6-2}$$

即,

$$1 = K(\bar{l}_0 + \bar{l} + \bar{t}_r v_s) \tag{5.6-3}$$

若假设车辆的制动反应时间等于交通流制动反应时间的平均值,采用同样的方法,也可得到式(5.6-3)。

(2) 从交通流的时间消耗角度出发

不失一般性,以单车道为例,根据假设 1 和假设 3,式(5.3-5)可写作:

$$1 = \frac{\sum_{i=1}^{n}\left(t_{ri} + \frac{\bar{l}_0 + \bar{l}}{v_i}\right)}{T} \tag{5.6-4}$$

或者,

$$1 = \frac{n}{T}\left(\bar{t}_r + \frac{\bar{l}_0 + \bar{l}}{v_s}\right) \tag{5.6-5}$$

即,

$$1 = Q\left(\bar{t}_r + \frac{\bar{l}_0 + \bar{l}}{v_s}\right)$$

或者,

$$1 = K(v_s \bar{t}_r + \bar{l}_0 + \bar{l}) \tag{5.6-6}$$

式(5.6-6)与式(5.6-3)相等,故从时间消耗和空间消耗的角度出发,得到的结果相同。

(3) 从交通流紧急制动的角度考虑

不失一般性,以单车道为例。

以 S_{i-1} 表示前导车 $i-1$ 与跟踪车 i 的车流间隔,以 φ_i 表示第 i 辆车坡度及道路路间综合影响的摩擦阻力系数,根据车辆制动距离计算公式,有:

$$S_{i-1,i} = t_{ri}v_i + \frac{v_i^2}{254\varphi_i} + l_{0i} + l_i + \frac{v_{i-1}^2}{254\varphi_{i-1}} \tag{5.6-7}$$

若在观测路面 S 内有 n 辆车,则有:

$$S = \sum_{i=1}^{n} S_{i-1,i} \tag{5.6-8}$$

若 n 足够大,则:

$$\sum_{i=1}^{n}\frac{v_i^2}{254\varphi_i} - \frac{v_{i-1}^2}{254\varphi_{i-1}} \approx 0 \tag{5.6-9}$$

从而式(5.6-7)可写作:

$$S = \sum_{i=1}^{n} t_{ri}v_i + l_{0i} + l_i \tag{5.6-10}$$

式(5.6-10)两边同除以 S,以 $\bar{t}_r$ 代替 t_{ri},则有:

$$1 = \frac{n\bar{t}_r v_s + n(\bar{l}_0 + \bar{l})}{S}$$

由于 $n/S = K$,故有:

$$1 = K(\bar{t}_r v_s + \bar{l}_0 + \bar{l}) \tag{5.6-11}$$

由式(5.6-11)可见,交通流可以用 5 个参数来刻画。

由式(5.6-11)可得:

$$Q = \frac{1}{\bar{t}_r + \frac{\bar{l}_0 + \bar{l}}{v_s}} \tag{5.6-12}$$

$$Q = \frac{1 - K(\bar{l}_0 + \bar{l})}{\bar{t}_r} \tag{5.6-13}$$

$$v = \frac{Q(\bar{l} + \bar{l}_0)}{1 - \bar{t}_r Q} \tag{5.6-14}$$

$$v = \frac{1 - K(\bar{l} + \bar{l}_0)}{\bar{t}_r K} \tag{5.6-15}$$

$$K = \frac{1 - Q\bar{t}_r}{\bar{l}_0 + \bar{l}} \tag{5.6-16}$$

$$K = \frac{1}{\bar{l}_0 + \bar{l} + v\bar{t}_r} \tag{5.6-17}$$

公式(5.6-12)~公式(5.6-17)绘出了 Q、v、K、$\bar{l}_0$、$\bar{l}$ 之间的相互关系。由于 $Q = vK$，故刻画交通流的参数 $\bar{l}_0$、$\bar{l}$ 和 $\bar{t}_r$ 是必须的，而 Q、v、K 三个参数只要其中任意2个，故可用5个参数刻画道路交通流的状态。

由式(5.6-13)可知：

结论10：道路交通流的通行能力与交通流的速度成正比，与车流的平均车辆长度、平均空余间距及平均反应时间成反比。

式(5.6-13)对 v 求导：

$$\frac{dQ}{dv} = \frac{1}{(v\bar{t}_r)^2 + 2v \cdot t_r(\bar{l}_0 + \bar{l}) + (\bar{l}_0 + \bar{l})^2} \tag{5.6-18}$$

式(5.6-18)恒大于1，故无极值，即得：

结论11：道路通行能力没有最佳速度。

当 $\bar{l}_0 = 0$ 时，道路交通流达到通行能力最大值，以 q_{cv} 代表速度为 v 时的通行能力，由式(5.6-13)可得：

$$q_{cv} = \frac{1}{\bar{t}_r + \dfrac{\bar{l}}{v_s}} \tag{5.6-19}$$

命式(5.6-13)中 $\bar{l}_0 = 0$，并求导可得：

$$\bar{l}_0 + \bar{l} = -\left(\bar{t}_r \frac{dq}{dK} + \frac{d\bar{l}_0}{dK}\right)$$

车流达到最大通行能力时，$\dfrac{d\bar{l}_0}{dK} = 0$，故有：

$$\frac{dq}{dK} = -\frac{\bar{l}_0 + \bar{l}}{\bar{t}_r} \tag{5.6-20}$$

由于此时 $\bar{l}_0 = 0$，故有：

$$\frac{dq}{dK} = -\frac{\bar{l}}{\bar{t}_r} \tag{5.6-21}$$

自动控制理论传递函数求解方法之一是根据微分方程求解,该公式可用于交通自动控制系统传递函数。

由式(5.6-21)可知:

结论12:道路交通流达到最大通行能力时,其随密度变化率的绝对值是定值,随车长的增加而增加,随车辆反应时间的增加而减少。

5.6.4　模型的适用性

在5.6.3节中,从不同角度、基于不同的假设,得到了相同的结论。这些假设,有的具有较广泛的适用性,假设与实际的相似性较强,有的只适用于特定的交通流场景。既然结果相同,说明有些假设并不是必需的。对这些假设与实际的相似性进行分析,有利于掌握模型的适用范围。

由5.6.3内容可以看出:

(1)无论是从时间消耗的角度出发,还是从空间消耗或车辆紧急制动的角度出发,都可以得到同样的结论,这说明式(5.6-3)、式(5.6-6)、式(5.6-11)具有广泛的适用性。

(2)对于跟踪行驶交通流,由于车辆间的速度差较小,故采用假设1中的各车辆速度相等推出式(5.4-1),说明式(5.4-1)应用于跟踪行驶流时误差较小,若非跟踪行驶速度差较大,则采用假设1中各车辆制动反应时间等于交通流的平均制动反应时间,则推出式(5.6-3),说明式(5.6-3)既适用于跟踪行驶交通流,也适用于非跟踪行驶有人驾驶非车联网车辆构成的交通流。车联网有人驾驶交通流及车联网自动驾驶交通流,这两种交通流制动反应时间与车辆制动反应时间相差不大,但对于车辆制动反应时间与交通流的平均制动反应时间相差较大的交通流,其误差可能会相对大些。

(3)假设2和假设3在跟踪交通流时,假设与实际的相符性较好,假设4与假设2和假设3相似,虽然要求没有假设2和假设3严格,但结论相同。

因此,虽然从以上三个角度进行推理,皆可以得到相同结论,但假设4的要求最低,故只要交通量足够大,就可采用该公式刻画道路交通流的状态。由于出发点不同,所以应用场景不同时其精度可能不同。

通过上述分析可以看出:

(1)用于分析交通流的时空消耗,交通量越大,精度越高。

(2)用于分析交通流潜在的尾撞风险,则对交通量没有限制,由于要求车辆数足够大,故分析交通流潜在的尾撞风险时,应考虑采样区间大小、精度和交通量之间的关系,这三者相互制约:

①精度要求相同时,交通量越小,则需要的最小采样区间越大,交通量越大,则需要的最小采样区间越小。

②交通量相同时,精度要求越高,则需要的最小采样区间越小,精度要求越低,则需要的最小采样区间越小。

③采样区间相同时,交通量越大,则精度越高,交通量越小,则精度越低。

此外,该宏观交通流模型是通过微观跟车模型推导得出的,同时也做到了微观与宏观交通流模型的统一,即:

$$\frac{1}{K} = \bar{v}\,\bar{t} + \bar{l} + \bar{l}_0 \tag{5.6-22}$$

将模型中宏观参数转化为微观参数，其中，$\frac{1}{K} \approx x_n(t) - x_{n+1}(t)$，$v \approx \dot{x}_{n+1}(t+T)$，$\bar{l} + \bar{l}_0 \approx L$。则式(5.6-22)可以写成：

$$x_n(t) - x_{n+1}(t) = \dot{x}_{n+1}(t+T)T + L$$

对 t 进行求导，可得：

$$\ddot{x}_{n+1}(t+T)T = \dot{x}_n(t) - \dot{x}_{n+1}(t)$$

由以上推导可知，宏观交通流模型可由刺激－反应模型推导得出，自此微观跟车交通流模型与本文宏观交通流模型相统一。

5.6.5 模型的适应场景

目前刻画道路交通流的模型很多，主要有：
(1)交通流基本模型
(2)速度、密度模型
(3)流量、密度模型
(4)速度、流量模型
(5)突变理论模型
(6)车辆跟驰模型
(7)排队模型
(8)连续交通流模型
(9)宏观交通流模型

这些成果在解决交通问题中都得到了应用，但在刻画交通流的形态方面都欠不足，主要体现在：

(1)未反映车辆长度对交通流的影响

如果模型用于刻画交通流的稳定性且不涉及车辆的位置，或用于其他目的，不考虑车辆长度对交通流的影响是合理的，但在刻画交通流特征的影响参数方面是不全面的。

(2)未反映空余间距对交通流的影响

交通流的形态和潜化的安全风险，与车辆间的空余间距有密切的关系，其既能在一定程度上反映道路线形与环境的影响，如坡度和道路路面摩擦系数，其越小，则为了防止发生交通事故需要的空余间距越大，又能在一定程度上反映道路的通行能力，空余间距越大，速度相同时通行能力越小。

(3)未反映车辆制动反应时间对交通流的影响

车辆的制动反应时间，不仅影响安全性，也影响道路交通流的通行能力。道路交通问题是时空消耗问题，制动反应时间越大，通行能力越小，所需要的道路交通资源越多。车联网车队、自动驾驶车队，之所以提高通行能力，其机理就在于车辆时间消耗的减少。现有的交通流模型，正是因为不考虑车辆的制动反应时间这一车辆性能的主要参数之一，才导致按模型分析有最大通行能力和最佳速度或密度，却无法解释车联网和自动驾驶车队交通能使通行能力大幅度提高的事实,而本模型可以良好地解决这一现象,分析制动反应时间变化给道路通行能力带来的影响,既适用于目前的有人驾驶交通流状态的刻画,也适用于未来车联网交通流的刻画。

由五参数模型的表达式可以看出,车辆长度对空间消耗的影响,可以用其平均长度来度量;道路线形、路面及环境的影响,可以用空余间距来度量;车辆性能以及是否是车联网的影响,可以用交通流的平均制动反应时间来度量。下面根据应用场景,简述如何应用五参数模型。

(1) 通行能力

由式(5.6-12)求解。

(2) 阻塞密度

当交通流达到阻塞密度时,车辆之间的空余间距最小,设 $\bar{l}_0 = 0$。由式(5.6-16)可知,阻塞密度 k_j(veh/m)为:

$$k_j = \frac{1 - Q\bar{t}_r}{\bar{l}} \tag{5.6-23}$$

由上式可知,阻塞密度没有极值,当 $Q = 0$ 时,阻塞密度 k_{jmax} 达到最大值,且:

$$k_{jmax} = \frac{1}{\bar{l}} \tag{5.6-24}$$

(3) 交通流形态的度量

交通流形态有自由流、干扰流和跟踪流,到底属于哪种形态可以用空余间距来度量,在一定置信度下,车辆有超车需要时,对应的最小交通量为自由流与干扰流的临界交通量;一定置信度下,车辆要超车而不能超车的交通量,为干扰流与跟踪流的临界交通量。临界交通量的阈值可根据车辆到达规律,按照概率论的计算方法来确定,故可用交通量和空余间距来度量交通流的形态。

当用空余间距度量交通量的形态时,由下式求解:

$$\bar{l}_0 = \frac{1 - Q\bar{t}_r}{K} - \bar{l} \tag{5.6-25}$$

$$\bar{l}_0 = \frac{1}{K} - (v\bar{t}_r + \bar{l}) \tag{5.6-26}$$

$$\bar{l}_0 = \frac{v}{Q} - (v\bar{t}_r + \bar{l}) \tag{5.6-27}$$

(4) 交通流由非拥挤到拥挤空余间距的变化

交通流各种形态的转换,如前文所述,体现在空余间距的变化上。空余间距越小,则出现尾撞的概率越大,因此,监测或估算交通流发生尾撞的风险,对于提高交通流安全和道路网络的韧性是必要的。

设交通量由 Q_1 增加到 Q_2(veh/s),交通流的平均空余间距由 $\bar{l}_{01}$(m)变为 $\bar{l}_{02}$(m),速度由 v_1(m/s)变为 v_2(m/s),由于:

$$Q_1\left(t_r + \frac{\bar{l}_{01} + \bar{l}}{v_1}\right) = Q_2\left(t_r + \frac{\bar{l}_{02} + \bar{l}}{v_2}\right)$$

故，

$$\bar{l}_{02} = \bar{t}_r v_2 \left(\frac{Q_1}{Q_2} - 1\right) + \frac{Q_2 v_2 \bar{l}_{01} + \bar{l}(Q_2 v_2 - v_1 Q_1)}{v_1 Q_1} \tag{5.6-28}$$

交通流密度一般难以测量，但伴随着无人机和图像识别技术的发展，交通流的密度检测已迎刃而解。若已知交通流的密度，且其由 k_1 变化为 k_2，将 $Q=Kv$ 代入式(5.6-27)同样可估计交通流空余间距的变化。

由式(5.6-28)可见，即使可以得到 Q_1、v_1 和 Q_2、v_2 的信息，假定 $\bar{l}$ 和 $\bar{t}_r$ 的大小，仍然无法计算得到 $\bar{l}_{02}$，因为 $\bar{l}_{01}$ 是未知的。在实际应用中应先根据 Q_1、v_1 求 $\bar{l}_{01}$，然后求解 $\bar{l}_{02}$。

将由式(5.6-26)得到的 $\bar{l}_0$ 代入式(5.6-28)，则可得到：

$$\bar{l}_{02} = \bar{t}_r v_2 \left(\frac{Q_1}{Q_2} - 1\right) + \frac{Q_2 v_2}{Q_1^2} - \frac{Q_2 v_2 (v_1 \bar{t}_r + \bar{l}) - \bar{l}(Q_2 v_2 - v_1 Q_1)}{v_1 Q_1} \tag{5.6-29}$$

(5)交通流状态参数预测

交通拥堵是道路交通的难题。通过交通诱导，促使路网荷载平衡，实现交通缓堵，是解决这一问题的有效途径。这就需要感知当前的状态，预测未来的状态。固然可以通过检测到的速度或交通量的时间序列来预测未来的速度或交通量，但实际应用中，常出现参数的统计时间间隔太大、预测值难以满足实时性的要求、数据丢失致使预测难度下降等问题。因此，通过交通流当前的状态参数，预测任一时刻交通量到达某一值时的速度，成为现实中需要解决的问题。

交通流的状态，由非拥挤演变为拥挤，或由拥挤演变为非拥挤，交通流的速度则开始下降或上升。若当前的交通量、速度分别为 $Q(\text{veh/s})$ 和 $v(\text{m/s})$，空间间隔为 l_0，需预测已知交通量 $Q_1(\text{veh/s})$ 或速度 $v_1(\text{m/s})$ 时的其余参数。这可采用式(5.6-12)和人工智能法的方法求解。

根据式(5.6-12)，有：

$$1 = Q\left(\bar{t}_r + \frac{\bar{l}_{01} + \bar{l}}{v}\right)$$

$$1 = Q_1\left(\bar{t}_r + \frac{\bar{l}_{02} + \bar{l}}{v_1}\right)$$

由以上两式可得：

$$v_1 = \frac{\bar{l}_{02} + \bar{l}}{\dfrac{Q}{Q_1}\left(\bar{t}_r + \dfrac{\bar{l}_{01} + \bar{l}}{v}\right) - \bar{t}_r} \tag{5.6-30}$$

$$Q_1 = \frac{Qv_1}{v_1 \bar{t}_r + \bar{l}_{02} + \bar{l}} \cdot \frac{\bar{l}_{01} + \bar{l} + v\bar{t}_r}{v} \tag{5.6-31}$$

$\bar{l}_{01}$ 可由式(5.6-25)计算。

设：

$$\bar{l}_0 + \bar{l} = \alpha \tag{5.6-32}$$

若将 α 看作常数，即车辆的空余间距变化不大，则有：

设交通量由 Q 增加到 Q_1，速度由 v 下降到 v_1，且：

$$Q_1 = Q + dQ$$

$$v_1 = v - \mathrm{d}v$$

则由式(5.6-12)可得：

$$1 = (Q + \mathrm{d}Q)\left(\bar{t} + \frac{\alpha}{v - \mathrm{d}v}\right)$$

$$\mathrm{d}v = v - \frac{\alpha Q_1}{1 - Q_1} \tag{5.6-33}$$

$$\mathrm{d}Q = \frac{1}{\bar{t}_r + \dfrac{\alpha}{v_1}} - Q \tag{5.6-34}$$

当 $\bar{l}_0 + \bar{l}$ 变化不大时，可由式(5.6-30)、式(5.6-31)预测交通流参数的变化；当 $\bar{l}_0 + \bar{l}$ 变化较大时，应由式(5.6-27)、式(5.6-28)和式(5.6-29)来预测交通流参数的变化。然而，由于该三式都含有未知参数，故无法直接求解，应根据历史数据，通过人工智能的方法求解。

(6) 高峰小时持续时间预测

高峰小时持续时间预测，对于交通诱导、交通组织、路径规划以及道路基础设施建设等改善交通措施的制定，都具有现实意义。

交通量由 Q 增加到 Q_1，持续时间 T 后开始下降到 Q，若维持交通流速度不变，则高峰小时持续时间增加了 ΔT：

$$\Delta T = \Delta n \cdot u_t$$
$$\Delta n = (Q_1 - Q)T$$
$$\Delta T = T(Q_1 - Q)\left(\bar{t}_r + \frac{\bar{l}_0 + \bar{l}}{v}\right) \tag{5.6-35}$$

(7) 交通流由非拥挤到拥挤，安全间隔变化计算

$$Q_1\left(\bar{t}_r + \frac{\bar{l}_{01} + \bar{l}}{v_1}\right) = Q_2\left(\bar{t}_r + \frac{\bar{l}_{02} + \bar{l}}{v_2}\right)$$

$$\bar{l}_{02} = \left(\frac{1}{Q_2} - \bar{t}_r\right)v_2 - \bar{l} \tag{5.6-36}$$

(8) 道路建设规模确定

车辆增长、交通出行增长是社会与经济发展的刚性需求。除了科学组织、交通运输、发展公共交通、提高运输效率这些手段外，道路建设也是必需的。到底该建设多大规模的道路，这取决于两个方面的因素：

①交通需求。

道路建设应和交通需求相适应，主要包括运输类别的适应——客运或货运；运输组织的适应——交通方式的分担比率、公共交通与小汽车交通的分担比率；运输车辆的适应——客货车的比例以及设计车辆的类别。

②期望服务质量。

期望服务质量可以用期望速度来度量，若高峰时段期望速度越低，则需要建设的道路规模越小，甚至不需要新增道路；若期望保持原有的服务质量或服务质量得到提升，则需要建设的道路规模越大。

设维持原路网交通状态不变，即高峰小时持续时间 T、速度 v，车辆平均长度、车辆平均反

映时间不变,交通量由 Q 增加到 Q_1,设需增加长度 ΔL。

由于:

$$1 = n \cdot \Delta u_s$$

故:

$$\Delta L = \Delta n \cdot \Delta u_s$$

$$\Delta n = T(Q_1 - Q)\Delta u_s$$

$$\Delta L = T(Q_1 - Q)(\bar{l} + \bar{l}_0 + v\bar{t}_r) \tag{5.6-37}$$

5.7 道路交通流的四参数模型

上一节中给出了道路交通流的五参数模型。有时由于可获得参数的局限性,只能得到交通流三个基本参数 Q、v、K 中任意一个,这将使得五参数模型无法使用。鉴于此,本节采用已有的一些 Q、v、K 关系的研究成果,给出相应的计算公式。这些公式可统称为四参数模型。

公式 $Q = \bar{v}_s K$ 表明了交通流的流量、速度和密度三者之间的关系,称为交通流基本模型。

最早的速度-密度模型是由格林希尔兹于 1935 年提出的。他通过对观测数据的统计研究,得出速度和密度之间呈线性关系的结论(图 5.7-1),图中的数字是样本数量。

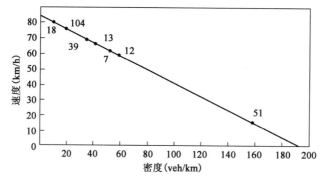

图 5.7-1 格林希尔兹的速度-密度曲线和数据(1935 年)

从而得出速度-密度关系模型:

$$v = v_f \left(1 - \frac{K}{k_j}\right) \tag{5.7-1}$$

由式(5.7-1)可知,当 $K = 0$ 时,v 值可达理论最高速度即自由流速度 v_f。图 5.7-1 中直线上任意一点的纵坐标、横坐标与原点所围成的面积即为交通流量。线性模型形式简单,因此得到了广泛应用,至今仍是一个种非常重要的模型。直接使用模型需要知道自由流速度 v_f 和阻塞密度 k_j。前者较容易获得,一般介于道路限速和设计车速之间;后者由于路段上交通流很少有停止状态而不易调查,一般在 115~155veh/km 范围内。

尽管线性模型简单易用,但在建模过程中所搜集的样本存在缺陷。观察图 5.7-1 可以看出,流量小(直线两端)的部分样本少,尤其是接近通行能力(直线中部)的部分没有数据。因此,该模型还不完善,速度-密度模型还有待进一步研究。

$$\eta_v = v/v_f \tag{5.7-2}$$

$$\eta_k = K/k_j \tag{5.7-3}$$

将以上两式代入式(5.6-11)，可得式(5.7-4)~式(5.7-10)：

$$\bar{l}_0 = \frac{1}{k_j(1-\eta_r)} - \varphi \bar{t}_r \eta_v - \bar{l} \tag{5.7-4}$$

$$\bar{l}_0 = \frac{1}{k_j \eta_k} - v_f \cdot \bar{t}_r (1 - \eta_k) - \bar{l} \tag{5.7-5}$$

$$\bar{l}_0 = v_f \eta_v \left(\frac{1}{Q} - \bar{t}_r \right) - \bar{l} \tag{5.7-6}$$

$$Q = k_j v_f \eta_v (1 - \eta_v) \tag{5.7-7}$$

$$\eta_v = \frac{1}{2} \left(1 \pm \sqrt{1 - \frac{4Q}{k_j v_f}} \right) \tag{5.7-8}$$

$$\eta_v = \frac{k_j \bar{t}_r v_f - k_j (\bar{l}_0 + \bar{l}) \pm \sqrt{[k_j v_f \bar{t}_r - k_j(\bar{l}_0 + \bar{l})]^2 - \Delta k_j \bar{t}_r v_f [1 - k_j(\bar{l}_0 + \bar{l})]}}{2 k_j \bar{t}_r v_f} \tag{5.7-9}$$

$$\eta_k = \frac{\bar{t}_r v_f + \bar{l}_0 + \bar{l} \pm \sqrt{(\bar{t}_r v_f \bar{l}_0 + \bar{l})^2 - \Delta \bar{t}_r v_f / k_j}}{2 \bar{t}_r v_f} \tag{5.7-10}$$

设达到通行能力时交通流的速度与自由流度之比为 η_{v_m}。

即，

$$\frac{d\eta_k}{d\eta_{v_m}} = 0 \tag{5.7-11}$$

$$\eta_{v_m} = 1 - \frac{1}{\sqrt{\bar{t}_r v_f k_j}} \tag{5.7-12}$$

$$q_m = \sqrt{\frac{k_j v_f}{\bar{t}_r}} - \frac{1}{\bar{t}_r} \tag{5.7-13}$$

$$\bar{l}_m = \sqrt{\frac{\bar{t}_r v_f}{k_j}} - v_f \left(1 - \frac{1}{\sqrt{\bar{t}_r v_f k_j}} \right) - \bar{l} \tag{5.7-14}$$

发生阻塞时，

$$\eta_v = 0$$

从而可以得出，

$$k_j = \frac{1}{\bar{l}_j + \bar{l}} \tag{5.7-15}$$

式(5.7-15)为阻塞密度计算公式。

第6章 基于容许风险的道路交通流通行能力

6.1 概　　述

道路交通通行能力是交通规划、交通管控不可或缺的参数,其受到道路条件、车辆、环境、车辆操作者、信息化水平等多因素的影响。数十年来,人们一直通过实测回归法和逻辑推演法研究通行能力的计算模型,取得了许多实用的成果,这些成果主要具有以下特征:

(1)成果的计算值与实际值相符程度,通过实测来认定;

(2)通行能力有最佳值;

(3)车辆操作者、车辆、道路和环境这4个影响通行能力的主要因素,在模型中不能得到完备体现;

(4)通行能力与置信度无关。

模型既不能反映车辆性能对通行能力的影响,也不能反映信息化与智能化水平提升使通行能力增加这一事实,至于道路条件,反映其特征的参数,如长度、路面摩擦系数、坡度大小、坡度变化频率等参数,亦不能在模型中予以体现。实际上,现有通行能力的计算模型,是从概率统计的角度,反映了交通流特征的平均值,基于平均值识别、推断交通流的安全性,忽略了交通流中个体对整体的影响,在特殊条件下,这种影响使得交通流的形态由量变而到质变,从而得到不合理的结论。模型不能科学地度量安全问题,也就不能度量道路交通流的通行能力。因此,通行能力计算应该考虑统计分析的置信水平和信息化与智能化水平的影响。

车联网是一种通过交通信息感知交互过程将独立决策的车辆连接起来的网络,即以行驶中的车辆为信息感知对象,通过射频识别(RFID)、环境感应器、全球定位系统、毫米波雷达等信息传感设备,按照约定的通信协议和数据交互标准,把任何车辆与互联网连接起来,实现车与车、车与人、车与路以及车与服务平台之间的网络连接,进行无线通信和信息交换与共享,从而达到提高交通管理效率、减少环境污染、保障行车安全等目标的网络。与有人驾驶车辆相比,自动驾驶汽车可在没有任何人类主动操作情况下,通过自身携带的车辆传感器感知周围环境及路况信息,然后车辆通过车载终端接收云端发送的信息并根据所接收的提示决定自身的驾驶行为,从而完成在道路上自主驾驶的任务,整个过程由于不需要人类驾驶员参与,从而有效地减少了驾驶员对周边异常交通环境的意识反应时间以及身体反应时间。自动驾驶车队就是通过车联网将单个自动驾驶或半自动驾驶车辆连接起来,形成一个包含引导车和若干跟随车的协作体,车队本身作为一个小型的交通流整体,车队车辆可实现对自身及周围车辆运行状态的准确感知且车队内车辆间可进行通信交互,从而通过缩短车辆间跟驰距离提高道路占用率。

车联网和自动驾驶技术的发展应用引起了交通流的运动状态发生新的变化,传统的交通量等于密度与速度之积这一基于流体动力学理论推导的交通工程学的基本公式已不能反映车联网和自动驾驶技术的发展对通行能力的影响。本章将针对车队交通流,通过阐述基本概念、道路交通流的类型、交通流信息的交互过程和交通流平均制动反应时间,说明基于容许风险的道路交通流通行能力的计算方法。

6.2 基本概念

6.2.1 容许风险

风险,就是生产目的与劳动成果之间的不确定性,其有两层含义:一种定义强调了风险表现为收益不确定性;而另一种定义则强调风险表现为成本或代价的不确定性。若风险表现为收益或者代价的不确定性,说明风险产生的结果可能带来损失、获利或是无损失也无获利,属于广义风险,所有人行使所有权的活动,应被视为管理风险,金融风险属于此类。而风险表现为损失的不确定性,说明风险只能表现出损失,没有从风险中获利的可能性,属于狭义风险。风险和收益成正比,所以一般积极进取的投资者偏向于高风险是为了获得更高的利润,而稳健型的投资者则着重于安全性的考虑。

容许风险是指一定社会经济条件下,可接受损失的程度。道路交通存在风险,而道路交通又是随机过程问题,故可以以置信水平参数作为道路交通风险大小的度量值。

道路交通的风险主要包括以下三个方面:

(1)环保风险

环保风险来自汽车废气排放、粉尘及噪声对土壤、大气和人的危害。

(2)经济风险

经济风险主要来自建设与运营、建设中选择过高的技术指标,使建设成本增加,选择较低的技术指标,增加发生交通事故的概率,如隧道照明设计,洞外亮度取值越大,建设与运营成本越高。

(3)安全风险

安全风险主要来自:

①道路线形,如长下坡、急转弯、隧道与隧道群等;

②车辆故障,如制动失灵、爆胎、发动机故障等;

③气候环境,如冰、雪、雨、雾、雪盲现象等;

④人的因素,如操作失误、违规行驶、突发疾病等。

为了更好地理解道路交通的容许风险,可以以公路隧道照明的设计来说明这一问题。

公路隧道照明设计,应满足以下要求:

①配置的照明系统亮度有容许误差;

②在允许的亮度误差范围内,配置的照明系统任意一天都能满足交通流对亮度的需求;

③与经济条件相适应;

④满足公路隧道照明相关规范要求。

洞外亮度是隧道洞外某一空间范围、某一背景和某一时刻照度的反射值,以每天观测值中的最大值作为当天的观测值,将全年365个观测值自大到小排序形成的曲线,可称为实测洞外亮度曲线,以$f'(d)$示之。由于实际与设计总会存在差异,为了进行区分,以$f(d)$表示设计洞外亮度曲线,$f'(d)$表示实际洞外亮度曲线,其中d为第d个序列。以L'表示实际洞外亮度值,L表示设计洞外亮度值,即

$$L'(d) = f'(d)$$
$$L(d) = f(d)$$

以d_{11}表示隧道照明洞外亮度合理值的序列号,d_1表示洞外亮度设计值的序列号,当实际洞外亮度曲线不小于设计洞外亮度曲线时,即$L'(i) > L(i)$,有图6.2-1~图6.2-3共三种情况。当$L'(i) < L(i)$时,有图6.2-4~图6.2-6共三种情况。下面就$L'(i) > L(i)$和$L'(i) < L(i)$进行分析。

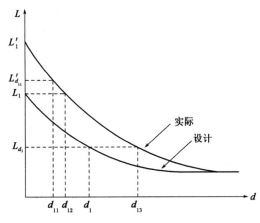

图6.2-1　$L'(i) > L(i)$情况一

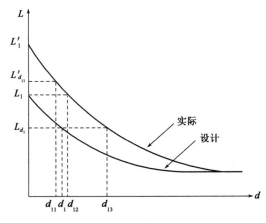

图6.2-2　$L'(i) > L(i)$情况二

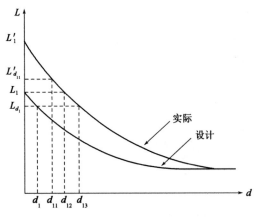

图6.2-3　$L'(i) > L(i)$情况三

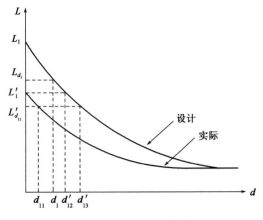

图6.2-4　$L'(i) < L(i)$情况一

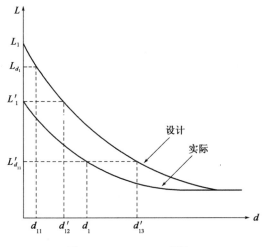

图 6.2-5　$L'(i) < L(i)$ 情况二　　　　　图 6.2-6　$L'(i) < L(i)$ 情况三

(1) $L'(i) > L(i)$

设照明亮度的容许误差为 ε, 以 d_{12} 表示设计最大亮度与实际洞外亮度相等时实际洞外亮度的序列号,d_{13} 表示实际洞外亮度与序列号为 d_1 时设计洞外亮度值相等时的序列号。即

$$L(d_1) = L'(d_{13})$$

$$L_1 = L'(d_{12})$$

由于照明设计应在容许的误差范围内每天都能满足交通运行的照明需求,故 $L_1 = (1+\varepsilon)L(d_1)$。

图 6.2-1 ~ 图 6.2-3 都属于 $L'(i) > L(i)$,即实际洞外亮度大于设计洞外亮度,都存在着由于设计照明亮度不足而产生的安全风险。其中不同的是,图 6.2-1 中 $d_{11} < d_{12} < d_1 < d_{13}$,图 6.2-2 中 $d_{11} < d_1 < d_{12} < d_{13}$,图 6.2-3 中 $d_1 < d_{11} < d_{12} < d_{13}$。由此可见,洞外亮度合理值的序列号,无论是大于设计值的序列号,还是小于设计值的序列号,在实际洞外亮度曲线大于设计洞外亮度曲线时,都可能造成设计洞外亮度不足。

图 6.2-1 ~ 图 6.2-3 不仅说明了合理洞外亮度值序列号与设计洞外亮度序列号的关系,也说明了其产生的安全风险。由图可见,一年中存在的因设计照明亮度不足而产生的安全风险的天数 d_{s1} 为:

$$d_{s1} = d_{12} - 1$$

一年中存在的因设计照明亮度不足而产生的容许的安全风险的天数 d_{s2} 为:

$$d_{s2} = d_{13} - d_{12}$$

一年中由于设计照明亮度不足而产生的总的安全风险的天数 d_s 为:

$$d_s = d_{13} - 1$$

(2) $L'(i) < L(i)$

图 6.2-4 ~ 图 6.2-6 都属于 $L'(i) < L(i)$,或者说设计洞外亮度大于实际洞外亮度。图中 d'_{12} 表示与实际最大亮度相等时设计洞外亮度曲线的序列号,d'_{13} 表示与实际洞外亮度曲线序列号为 d_{11} 时的亮度值相等时设计洞外亮度曲线的序列号。由图可知,一年中存在的因设计照明

亮度过大产生的不容许的经济风险的天数 d_{e1} 为：
$$d_{e1} = d'_{12} - 1$$
一年中存在的因设计照明亮度过大而产生的容许的经济风险的天数 d_{e2} 为：
$$d_{e2} = d'_{13} - d'_{12}$$
一年中由于设计照明亮度过大而产生的总的经济风险的天数 d_e 为：
$$d_e = d'_{13} - 1$$
有了风险天数，则可以计算风险度。

6.2.2 基本通行能力

基本通行能力也称为理论通行能力，是在道路和交通都处于理想条件下，由技术性能相同的一种标准车，以最小的车头间距连续行驶的理想交通流，在单位时间内通过道路断面的最大车辆数。一般指在一定时间段(取 15min 或 1h)和理想的道路、交通及管制条件下，一条车道的一个断面所容许通过的最大持续交通流，为四级服务水平上半部的最大交通量。

理论通行能力计算方法如下：
$$Q_0 = \frac{3600}{t_0} \qquad (6.2\text{-}1)$$
式中，t_0 为车头最小时距(s)。

车头时距确定主要有三种调查方法：观测车头时距法、观测车头时距法及观测速度密度法。观测车头时距法直接测量车头时距即可，测量方法较多，简便易行，数据后期处理工作量大，但精确度较高。车头时距通常可采用人工计时法、摄像法和 Auto scope 采集法。摄像法是通过对交通流进行连续拍摄，然后进行人工处理的一种方法，其特点是数据处理工作量大，数据量可以依照需要进行确定，数据准确且易于应用。

由上述可见，基本通行能力是通过测试而获得的，表达式不涉及人、车、路及环境的参数。鉴此，本章对基本通行能力定义如下：

定义：基本通行能力是指交通流中的车辆如果都停止且车间间距为0时，单位时间内可通过的车辆数(表达式见后)。

6.2.3 可能通行能力

可能通行能力也可称为实际通行能力，是指在实际的道路、交通、管制及环境条件下，单位时间内道路所通过的最大交通流量。

可能通行能力以理论通行能力为基础，考虑到实际的地形、道路和交通状况，确定其修正系数，再以此修正系数乘以前述的理论通行能力，即得实际道路、交通在一定环境条件下的可能通行能力，可能通行能力 Q_r 计算方法如下：
$$Q_r = Q_0 \cdot f_w \cdot f_{cw} \cdot f_{HV} \cdot f_{FBIC} \cdot S_1 \cdot S_2 \cdot f_x \qquad (6.2\text{-}2)$$
式中，f_w 为车道宽度修正系数；f_{cw} 为侧向净空受限的修正系数；f_{HV} 为纵坡度修正系数；f_{FBIC} 为横向干扰修正系数；S_1 为视距不足修正系数；S_2 为沿途条件修正系数；f_x 为交通条件修正系数。

由上述可见，可能通行能力实际上也是通过测试而获得的，表达式不涉及人、车、路及环境的参数。鉴于此，本章对基本通行能力定义如下：

定义：可能通行能力是指容许置信水平下单位时间内可通过的车辆数(表达式见后)。

6.2.4 路段通行能力

通行能力反映了某一时间段内道路某一断面的供给能力,并且有基本通行能力与可能通行能力之分。要反映路段的供给能力,则需要分析影响路段供给能力的因素。从这个思路出发,结合路段交通容量的应用场景,总结以下要素：

(1)路段长度

道路网络是由路段与节点构成,道路节点一般都是道路网络的瓶颈,路段越长,瓶颈产生的拥堵对上游节点的影响越小,路段自身的供给能力越能发挥。

(2)设计速度

设计速度反映了路段线形等因素对交通流的影响,道路线形越好,通行能力越大。

(3)期望速度

期望速度反映了高峰期道路供给和交通需求之间的关系,期望速度越大,需要的供给能力越大,当交通需求与期望速度不协调时,运营中只有通过诱导或建设更多的路才能解决这一矛盾。

(4)路段车道数

路段车道数越多,单位时间通过的车辆越多,路段交通容量越大。

(5)道路线形与路面

包括路面摩擦系数和平/纵曲线。

根据上述分析,路段通行能力可定义如下：

定义：路段基本通行能力是指路段交通流处于跟踪状态且当所有车辆停止时,车辆间的间距为0时单位时间路段可通过的车辆数。

定义：路段可能通行能力是指路段交通流不影响上游节点正常运行时以期望速度行驶单位时间路段可通过的车辆数。

图6.2-7给出车辆在两节点间的时空轨迹图,当车辆通过节点 J_1 后,以速度 v_1 在路段上行驶,受节点 J_2 通行能力的影响,速度下降为 v_2,即 $v_1 > v_2$,最大排队长度为 $\overline{ac}$。

根据波动理论,可以得到：

$$w_1 = \frac{Q_2 - Q_1}{K_2 - K_1} \tag{6.2-3}$$

$$L = (v_2 - w_1)t \tag{6.2-4}$$

式中,t 为车辆以速度 v_2 通过交叉口的时间；L 为交通流排队长度。

将式(6.2-3)代入式(6.2-4),并依据 $Q = Kv$,可以推出：

$$Q_1 = \frac{Q_2 v_1 L}{v_2[(v_1 - v_2)t + L]} \tag{6.2-5}$$

仅将 Q_1 和 L 看作变量,则有：

$$\frac{dQ_1}{dL} = \frac{(v_1 - v_2)t}{(v_1 - v_2)t + L} \tag{6.2-6}$$

由于 $v_1 > v_2$，$t \neq 0$，$L \neq 0$，故：

$$\frac{dQ_1}{dL} > 0 \tag{6.2-7}$$

由式(6.2-7)可见，Q_1 是一个递增函数。

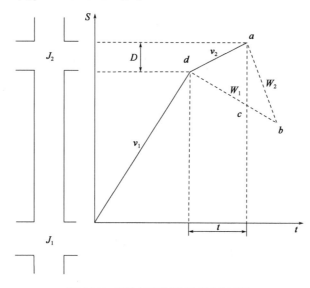

图 6.2-7 车辆在两节点间的时空轨迹图

结论 1：路段通行能力随路段长度的增加而增加。

若 L 有最大长度 L_{max} 约束，则路段通行能力可根据下式来计算：

$$Q_{1,max} = \frac{Q_2 v_1 L_{max}}{v_2 [(v_1 - v_2)t + L_{max}]} \tag{6.2-8}$$

由上式计算所得的通行能力，是基本通行能力还是可能通行能力，取决于所采用的速度。

6.2.5 路段通行能力的影响因素

由式(6.2-8)可见，路段通行能力 Q_1 受 L、v_1、v_2、Q_2 和 t 的影响，下面分别探讨各因素对 q_1 的影响。

(1) Q_2 对 Q_1 的影响

将 L、v_1、v_2、t 看作常数，式(6.2-8)对 Q_2 求导可得：

$$\frac{dQ_1}{dQ_2} = \frac{v_1 L}{v_2(v_1 - v_2)t + L} \tag{6.2-9}$$

由 $v_1 > 0$，$v_1 > v_2$，故式(6.2-9)恒大于 0，是单调递增函数，故得出：

结论 2：路段通行能力随下游节点通行量的增加而增加。

(2) v_1 对 Q_1 的影响

采用和上述同样的假定和方法，有：

$$\frac{\mathrm{d}Q_1}{\mathrm{d}v_1} = \frac{Q_2 L}{v_2[(v_1-v_2)t+L]} + \frac{Q_2 v_1 L t}{v_2[(v_1-v_2)t+L]^2} \qquad (6.2\text{-}10)$$

由于式(6.2-10)恒大于0,故得出:

结论3:路段通行能力随路段速度的增加而增加。

(3) t 对 Q_1 的影响

同理,有:

$$\frac{\mathrm{d}Q_1}{\mathrm{d}t} = \frac{Q_2 v_1 L(v_1-v_2)}{v_2[(v_1-v_2)t+L]^2} \qquad (6.2\text{-}11)$$

由于式(6.2-11)恒小于0,故得出:

结论4:路段通行能力随下游节点通行时间的减小而增加。

(4) v_2 对 Q_1 的影响

同理,有:

$$\frac{\mathrm{d}Q_1}{\mathrm{d}v_2} = \frac{Q_2 v_1 L}{[(v_1-v_2)t+L]v_2}\left[\frac{v_2(t+1)-(v_1 t-L)}{v_2[(v_1-v_2)t+L]}\right] \qquad (6.2\text{-}12)$$

在高峰期,v_1、v_2 相差不大,则:

$$v_1 < \frac{L}{t} \qquad (6.2\text{-}13)$$

则:

$$\frac{\mathrm{d}Q_1}{\mathrm{d}v_2} = \frac{Q_2 v_1 L}{[(v_1-v_2)t+L]v_2}\left\{\frac{(1+t)\left(v_2-\dfrac{v_1-\dfrac{l}{t}}{1+\dfrac{1}{t}}\right)}{v_2[(v_1-v_2)t+L]}\right\} > 0 \qquad (6.2\text{-}14)$$

故得出:

结论5:路段通行能力随下游节点速度的增加而增加。

6.2.6 路段交通容量的影响因素

路段交通容量与各因素之间的函数关系为:

$$f(Q,v_1) = \frac{Q_2(v_1+\mathrm{d}v_1)L}{v_2[(v_1+\mathrm{d}v_1-v_2)t+L]} \qquad (6.2\text{-}15)$$

$$f(Q,L) = \frac{Q_2 v_1(L+\mathrm{d}L)}{v_2[(v_1-v_2)t+L+\mathrm{d}L]} \qquad (6.2\text{-}16)$$

$$f(Q,v_2) = \frac{Q_2 v_1 L}{(v_2+\mathrm{d}v_2)[(v_1-v_2-\mathrm{d}v_2)t+L]} \qquad (6.2\text{-}17)$$

$$f(Q,t) = \frac{Q_2 v_1 L}{v_2[(v_1-v_2)(t+\mathrm{d}t)+L]} \qquad (6.2\text{-}18)$$

$$f(Q,Q_2) = \frac{(Q_2+\mathrm{d}Q_2)v_1 L}{v_2[(v_1-v_2)t+L]} \qquad (6.2\text{-}19)$$

为了得到各因素对路段交通容量的影响对比大小,我们将假设的函数之间分别求商,即

$$\begin{cases} x_1 = \dfrac{f(Q,Q_2)}{f(Q,t)} & (6.2\text{-}20) \\[6pt] x_2 = \dfrac{f(Q,Q_2)}{f(Q,v_2)} & (6.2\text{-}21) \\[6pt] x_3 = \dfrac{f(Q,v_1)}{f(Q,L)} & (6.2\text{-}22) \\[6pt] x_4 = \dfrac{f(Q,v_1)}{f(Q,Q_2)} & (6.2\text{-}23) \\[6pt] x_5 = \dfrac{f(Q,v_2)}{f(Q,t)} & (6.2\text{-}24) \\[6pt] x_6 = \dfrac{f(Q,v_1)}{f(Q,v_2)} & (6.2\text{-}25) \\[6pt] x_7 = \dfrac{f(Q,t)}{f(Q,L)} & (6.2\text{-}26) \end{cases}$$

(1) 参数 Q_2 及 t 对路段容量 Q 的影响对比

将式(6.2-18)、式(6.2-19)代入式(6.2-20)并整理可得：

$$x_1 = 1 + \frac{Q_2(v_1 - v_2)\mathrm{d}t + \mathrm{d}Q_2[(v_1 - v_2)(t + \mathrm{d}t) + L]}{Q_2[(v_1 - v_2)t + L]} \quad (6.2\text{-}27)$$

显然 $x_1 > 1$，因此得出：

结论6：通过道路节点的交通量比通过道路节点的时间对路段通行能力的影响更大。

(2) 参数 v_2 及 Q_2 对路段容量 Q 的影响对比

将式(6.2-17)、式(6.2-19)代入式(6.2-21)并整理可得：

$$x_2 = \frac{Q_2 v_2[(v_1 - v_2)t + L]}{(v_2 + \mathrm{d}v_2)[(v_1 - v_2 - \mathrm{d}v_2)t + L](Q_2 + \mathrm{d}Q_2)} \quad (6.2\text{-}28)$$

$$\frac{1}{x_2} = 1 + \frac{(v_2 \mathrm{d}Q_2 + Q_2 \mathrm{d}v_2 + \mathrm{d}Q_2 \mathrm{d}v_2)[(v_1 - v_2)t + L] - v_2 Q_2 t \mathrm{d}v_2}{Q_2 v_2[(v_1 - v_2)t + L]} \quad (6.2\text{-}29)$$

由于 $(v_1 - v_2)t + L > v_2 Q_2 t$，因此 $1/x_2 > 1$，或者说 $x_2 < 1$，故得出：

结论7：下游交叉口的通过量比通过下游交叉口的速度对路段通行能力的影响更大。

(3) 参数 v_1 及 L 对路段容量 Q 的影响对比

将式(6.2-15)、式(6.2-16)代入式(6.2-22)并整理可得：

$$x_3 = \frac{(v_1 + \mathrm{d}v_1)[(v_1 - v_2)t + L + \mathrm{d}L]}{[(v_1 + \mathrm{d}v_1 - v_2)t + L]v_1(L + \mathrm{d}L)} \quad (6.2\text{-}30)$$

将上式分子与分母展开，可以发现，由于：

$$L \mathrm{d}v_1(L + \mathrm{d}L - v_2 t) > t(v_1 \mathrm{d}L \mathrm{d}v_1 + v_1^2 \mathrm{d}L - L_1 v_1 v_2) \quad (6.2\text{-}31)$$

故 $x_3 > 1$，因此得出：

结论8：路段交通流的速率比路段的长度对路段通行能力的影响更大。

(4) 参数 v_1 及 Q_2 对路段容量 Q 的影响对比

将式(6.2-15)、式(6.2-19)代入式(6.2-23)并整理可得：

$$x_4 = \frac{Q_2(v_1 + \mathrm{d}v_1)[(v_1 - v_2)t + L]}{(Q_2 + \mathrm{d}Q_2)[(v_1 + \mathrm{d}v_1 - v_2)t + L]v_1} \qquad (6.2\text{-}32)$$

若 $x_4 < 1$，则应：

$$\mathrm{d}Q_2[tv_1(v_1 + \mathrm{d}v_1 - v_2) + Lv_1] > \mathrm{d}v_1(LQ_2 - v_2 t) \qquad (6.2\text{-}33)$$

由于 $v_1 > v_2$，故上式成立，因此得出：

结论 9：交叉口的交通量比路段车速对路段通行能力的影响更大。

(5) 参数 v_2 及 t 对路段容量 Q 的影响对比

将式(6.2-17)、式(6.2-18)代入式(6.2-24)并整理可得：

$$x_5 = \frac{v_2[(v_1 - v_2)(t + \mathrm{d}t) + L]}{(v_2 + \mathrm{d}v_2)[(v_1 - v_2 - \mathrm{d}v_2)t + L]} \qquad (6.2\text{-}34)$$

由于 $v_1 t + L + v_2^2 > v_2(2t + v_1) + t\mathrm{d}v_2$，故 $x_5 < 1$，因此得出：

结论 10：交叉口的通行时间比交叉口的速度对路段通行能力的影响更大。

(6) 参数 v_1 及 v_2 对路段容量 Q 的影响对比

将式(6.2-15)、式(6.2-17)代入式(6.2-25)并整理可得：

$$x_6 = \frac{(v_1 + \mathrm{d}v_1)[(v_1 - v_2 - \mathrm{d}v_2)t + L](v_2 + \mathrm{d}v_2)}{v_2[(v_1 + \mathrm{d}v_1 - v_2)t + L]v_1} \qquad (6.2\text{-}35)$$

$$x_6 = 1 + \frac{v_2 \mathrm{d}v_1(L - v_1 t) + \mathrm{d}v_2(v_1^2 + v_1 L - 2v_1 v_2 t - v_1 t \mathrm{d}v_2) + \mathrm{d}v_1 \mathrm{d}v_2(L + v_1 t - 2tv_2)}{v_1 v_2[(v_1 + \mathrm{d}v_1 - v_2)t + L]}$$

$$(6.2\text{-}36)$$

由于 $x_6 > 1$，因此得出：

结论 11：路段速度 v_1 比下游交叉口的速度 v_2 对路段通行能力的影响更大。

(7) 参数 t 及 L 对路段容量 Q 的影响对比

将式(6.2-16)、式(6.2-18)代入式(6.2-26)并整理可得：

$$x_7 = \frac{L[(v_1 - v_2)t + L + \mathrm{d}L]}{[(v_1 - v_2)(t + \mathrm{d}t) + L](L + \mathrm{d}L)} \qquad (6.2\text{-}37)$$

$$\frac{1}{x_7} = 1 + \frac{(v_1 - v_2)\mathrm{d}t - \mathrm{d}L}{(v_1 - v_2)t + L + \mathrm{d}L} + \frac{\mathrm{d}L[(v_1 - v_2)(t + \mathrm{d}t) + L]}{L[(v_1 - v_2)t + L + \mathrm{d}L]} \qquad (6.2\text{-}38)$$

由于 $\frac{1}{x_7} > 1$，因此得出：

结论 12：路段长度比通过下游交叉口的时间对路段通行能力的影响更大。

(8) 由以上分析可得结论，对路段容量的影响大小的排序为：

$$Q_2 < v_1 < L < t < v_2 \qquad (6.2\text{-}39)$$

结论 13：对路段通行能力影响的因素按照从大到小排序，依次为下游交叉口的通过量、路段速度、路段长度、通过下游交叉口的时间和通过下游交叉口的速度。

6.2.7 路网通行能力

路网通行能力是反映路网供给能力的指标，要定义路网交通容量，需先分析其主要影响因素，概括来讲，主要包括以下方面内容：

(1) 路网的道路条件

包括道路网络布局形式、等级结构、路网密度、交叉口的道路条件、控制方式、交叉口间距等。路网密度的提高意味着道路网的空间资源增大,所以在一定范围内提高道路网密度,路网容量会提高。但随着道路网密度的继续增大,与投入的大量建设资金相比,路网上车辆运行的效益指标并非一定会出现十分明显的提高。

(2) 路网的交通条件

交通条件主要包括路段上的车种构成、交叉口的直行、左右转弯交通量比例以及大型车混入率等。我国城市道路交通具有极强的混合交通特性。在同样的道路网络条件下,不同的交通流构成对应着不同的交通容量;影响交通出行者时空消耗的主要因素是出行方式和出行距离。在相同的出行距离下,每个出行者时空消耗的大小主要取决于出行者所选用的交通方式。

(3) 交通需求特性

这里主要指的是 OD 交通量的分布形态。根据网络极大流理论,道路网所能容纳的最大流量(路网容量)与交通流起、终点的分布状况(交通需求)有直接关系,当路网与交通需求相互匹配时,路网容量达到最大。因此,交通需求分布特性是影响城市道路网容量的重要因素。

(4) 交通个体的路径选择行为

由于每一个出行者在出行过程中获得的交通信息不同、对出行费用的承受能力不同、出行习惯不同及对同一路径的行程时间认识不同等,都会导致交通个体的路径选择行为是一种随机、模糊的行为。由此行为产生的交通路径选择行为必然也是一种随机分布。对同一路网,如果交通分布形态与路网结构匹配合理,则路网的实际容量就会接近路网的理想通行能力;反之,则会降低路网通行能力。

交通系统是一个庞大而繁杂的系统,但是其稳定性主要是由该系统中的基础设施的供给能力与交通需求之间的关系以及该系统的可靠性所决定的。交通系统的稳定主要会受到两个方面的影响。第一是受交通系统的容量与交通需求之间的关系的影响。如果交通系统的供给能力大于交通需求,那么由于交通系统是一个"容纳能力"很强的系统,所以如果需求分布合理,系统就会一直处于畅通状态。否则,在该系统内也只可能发生局部的扰动,而不会发生全局的瘫痪。但反之,如果交通系统的供给能力小于交通需求,那么需求分布无论如何调整,总会有一部分交通需求无法满足,而且这部分需求始终会引起交通系统某一部分的拥堵,即系统总处于不稳定的状态。再有,当交通系统的供给与需求平衡时,如果需求分布合理,系统是出于稳定的一种边缘状态,稍有扰动系统就会发生问题,但如果这个扰动不出现,系统就会一直平衡下去。鉴于此,交通系统的供给与需求之间的关系是影响交通系统的稳定的首要因素。考虑路网容量的实际影响因素,并在参考路段通行能力定义的前提下,可以对路网容量进行定义。

定义:路网基本通行能力。即在路网能够稳定运行条件下,交通个体遵循出行费用最少,路网按照与土地使用、客货交通源和集散点的分布相匹配的布局模式建设,在单位时间内所能服务的最大标准车辆数。

定义:路网可能通行能力,即以路网基本通行能力为基础,对与上述假设条件不符的道路、交通、交通个体选择原则、路网布局匹配程度、路网拓扑结构等进行修正,所得结果为符合实际路网条件的通行能力值。

设路段的长度为 L_i,通行能力为 Q_i,共有 n 条路段,路网通行能力为 Q_w,则其可用下式计算：

$$Q_w = \frac{\sum_{i=1}^{n} L_i Q_i}{\sum_{i=1}^{n} L_i} \qquad (6.2\text{-}40)$$

6.3 道路交通流分类

行驶在道路上的车辆，按长度可分为小、中、大和超长车，按车辆自动化水平可分为有人驾驶车和自动驾驶车。车辆构成了交通流，交通流按形态可分为间断流与连续流，或分为自由流、干扰流与跟踪流；按构成可分为客流、货流与客货混合交通流；按车辆间的信息交互和控制可分为非联网车辆和联网车辆。组合起来，道路交通流可以分为以下三类：

(1) 非车联网交通流

交通流中的车辆由有人驾驶车或非联网自动驾驶车构成。车流中车辆全部为有人驾驶车和部分为有人驾驶车部分为非联网自动驾驶车，是非车联网交通流的两种主要形态。车辆全部为有人驾驶车的非车联网交通流，其通行能力的研究成果很多；而部分为有人驾驶车部分为非联网自动驾驶车的非车联网交通流，由于自动驾驶车与有人驾驶车在障碍识别和操作反应上的巨大差异，使得交通流的特征与车辆全部为有人驾驶车的非车联网交通流会有很大差异。

(2) 非车联网/车联网交通流

交通流的车辆由有人驾驶车和自动驾驶车所构成。理论上有人驾驶车也可以实现车联网，但当自动驾驶车问世以后，这种可能性在现实中不会出现，该类交通流中的车辆，有人驾驶车为非车联网，自动驾驶车可能部分为车联网车辆，部分为非车联网车辆。正如 ETC 联网一样，从人工收费到全省联网，再到全国联网，在这个过程中，车辆安装 ETC 终端有个过程，有些车辆先装，有些车辆后装，即使实现全国 ETC，人工收费仍不可或缺，因为 ETC 设备可能会发生故障。车联网发展的过程将与 ETC 有相似之处。目前，车联网交通流仍处于实验阶段，未来可能部分路段的部分车道作为车联网车辆的专用道路，专用于联网车道的交通流与非车联网车辆的交通流可按车联网交通流和非车联网交通流分别识别、推演与决策。此处所指的非车联网/车联网交通流系指不划分车联网车道的情况。

(3) 车联网交通流

车联网交通流的车辆全部由自动驾驶车辆所构成，车辆全部为自动驾驶车辆，可以是车联网，也可以是非车联网，形成车联网交通流，亦即实现车路协同，其驾驶行为表现为正常行驶时，车辆自主识别道路上的障碍物，决定跟车行驶、加速行驶、减速行驶、制动或变换车道；当道路上的其他车辆将会对本车产生影响时，由路测设备或云端下发控制指令，本车按控制指令执行驾驶操作，或路测设备/云端下发决策参考信息，本车决定驾驶操作。

6.4 信息交互模式

非车联网环境下的车辆运行规划，是基于驾驶员对环境的判别来进行决策的，是非对称交通信息下的交通流问题，具有传递性；而车联网环境下的交通信息依然是车联网系统的核心，但车辆运行机理发生了质的变化,由独立决策,或具有时延性的相互影响决策,变为对称信息的无时延性的相互决策,任一辆车的决策行为,其他车辆都同时悉知,并随时改变自己的驾驶行为,是对称信息下的交通流问题。本节选取交通环境为车联网,考虑单个车辆的信息交互和交通流的信息交互两种模式。

将车辆本身作为研究对象,车联网环境下的交通信息交互,以车内网、车际网和车载移动互联网为基础,分为两大通信网络,分别是车内通信网络和车外通信网络。车内通信网主要由控制器局域网(CAN 网络)和局域互联网络(LIN 网络)组成,实现电器间控制信号及状态信息在整车网络上的传递,实现车载电器的控制、状态监控以及故障诊断等功能。车外通信网络通过无线通信技术把车载终端与外部网络连接起来,实现车车之间、车辆和固定基站之间的联系。如图 6.4-1 所示为单个车辆的信息交互过程图。

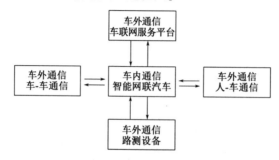

图 6.4-1　单个车辆信息交互过程

将车队作为研究对象,这个小型交通流中车与车之间实现通信的方式有车-车(V2V)通信、车-云端-车(V2N2V)通信两种信息交互模式。车-云端-车(V2N2V)交互模式中,车载终端是核心,云平台是应用的交通大脑,云端只接收或发送所管辖范围内的所有车辆信息,车载终端不接收其他车辆的信息,而是通过接收云端发送的信息来实现车与车之间的通信,从而实现车队中车辆间的通信协作。如图 6.4-2、图 6.4-3 所示,当第一辆车发生异常情况时,此车辆将异常信息发送到云端,云端通过对数据信息进行计算处理,发布信息到所有车辆,此时完成车辆间的通信协作。而车-车(V2V)模式中,每辆车都接收车队中其他车辆的信息,也可发送信息给其他车辆,任意移动中的车辆通过车载终端,利用专用短程通信(DSRC)或蜂窝通信建立信号连接,提供直接的一端到另一端的无线通信,但这种模式不支持车辆协作运行。当第一辆车发生紧急情况时,此车将信息打包群发给车队中其他的车辆,其他车辆接收到信息的同时完成车与车之间的通信。

图 6.4-2　V2N 信息交互过程　　　　　图 6.4-3　V2N2V 信息交互过程

6.5 交通流制动反应时间

制动反应时间作为车辆性能和车辆信息化与网络化的重要参数之一,是得到合理通行能力的关键。本节在信息交互模式的基础上分析单个车辆的制动反应时间和交通流的平均制动反应时间。

6.5.1 车辆制动反应时间的构成

如图 6.5-1 所示为车辆制动过程。由图可见,无论是有人驾驶车还是自动驾驶车,车辆的制动反应时间都可以看作由以下三部分构成:

(1) 车辆操作者的反应时间

图中 AB 段为车辆操作者的反应时间,有人驾驶车的驾驶员反应时间又可分为两部分,即意识到要制动的时间和移动右脚开始踩制动踏板的时间。这段时间一般为 0.4~1.0s,在 1.5s 内都算正常,当超过 2s 算不正常。

(2) 制动力滞后时间

图中 BF 段为制动力滞后时间。车辆收到需要紧急制动指令后直接动作,制动踏板力迅速增加,在 D 点时达到最大值。但是由于制动系中有一定残余压力,且制动蹄片是由回拉弹簧拉着的,制动蹄片与制动鼓间存在着间隙,所以要经过 t_{t2}'(至 C 点)后,地面制动力才会起作用,使汽车产生减速度,这段时间称为车辆的制动力滞后时间。这段时间和车辆类型以及压力装置有关。当车辆为液压制动时,其长为 0.15~0.20s,最大不超过 0.30s;当制动为气压时,其长为 0.30~0.50s,最大不超过 0.80s,中型车辆≤0.50s,大型车辆≤0.60s,拖挂车辆≤0.80s。

(3) 制动力作用时间

图中 F 点以后的时间为制动作用时间。

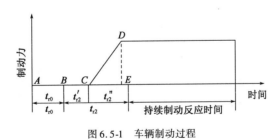

图 6.5-1 车辆制动过程

6.5.2 非车联网交通流制动反应时间

非车联网交通流具有和全部是有人驾驶车辆构成的交通流相似的特性,车辆制动反应时间具有传递性。不同之处在于有人驾驶车和自动驾驶车操作者的反应时间不同,驾驶员的反应时间远大于自动驾驶车的车载终端的反应时间,可定义如下:

定义:非车联网有人驾驶与自动驾驶构成的交通流,平均制动反应时间是指在检测时间内通过检测断面所有车辆皆制动时,车辆操作者的反应时间和车辆制动力起作用所需时间之和的平均值。

根据定义,其平均制动反应时间表达式如下:

$$\bar{t}_{r\text{非}} = \frac{1}{n}\sum_{i=1}^{n}(t_{r1i} + t_{r2i}) \qquad (6.5\text{-}1)$$

式中,$\bar{t}_{r\text{非}}$ 为非车联网交通流平均制动反应时间(s);t_{r1i} 为第 i 辆车车辆操作者的反应时间(s);t_{r2i} 为第 i 辆车制动力起作用所需时间(s);n 为检测时间内通过的车辆数。

由于交通流由有人驾驶和自动驾驶车所构成,而两类车的操作者反应时间相差较大,故交通流可看作由有人驾驶和自动驾驶(其测试值符号见表 6.5-1)两个母体所构成,为了简化分析,设两个母体的样本数皆为 n,根据数理统计知识,有:

$$t_{r\text{人}1i} = \bar{t}_{r\text{人}1} \pm \frac{t_\alpha \sigma_{\text{人}1}}{\sqrt{n}} \qquad (6.5\text{-}2)$$

$$t_{r\text{人}2i} = \bar{t}_{r\text{人}2} \pm \frac{t_\alpha \sigma_{\text{人}2}}{\sqrt{n}} \qquad (6.5\text{-}3)$$

$$t_{r\text{自}1i} = \bar{t}_{r\text{自}1} \pm \frac{t_\alpha \sigma_{\text{自}1}}{\sqrt{n}} \qquad (6.5\text{-}4)$$

$$t_{r\text{自}2i} = \bar{t}_{r\text{自}2} \pm \frac{t_\alpha \sigma_{\text{自}2}}{\sqrt{n}} \qquad (6.5\text{-}5)$$

根据定义有:

$$\bar{t}_{r\text{非}} = \frac{1}{n_1+n_2}\left\{\sum_{i=1}^{n_1}\left[\bar{t}_{r\text{人}1} + \bar{t}_{r\text{人}2} \pm \frac{t_\alpha(\sigma_{\text{人}1}+\sigma_{\text{人}2})}{\sqrt{n}}\right] + \sum_{i=1}^{n_2}\left[\bar{t}_{r\text{自}1} + \bar{t}_{r\text{自}2} \pm \frac{t_\alpha(\sigma_{\text{自}1}+\sigma_{\text{自}2})}{\sqrt{n}}\right]\right\}$$

$$= \frac{1}{n_1+n_2}\left[n_1\left(\bar{t}_{r\text{人}1} + \bar{t}_{r\text{人}2} \pm \frac{t_\alpha(\sigma_{\text{人}1}+\sigma_{\text{人}2})}{\sqrt{n}}\right) + n_2\left(\bar{t}_{r\text{自}1} + \bar{t}_{r\text{自}2} \pm \frac{t_\alpha(\sigma_{\text{自}1}+\sigma_{\text{自}2})}{\sqrt{n}}\right)\right]$$

$$= \frac{1}{n_1+n_2}\left[n_1(\bar{t}_{r\text{人}1}+\bar{t}_{r\text{人}2}) + n_2(\bar{t}_{r\text{自}1}+\bar{t}_{r\text{自}2}) \pm \frac{n_1 t_\alpha(\sigma_{\text{人}1}+\sigma_{\text{人}2}) + n_2 t_\alpha(\sigma_{\text{自}1}+\sigma_{\text{自}2})}{\sqrt{n}}\right]$$

非车联网交通流制动反应时间符号表 表 6.5-1

类型	平均制动反应时间	平均制动反应时间均方差	操作者平均制动反应时间(s)	操作者平均制动反应时间均方差	制动力起作用平均制动反应时间(s)	制动力起作用平均制动反应时间均方差
有人驾驶	$\bar{t}_{r\text{人}}$	$\sigma_{\text{人}}$	$\bar{t}_{r\text{人}1}$	$\sigma_{\text{人}1}$	$\bar{t}_{r\text{人}2}$	$\sigma_{\text{人}2}$
自动驾驶	$\bar{t}_{r\text{自}0}$	$\sigma_{\text{自}}$	$\bar{t}_{r\text{自}1}$	$\sigma_{\text{自}1}$	$\bar{t}_{r\text{自}2}$	$\sigma_{\text{自}2}$

当 $n\to\infty$ 时有:

$$\bar{t}_{r\text{非}} = \frac{1}{n_1+n_2}[n_1(\bar{t}_{r\text{人}1}+\bar{t}_{r\text{人}2}) + n_2(\bar{t}_{r\text{自}1}+\bar{t}_{r\text{自}2})]$$

即,

$$\bar{t}_{r\text{非}} = \frac{n_1 \bar{t}_{r\text{人}} + n_2 \bar{t}_{r\text{自}}}{n_1 + n_2} \qquad (6.5\text{-}6)$$

若假定 $\bar{t}_{r\text{自}2} = \bar{t}_{r\text{人}2}$,则有:

$$\bar{t}_{r\text{非}} = \frac{n_1 \bar{t}_{r\text{人}1} + n_2 \bar{t}_{r\text{自}1}}{n_1 + n_2} + \bar{t}_{r\text{人}2}$$

或者：

$$\bar{t}_{r\text{非}} = \frac{n_1 \bar{t}_{r\text{人}} + n_2 (\bar{t}_{r\text{自}1} + \bar{t}_{r\text{人}2})}{n_1 + n_2} \tag{6.5-7}$$

同理可推得：

$$\sigma = \frac{n_1 \sigma_\text{人} + n_2 \sigma_\text{自}}{n_1 + n_2} \tag{6.5-8}$$

若假定 $\sigma_{\text{人}2} = \sigma_{\text{自}2}$，可推出：

$$\sigma = \frac{n_1 \sigma_\text{人} + n_2 (\sigma_\text{自}1 + \sigma_{\text{人}2})}{n_1 + n_2} \tag{6.5-9}$$

以 p_1 表示有人驾驶非车联网车辆的比例，p_2 表示自动驾驶非车联网车辆的比例，则非车联网交通流的平均制动反应时间为：

$$\bar{t}_{r\text{非}} = p_1 \bar{t}_{r\text{人}} + p_2 \bar{t}_{r\text{自}} \tag{6.5-10}$$

6.5.3 车联网交通流平均制动反应时间

可将车辆的制动反应时间分为两部分组成。第一部分是车辆与云端的信息交互的时间 t_{r0}，这段时间取决于网络的通信速度；第二部分是车辆制动器的反应时间，这段时间称为车辆的制动力反应时间 t_{r2}，取决于车辆的制动性能。若以 t_r 表示车辆的制动反应时间，则有：

$$t_r = t_{r0} + t_{r2} \tag{6.5-11}$$

车联网交通流与非车联网交通流区别在于，运行中每辆车的交通行为都会由控制平台接收并下发给车队中其他相关车辆，相关车辆根据收到的信息，计算其影响，决定本身车辆的操作行为。

对于车流来讲，若某一辆车在 T_0 时刻发生异常并紧急制动，则其他车辆会在 $T_0 + t_{r0}$ 时刻收到该车紧急制动的信息。设交通流中异常车之后共有 n 辆车，则第 i 辆车开始制动的时刻 T_i 为：

$$T_i = t_{r0} + \sum_{i=1}^{n} t_{ri2} \tag{6.5-12}$$

n 辆车的制动反应时间平均值为：

$$\bar{t}_r = \frac{t_{r0} + \sum_{i=1}^{n} t_{ri2}}{n} \tag{6.5-13}$$

若交通流中车辆制动力起作用的平均时间为 $\bar{t}_{r2}$，则：

$$\bar{t}_r = \frac{t_{r0}}{n} + \bar{t}_{r2} \tag{6.5-14}$$

由上式可见，车联网交通流平均制动反应时间，是指在检测时间内通过的所有车辆皆紧急制动时所有车辆制动力起作用所需时间累计值与一辆车操作者的反应时间之和的平均值。

因为 t_{r0} 需要的时间为毫秒级，故当 n 足够大时，$\bar{t}_r = \bar{t}_{r2}$。

由此可见，车联网交通流的制动反应时间平均值约等于车辆制动的作用时间值，由于是车联网,故驾驶员的反应时间基本可忽略不计,交通的时间消耗大大减少,这些是车联网能够提高通行能力的原理。

6.5.4 非车联网/车联网交通流制动反应时间

以 p_1、p_2、p_3 分别表示有人驾驶、自动驾驶非车联网、自动驾驶车联网车辆在交通流中所占的比例,则非车联网/车联网中交通流的车辆平均制动反应时间 $\bar{t}_{r部}$(s)为:

$$\bar{t}_{r部} = p_1 \bar{t}_{r人} + p_2 \bar{t}_{r自} + p_3 \bar{t}_r \tag{6.5-15}$$

式中,$\bar{t}_{r人}$ 为非车联网有人驾驶车辆的平均制动反应时间;$\bar{t}_{r自}$ 为非车联网自动驾驶车辆的平均制动反应时间;$\bar{t}_r$ 为车联网自动驾驶车辆的平均制动反应时间。

当自动驾驶车与有人驾驶车的车辆制动力起作用时间相等,即 $\bar{t}_{r人2} = \bar{t}_{r自2}$ 时,非车联网中交通流的车辆平均制动反应时间 $\bar{t}_{r部}$(s)又可表示为:

$$\bar{t}_{r部} = p_1 \bar{t}_{r人} + p_2(\bar{t}_{r自1} + \bar{t}_{r人2}) + p_3 \left(\frac{\bar{t}_{r0}}{n} + \bar{t}_{r2}\right) \tag{6.5-16}$$

6.6 计 算 方 法

交通流理论的流量-密度-速度三者之间的关系,能在一定程度上反映交通流的发展规律,但模型不包含反映车辆长度、车辆制动性能、操作者反应时间、道路空间利用(车辆间净距)、交通信息化水平(联网)以及交通出行风险,而这些参数又是通行能力大小的主要影响因素。鉴此,本节阐述包含这些影响因素的通行能力计算模型。

根据数理统计知识,有:

$$t_{ri} = \bar{t}_r \pm \frac{\eta\sigma}{\sqrt{m}} \tag{6.6-1}$$

式中,η 为置信水平系数;m 为车辆制动反应时间测试样本数;σ 为车辆制动反应时间均方差。

将 t_{ri} 代入式(5.6-13)中,有:

$$Q = \frac{1 - K(\bar{l} + \bar{l}_0)}{\bar{t}_r \pm \frac{\eta\sigma}{\sqrt{m}}} \tag{6.6-2}$$

为了方便计算,假设车辆制动反应时间抽样值服从正态分布,$N(\alpha, \sigma)$,取 $m = 25$($m \geqslant 25$ 后,η 变化不大),经回归,置信水平 α 与置信系数关系如下:

$$\eta = 0.518\ln\alpha + 0.4592 \quad (R^2 = 0.9941) \tag{6.6-3}$$

将上式代入式(6.6-2),有:

$$Q = \frac{1 - K(\bar{l} + \bar{l}_0)}{\bar{t}_r \pm 0.2\sigma(0.518\ln\alpha + 0.4592)} \tag{6.6-4}$$

当 $\bar{l}_0 = 0$ 时,通行能力最大值 q_{co} 为:

$$Q_{co} = \frac{1 - K\bar{l}}{\bar{t}_r \pm 0.2\sigma(0.518\ln\alpha + 0.4592)} \tag{6.6-5}$$

若 $\sum v_i^2 - \sum v_{i-1}^2 \neq 0$，上式可写作：

$$Q = \frac{\delta[1 - K(\bar{l} + \bar{l}_0)]}{\bar{t}_r \pm 0.2\sigma(0.518\ln\alpha + 0.4592)} \quad (6.6\text{-}6)$$

上式中，δ 反映了道路条件的影响，α 反映了可接受的交通风险，K、$\bar{l}_0$ 反映了道路交通流的拥挤程度，$\bar{l}_0$ 同时反映了交通流的安全性，$\bar{t}_r$ 反映了车辆制动性能和信息交互时对交通流的影响，可以更全面地刻画车辆长度、车辆制动性能、车辆操作者、车联网水平相互作用的机理，由其计算通行能力，不再是唯一值，而是一个范围，从规划与设计角度出发，则按下式确定道路交通流的通行能力 Q_d：

$$Q_d = \frac{\delta[1 - K(\bar{l} + \bar{l}_0)]}{\bar{t}_r \pm 0.2\sigma(0.518\ln\alpha + 0.4592)} \quad (\delta \leq 1) \quad (6.6\text{-}7)$$

以 Q_b 表示基本通行能力，即：

$$Q_b = \frac{\delta[1 - K(\bar{l} + \bar{l}_0)]}{\bar{t}_r - 0.2\sigma(0.518\ln\alpha + 0.4592)} \quad (6.6\text{-}8)$$

当 $\bar{l}_0 = 0$ 时，基本通行能力，达到最大值，以 Q_{bm} 表示，即：

$$Q_{bm} = \frac{\delta(1 - K\bar{l})}{\bar{t}_r - 0.2\sigma(0.518\ln\alpha + 0.4592)} \quad (6.6\text{-}9)$$

可能通行能力 Q_c，可按下式计算：

$$Q_c = \frac{\bar{t}_r \delta[1 - K(\bar{l} + \bar{l}_0)]}{[\bar{t}_r + 0.2\sigma(0.518\ln\alpha + 0.4592)][\bar{t}_r - 0.2\sigma(0.518\ln\alpha + 0.4592)]} \quad (6.6\text{-}10)$$

或者，

$$Q_c = \frac{1 - K(\bar{l} + \bar{l}_0)}{\bar{t}_r + 0.2\sigma(0.518\ln\alpha + 0.4592)} \quad (6.6\text{-}11)$$

式(6.6-9)中的参数与通行能力的关系如下：
(1) $\bar{t}_r$ 反映了操作者、车辆性能和车联网水平对通行能力的影响；
(2) α 反映了容许风险对通行能力的影响；
(3) δ 反映了道路线形、路面摩擦系数和气候（冰、雪、雨）对通行能力的综合影响，可以通过模拟试验或实测来确定。

6.7 通行能力的基本特征

6.7.1 极值特性

由式(5.6-12)可知：

结论14：道路最大通行能力与交通流速度成正比，与车辆反应时间、空余间距及车长成反比，当空余间距 $\bar{l}_0 = 0$ 时，道路交通流在速度为 v_s 的通行能力达到最大值。

以 Q_{cv} 代表速度为 v_s 时的通行能力，由式(5.6-12)可得：

$$Q_{cv} = \frac{1}{\bar{t}_r + \frac{\bar{l}}{v_s}} \tag{6.7-1}$$

式(5.6-12)对 v 求导：

$$\frac{dQ}{dv} = \frac{1}{(v\bar{t}_r)^2 + 2v \cdot t_r(\bar{l}_0 + \bar{l}) + (\bar{l}_0 + \bar{l})^2} \tag{6.7-2}$$

上式恒大于1，故无极值，即：

结论15：道路交通流通行能力没有最佳速度。

6.7.2 流量、密度微分特性

式(5.6-12)对 Q、K、$\bar{l}_0$ 求微分并整理可得：

$$\bar{l}_0 + \bar{l} = -\left(\bar{t}_r \frac{dQ}{dK} + \frac{d\bar{l}_0}{dK}\right)$$

车流达到最大通行能力时，$\frac{d\bar{l}_0}{dK} = 0$，故有：

$$\frac{dQ}{dK} = -\frac{\bar{l}_0 + \bar{l}}{\bar{t}_r} \tag{6.7-3}$$

由于达到通行能力时，$\bar{l}_0 = 0$，故有：

$$\frac{dQ}{dK} = -\frac{\bar{l}}{\bar{t}_r} \tag{6.7-4}$$

自动控制理论传递函数去求解方法之一是根据微分方程求解，该公式可用于交通自动控制系统传递函数。

6.7.3 有界性

由式(6.7-1)可见，通行能力小于 $\frac{1}{\bar{t}_r}$，故：

结论16：道路通行能力有界。

6.7.4 敏感性

五参数模型 Q 受四种因素影响，可设 $Q = f(x_1, x_2, x_i, \cdots, x_n)$，其中 n 表示参数的个数。构造函数：

$$y_i = \frac{f(x_1, x_2, x_i + dx_i, \cdots, x_n) - f(x_1, x_2, x_i, \cdots, x_n)}{f(x_1, x_2, x_i + dx_j, \cdots, x_n) - f(x_1, x_2, x_i, \cdots, x_n)} \tag{6.7-5}$$

函数可简化为：

$$y = \frac{\partial Q/\partial x_i}{\partial Q/\partial x_j} \tag{6.7-6}$$

$|y|$ 的结果可分为三类：

(1) $|y| = 1$，x_i 和 x_j 对 Q 的影响相同。

(2) $|y|<1$，x_j 比 x_i 对 Q 的影响更大，更敏感。

(3) $|y|>1$，x_i 比 x_j 对 Q 的影响更大，更敏感。

为了描述新建各个参数对交通量的影响，按照上述方法，利用循环比分别从交通量角度和速度角度对五参数模型做敏感性分析，分析结果如表 6.7-1 所示。

五参数模型敏感性分析 表 6.7-1

备注	交通量角度考虑	速度角度考虑
不论是从交通量角度考虑，还是从速度角度考虑，$\bar{l}$ 和 $\bar{l}_0$ 与 $\bar{t}_r$、K、v_s、Q 的敏感性方向相同	$\bar{l}$ 与 $\bar{l}_0$ 的敏感性相同	$\bar{l}$ 与 $\bar{l}_0$ 的敏感性相同
	$\bar{t}_r$ 比 $\bar{l}$ 更敏感	$\bar{t}_r$ 比 $\bar{l}$ 更敏感
	$\bar{l}$ 比 v_s 更敏感	$\bar{l}$ 比 Q 更敏感
	$\bar{l}$ 比 K 更敏感	$\bar{l}$ 比 K 更敏感
	$\bar{t}_r$ 比 $\bar{l}_0$ 更敏感	$\bar{t}_r$ 比 $\bar{l}_0$ 更敏感
	$\bar{l}_0$ 比 v_s 更敏感	$\bar{l}_0$ 比 Q 更敏感
	$\bar{l}_0$ 比 K 更敏感	$\bar{l}_0$ 比 K 更敏感
不论是从交通量角度考虑，还是从速度角度考虑，$\bar{t}_r$ 与 K、$\bar{t}_r$ 与 v_s、K 与 v_s、K 与 Q 的敏感性方向相同	$\bar{t}_r$ 比 K 更敏感	$\bar{t}_r$ 比 K 更敏感
	$\bar{t}_r$ 比 v_s 更敏感	$\bar{t}_r$ 比 Q 更敏感
	K 比 v_s 更敏感	K 比 Q 更敏感

由上表可知，当以交通量为角度考虑时其余参数的敏感性比较为：

$$\bar{t}_r > \bar{l} = \bar{l}_0 > K > v_s \tag{6.7-7}$$

结论 17：道路通行能力的影响参数，按照从大到小依次排序为：交通流平均制动反应时间、车辆安全间距（或车辆长度）、交通流的密度和速度。

当以速度为角度考虑时，其余参数的敏感性比较为：

$$\bar{t}_r > \bar{l} = \bar{l}_0 > K > Q \tag{6.7-8}$$

结论 18：道路交通流速度的影响参数，按照从大到小依次排序为：交通流平均制动反应时间、车辆安全间距（或车辆长度）、交通流的密度和交通量。

通过参数敏感性分析，我们可以得出，不论是从交通量角度考虑还是从速度角度考虑，与其他参数相比，交通流的制动反应时间参数的变化对交通的影响是最大的。

6.8 应 用

本章虽然阐述通行能力的计算方法，但本章的内容不仅可以用来计算通行能力，也可以用来进行交通状态识别、运行状态评价和交通规划等方面。下面仅对不同联网水平的交通流的通行能力进行分析。

6.8.1 非车联网交通流

非车联网车辆包括有人驾驶车和自动驾驶车。以 p_1 代表有人驾驶车在交通流中所占的比例，p_2 代表自动驾驶车在交通流中所占的比例，$\bar{t}_{r人}(s)$、$\bar{t}_{r自}(s)$ 分别为有人驾驶车和自动驾驶车的平均制动反应时间，则非车联网中交通流的车辆平均制动反应时间 $\bar{t}_{r非}(s)$ 为：

$$\bar{t}_{r\text{非}} = p_1 \bar{t}_{r\text{人}} + p_2 \bar{t}_{r\text{自}} \tag{6.8-1}$$

对于有人驾驶车辆,车辆的制动反应时间由驾驶员的反应时间 $t_{r\text{人}1}$(s)和车辆制动力作用时间 $t_{r\text{人}2}$(s)两部分构成,二者之和即有人驾驶车辆的制动反应时间 $\bar{t}_{r\text{人}}$(s)。对于自动驾驶车辆,车辆的制动反应时间与有人驾驶车辆略有区别,这种区别表现在,车辆的制动力作用时间,即 t_{r2}(s)的范围是相同的,但 t_{r1}(s)不同,自动驾驶车辆没有身体反应时间 $t_{r\text{自}1}''$,即 $t_{r\text{自}1}'' = 0$,虽然没有意识反应时间,但自动驾驶车辆需要对危险进行感知和决策,这也需要时间,只不过其需要的时间 $t_{r\text{自}1}'$ 是毫秒级,远小于人的意识反应时间,故自动驾驶车的制动反应时间小于有人驾驶车的制动反应时间。当自动驾驶车与有人驾驶车的车辆制动力起作用时间相等时,非车联网中交通流的车辆平均制动反应时间 $\bar{t}_{r\text{非}}$(s)又可表示为:

$$\bar{t}_{r\text{非}} = p_1 \bar{t}_{r\text{人}} + p_2 (\bar{t}_{r\text{人}2} + \bar{t}_{r\text{自}1}) \tag{6.8-2}$$

其中,

$$\bar{t}_{r\text{人}} = \bar{t}_{r\text{人}1} + \bar{t}_{r\text{人}2} \tag{6.8-3}$$

$$\bar{t}_{r\text{人}2} = \bar{t}_{r\text{自}2} \tag{6.8-4}$$

$$\bar{t}_{r\text{自}1} = t_{r\text{自}1}' + t_{r\text{自}1}'' \tag{6.8-5}$$

式中,$\bar{t}_{r\text{人}1}$ 为有人驾驶车辆操作者的反应时间;$\bar{t}_{r\text{人}2}$ 为有人驾驶车辆制动力作用所需时间;$\bar{t}_{r\text{自}1}$ 为自动驾驶车辆操作者的反应时间;$\bar{t}_{r\text{自}2}$ 为自动驾驶车辆制动力作用所需时间;$t_{r\text{自}1}'$ 为自动驾驶车辆感知决策所需时间。

取 $\bar{t}_{r\text{人}2} = \bar{t}_{r\text{自}2} = 0.55\text{s}, \bar{t}_{r\text{人}1} = 0.6\text{s}, \bar{t}_{r\text{自}1} = 0.1\text{s}$,计算不同自动驾驶车比例下交通流的平均制动反应时间,其关系结果如图 6.8-1 所示。

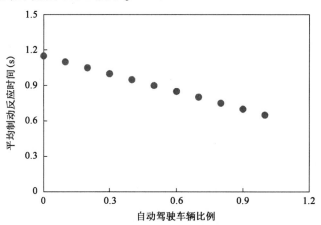

图 6.8-1 自动驾驶车比例与平均制动反应时间的关系图

由图可以看出,非车联网中交通流平均制动反应时间随着自动驾驶车辆比例的增加而降低。依据式(6.8-2)可得非车联网车队交通流流量-平均制动反应时间模型为:

$$Q = \frac{1}{p_1 \bar{t}_{r\text{人}} + p_2 (\bar{t}_{r\text{人}2} + \bar{t}_{r\text{自}1}) + \frac{\bar{l}_0 + \bar{l}}{v_s}} \tag{6.8-6}$$

依据式(6.8-6),计算不同自动驾驶车辆比例典型车速下的非车联网交通流流量与交通流平均制动反应时间的关系,获得非车联网交通流流量-平均制动反应时间曲线(图 6.8-2),

从而可以分析车联网交通流通行能力。

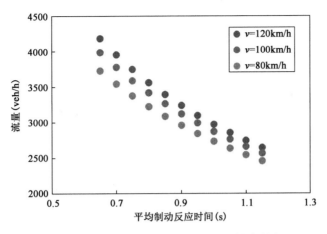

图 6.8-2　交通流流量-平均制动反应时间的关系图

由图 6.8-2 可以看出,非车联网环境下,交通流流量与车辆的平均制动反应时间成反比,而与车辆速度成正比,随着自动驾驶车辆比例的增加,平均制动反应时间随之降低,而通行能力逐渐得到提升。当速度为 120km/h,通行能力最大可提升 1.903 倍;当速度为 100km/h,通行能力最大可提升 1.901 倍;当速度为 80km/h,通行能力最大可提升 1.865 倍。

表 6.8-1、表 6.8-2 给出不同置信水平时小车的最大通行能力和最小通行能力,表 6.8-3 给出小车通行能力计算值与标准值比较表。其中,C_+ 为小车的最大通行能力计算值,C_- 为小车的最小通行能力计算值,C 为反应时间为平均值时的通行能力,$C_{标}$ 为现行标准规定的通行能力,α 为置信水平,其他车型的计算值和比较值见表 6.8-4 ~ 表 6.8-12,表 6.8-13 给出非车联网通行能力试验值(安全间距为 3m),表 6.8-14 给出非车联网车辆换算系数试验值。

小车不同置信水平的最小通行能力 (veh/h)　　表 6.8-1

α	制动时间 (s)	车长+净距 (m)	速度(km/h)						
			120	100	80	60	40	30	20
0.01	1.4742132	9	2064	2002	1916	1787	1576	1409	1163
0.02	1.461072	9	2080	2017	1929	1799	1585	1417	1168
0.03	1.4533848	9	2089	2025	1937	1806	1591	1421	1171
0.04	1.4479307	9	2096	2032	1943	1811	1594	1424	1173
0.05	1.4437002	9	2101	2037	1947	1815	1597	1426	1175
0.06	1.4402436	9	2105	2041	1951	1818	1600	1428	1176
0.07	1.4373211	9	2109	2044	1954	1821	1602	1430	1178
0.08	1.4347895	9	2112	2047	1957	1823	1604	1432	1178
0.09	1.4325565	9	2114	2049	1959	1825	1605	1433	1179
0.1	1.430559	9	2117	2052	1961	1827	1607	1434	1180
0.11	1.428752	9	2119	2054	1963	1829	1608	1435	1181
0.12	1.4271024	9	2121	2056	1965	1830	1609	1436	1181

续上表

α	制动时间(s)	车长+净距(m)	速度(km/h)						
			120	100	80	60	40	30	20
0.13	1.4255849	9	2123	2058	1967	1832	1610	1437	1182
0.14	1.4241799	9	2125	2059	1968	1833	1611	1438	1183
0.15	1.4228718	9	2127	2061	1970	1834	1612	1438	1183
0.16	1.4216483	9	2128	2062	1971	1835	1613	1439	1184
0.17	1.4204989	9	2130	2064	1972	1836	1614	1440	1184
0.18	1.4194152	9	2131	2065	1973	1837	1615	1440	1184
0.19	1.4183902	9	2132	2066	1974	1838	1616	1441	1185
0.2	1.4174177	9	2133	2067	1975	1839	1616	1441	1185

小车不同置信水平的最大通行能力(veh/h)　　　　表 6.8-2

α	制动时间(s)	车长+净距(m)	速度(km/h)						
			120	100	80	60	40	30	20
0.01	1.2637868	9	2347	2267	2157	1996	1736	1536	1248
0.02	1.276928	9	2327	2249	2140	1981	1725	1527	1243
0.03	1.2846152	9	2316	2238	2131	1973	1719	1522	1239
0.04	1.2900693	9	2308	2230	2124	1967	1714	1519	1237
0.05	1.2942998	9	2301	2225	2119	1963	1711	1516	1235
0.06	1.2977564	9	2296	2220	2114	1959	1708	1514	1234
0.07	1.3006789	9	2292	2216	2111	1956	1706	1512	1233
0.08	1.3032105	9	2288	2212	2107	1953	1704	1511	1232
0.09	1.3054435	9	2285	2209	2105	1951	1702	1509	1231
0.1	1.307441	9	2282	2207	2102	1949	1700	1508	1230
0.11	1.309248	9	2280	2204	2100	1947	1699	1507	1229
0.12	1.3108976	9	2277	2202	2098	1945	1697	1506	1228
0.13	1.3124151	9	2275	2200	2096	1943	1696	1505	1228
0.14	1.3138201	9	2273	2198	2094	1942	1695	1504	1227
0.15	1.3151282	9	2271	2196	2093	1941	1694	1503	1227
0.16	1.3163517	9	2269	2195	2091	1939	1693	1502	1226
0.17	1.3175011	9	2268	2193	2090	1938	1692	1502	1226
0.18	1.3185848	9	2266	2192	2089	1937	1691	1501	1225
0.19	1.3196098	9	2265	2190	2087	1936	1690	1500	1225
0.2	1.3205823	9	2263	2189	2086	1935	1690	1500	1224

第6章 基于容许风险的道路交通流通行能力

小车通行能力计算值与标准值比较表(veh/h)　　　表 6.8-3

速度(km/h)	120	100	80	60	40	30	20
C	2196	2126	2029	1886	1652	1470	1204
C_+	2263	2189	2086	1935	1690	1500	1224
C_-	2133	2067	1975	1839	1616	1441	1185
$C_{标}$	2200	2100	2000	1600	—	—	—
$C/C_{标}$	−0	0.01	0.01	0.18	—	—	—
$C_+/C_{标}$	0.03	0.04	0.04	0.21	—	—	—
$C_-/C_{标}$	−0	−0	−0	0.15	—	—	—
$(C_+ - C_-)/C_-$	0.06	0.06	0.06	0.05	0.05	0.04	0.03
$(C_+ + C_-)/2$	2198	2128	2031	1887	1653	1471	1205

中车不同置信水平的最小通行能力(veh/h)　　　表 6.8-4

α	制动时间(s)	车长+净距(m)	速度(km/h)						
			120	100	80	60	40	30	20
0.01	1.4742132	15	1871	1787	1675	1516	1275	1100	862.4
0.02	1.461072	15	1884	1799	1685	1525	1281	1104	865.2
0.03	1.4533848	15	1891	1806	1691	1530	1284	1107	866.8
0.04	1.4479307	15	1897	1811	1696	1533	1287	1108	867.9
0.05	1.4437002	15	1901	1815	1699	1536	1289	1110	868.8
0.06	1.4402436	15	1905	1818	1702	1538	1290	1111	869.5
0.07	1.4373211	15	1907	1821	1704	1540	1292	1112	870.1
0.08	1.4347895	15	1910	1823	1706	1542	1293	1113	870.7
0.09	1.4325565	15	1912	1825	1708	1543	1294	1114	871.1
0.1	1.430559	15	1914	1827	1710	1545	1295	1114	871.6
0.11	1.428752	15	1916	1829	1711	1546	1296	1115	871.9
0.12	1.4271024	15	1918	1830	1713	1547	1296	1116	872.3
0.13	1.4255849	15	1919	1832	1714	1548	1297	1116	872.6
0.14	1.4241799	15	1921	1833	1715	1549	1298	1117	872.9
0.15	1.4228718	15	1922	1834	1716	1550	1298	1117	873.2
0.16	1.4216483	15	1923	1835	1717	1551	1299	1117	873.4
0.17	1.4204989	15	1925	1836	1718	1551	1299	1118	873.7
0.18	1.4194152	15	1926	1837	1719	1552	1300	1118	873.9
0.19	1.4183902	15	1927	1838	1720	1553	1300	1119	874.1
0.2	1.4174177	15	1928	1839	1720	1553	1301	1119	874.3

中车不同置信水平的最大通行能力（veh/h）　　　　表 6.8-5

α	制动时间（s）	车长+净距（m）	速度（km/h）						
			120	100	80	60	40	30	20
0.01	1.2637868	15	2101	1996	1857	1664	1377	1175	908.2
0.02	1.276928	15	2085	1981	1844	1654	1370	1170	905.2
0.03	1.2846152	15	2075	1973	1837	1648	1366	1167	903.5
0.04	1.2900693	15	2069	1967	1832	1644	1364	1165	902.2
0.05	1.2942998	15	2064	1963	1828	1641	1361	1163	901.3
0.06	1.2977564	15	2060	1959	1825	1638	1360	1162	900.5
0.07	1.3006789	15	2056	1956	1822	1636	1358	1161	899.8
0.08	1.3032105	15	2053	1953	1820	1634	1357	1160	899.3
0.09	1.3054435	15	2051	1951	1818	1632	1356	1159	898.8
0.1	1.307441	15	2048	1949	1816	1631	1355	1159	898.3
0.11	1.309248	15	2046	1947	1814	1630	1354	1158	897.9
0.12	1.3108976	15	2044	1945	1813	1628	1353	1157	897.6
0.13	1.3124151	15	2043	1943	1811	1627	1352	1157	897.2
0.14	1.3138201	15	2041	1942	1810	1626	1351	1156	896.9
0.15	1.3151282	15	2040	1941	1809	1625	1351	1156	896.6
0.16	1.3163517	15	2038	1939	1808	1624	1350	1155	896.3
0.17	1.3175011	15	2037	1938	1807	1623	1350	1155	896.1
0.18	1.3185848	15	2036	1937	1806	1623	1349	1154	895.8
0.19	1.3196098	15	2034	1936	1805	1622	1349	1154	895.6
0.2	1.3205823	15	2033	1935	1804	1621	1348	1154	895.4

中车通行能力计算值与标准值比较表（veh/h）　　　　表 6.8-6

速度（km/h）	120	100	80	60	40	30	20
C	1979	1886	1761	1587	1324	1136	885
C_+	2033	1935	1804	1621	1348	1154	895
C_-	1928	1839	1720	1553	1301	1119	874
$(C_+ + C_-)/2$	1981	1887	1762	1587	1324	1136	885
$(C_+ - C_-)/C_-$	0.055	0.05	0.05	0.04	0.04	0.03	0.02

大车不同置信水平的最小通行能力（veh/h）　　　　表 6.8-7

α	制动时间（s）	车长+净距（m）	速度（km/h）						
			120	100	80	60	40	30	20
0.01	1.474213221	16.7	1823	1735	1617	1454	1209	1035	804
0.02	1.461071982	16.7	1835	1746	1627	1462	1215	1039	806
0.03	1.45338485	16.7	1842	1752	1633	1466	1218	1041	807

续上表

α	制动时间（s）	车长+净距（m）	速度（km/h）						
			120	100	80	60	40	30	20
0.04	1.447930743	16.7	1847	1757	1637	1469	1220	1043	808
0.05	1.443700209	16.7	1851	1760	1640	1472	1222	1044	809
0.06	1.440243611	16.7	1854	1763	1643	1474	1223	1045	810
0.07	1.437321099	16.7	1857	1766	1645	1476	1224	1046	810
0.08	1.434789504	16.7	1860	1768	1647	1477	1225	1047	811
0.09	1.432556479	16.7	1862	1770	1648	1479	1226	1048	811
0.1	1.43055897	16.7	1864	1772	1650	1480	1227	1048	811
0.11	1.428752004	16.7	1866	1773	1651	1481	1228	1049	812
0.12	1.427102372	16.7	1867	1775	1652	1482	1229	1049	812
0.13	1.425584859	16.7	1869	1776	1654	1483	1229	1050	812
0.14	1.42417986	16.7	1870	1777	1655	1484	1230	1050	813
0.15	1.422871838	16.7	1871	1779	1656	1485	1230	1051	813
0.16	1.421648265	16.7	1872	1780	1657	1485	1231	1051	813
0.17	1.420498895	16.7	1874	1781	1657	1486	1231	1051	813
0.18	1.41941524	16.7	1875	1782	1658	1487	1232	1052	813
0.19	1.418390191	16.7	1876	1783	1659	1487	1232	1052	814
0.2	1.417417731	16.7	1877	1783	1660	1488	1233	1052	814

大车不同置信水平的最大通行能力（veh/h） 表6.8-8

α	制动时间（s）	车长+净距（m）	速度（km/h）						
			120	100	80	60	40	30	20
0.01	1.263786779	16.7	2040	1930	1786	1589	1301	1102	843
0.02	1.276928018	16.7	2025	1917	1775	1580	1295	1097	841
0.03	1.28461515	16.7	2016	1909	1768	1574	1291	1095	839
0.04	1.290069257	16.7	2010	1903	1763	1571	1289	1093	838
0.05	1.294299791	16.7	2005	1899	1760	1568	1287	1091	837
0.06	1.297756389	16.7	2001	1896	1757	1565	1285	1090	836
0.07	1.300678901	16.7	1998	1893	1754	1563	1284	1089	836
0.08	1.303210496	16.7	1995	1890	1752	1562	1283	1089	835
0.09	1.305443521	16.7	1993	1888	1750	1560	1282	1088	835
0.1	1.30744103	16.7	1991	1886	1748	1559	1281	1087	835
0.11	1.309247996	16.7	1989	1884	1747	1558	1280	1087	834
0.12	1.310897628	16.7	1987	1883	1746	1556	1279	1086	834
0.13	1.312415141	16.7	1985	1881	1744	1555	1279	1086	834
0.14	1.31382014	16.7	1984	1880	1743	1555	1278	1085	833

续上表

α	制动时间(s)	车长+净距(m)	速度(km/h)						
			120	100	80	60	40	30	20
0.15	1.315128162	16.7	1982	1879	1742	1554	1277	1085	833
0.16	1.316351735	16.7	1981	1877	1741	1553	1277	1084	833
0.17	1.317501105	16.7	1980	1876	1740	1552	1276	1084	833
0.18	1.31858476	16.7	1978	1875	1739	1551	1276	1083	832
0.19	1.319609809	16.7	1977	1874	1738	1551	1275	1083	832
0.2	1.320582269	16.7	1976	1873	1737	1550	1275	1083	832

大车通行能力计算值与标准值比较表(veh/h) 表6.8-9

速度(km/h)	120	100	80	60	40	30	20
C	1925.134	1827.226	1697.713	1518.347	1253.482	1067.299	822.8571
C_+	1976.304	1873.261	1737.383	1549.999	1274.976	1082.843	832.0655
C_-	1876.546	1783.399	1659.814	1487.961	1232.7	1052.195	813.8503
$(C_+ + C_-)/2$	1926.425	1828.33	1698.598	1518.98	1253.838	1067.519	822.9579
$(C_+ - C_-)/C_-$	0.05316	0.050388	0.046733	0.041693	0.034295	0.029127	0.022382

超长车不同置信水平的最小通行能力(veh/h) 表6.8-10

α	制动时间(s)	车长+净距(m)	速度(km/h)						
			120	100	80	60	40	30	20
0.01	1.474213221	21.1	1708	1612	1485	1314	1067	899	682.8
0.02	1.461071982	21.1	1719	1621	1493	1320	1071	902	684.5
0.03	1.45338485	21.1	1725	1627	1498	1324	1074	903	685.5
0.04	1.447930743	21.1	1730	1631	1502	1326	1076	905	686.2
0.05	1.443700209	21.1	1734	1634	1504	1329	1077	906	686.8
0.06	1.440243611	21.1	1736	1636	1506	1330	1078	906	687.3
0.07	1.437321099	21.1	1739	1639	1508	1332	1079	907	687.6
0.08	1.434789504	21.1	1741	1641	1510	1333	1080	908	688
0.09	1.432556479	21.1	1743	1642	1511	1334	1081	908	688.3
0.1	1.43055897	21.1	1745	1644	1513	1335	1081	909	688.5
0.11	1.428752004	21.1	1746	1645	1514	1336	1082	909	688.8
0.12	1.427102372	21.1	1747	1646	1515	1337	1082	909	689
0.13	1.425584859	21.1	1749	1647	1516	1338	1083	910	689.2
0.14	1.42417986	21.1	1750	1649	1517	1338	1083	910	689.4
0.15	1.422871838	21.1	1751	1650	1517	1339	1084	910	689.5
0.16	1.421648265	21.1	1752	1650	1518	1339	1084	911	689.7
0.17	1.420498895	21.1	1753	1651	1519	1340	1085	911	689.9
0.18	1.41941524	21.1	1754	1652	1520	1341	1085	911	690

续上表

α	制动时间(s)	车长+净距(m)	速度(km/h)						
			120	100	80	60	40	30	20
0.19	1.418390191	21.1	1755	1653	1520	1341	1085	911	690.1
0.2	1.417417731	21.1	1756	1654	1521	1342	1086	912	690.3

超长车不同置信水平的最大通行能力(veh/h)　　表6.8-11

α	制动时间(s)	车长+净距(m)	速度(km/h)						
			120	100	80	60	40	30	20
0.01	1.263786779	21.1	1898	1779	1627	1423	1138	948	711.2
0.02	1.276928018	21.1	1885	1768	1617	1416	1134	945	709.4
0.03	1.28461515	21.1	1877	1761	1611	1411	1131	943	708.3
0.04	1.290069257	21.1	1872	1756	1607	1408	1129	942	707.5
0.05	1.294299791	21.1	1868	1753	1604	1406	1127	941	706.9
0.06	1.297756389	21.1	1865	1750	1602	1404	1126	940	706.5
0.07	1.300678901	21.1	1862	1747	1600	1403	1125	939	706.1
0.08	1.303210496	21.1	1859	1745	1598	1401	1124	939	705.7
0.09	1.305443521	21.1	1857	1743	1596	1400	1123	938	705.4
0.1	1.30744103	21.1	1855	1742	1595	1399	1123	938	705.1
0.11	1.309247996	21.1	1854	1740	1594	1398	1122	937	704.9
0.12	1.310897628	21.1	1852	1739	1593	1397	1122	937	704.7
0.13	1.312415141	21.1	1851	1737	1592	1396	1121	936	704.4
0.14	1.31382014	21.1	1849	1736	1591	1395	1121	936	704.3
0.15	1.315128162	21.1	1848	1735	1590	1395	1120	936	704.1
0.16	1.316351735	21.1	1847	1734	1589	1394	1120	935	703.9
0.17	1.317501105	21.1	1846	1733	1588	1393	1119	935	703.7
0.18	1.31858476	21.1	1845	1732	1587	1393	1119	935	703.6
0.19	1.319609809	21.1	1844	1731	1587	1392	1118	935	703.5
0.2	1.320582269	21.1	1843	1731	1586	1392	1118	934	703.3

超长车通行能力计算值与标准值比较表(veh/h)　　表6.8-12

速度(km/h)	120	100	80	60	40	30	20
C	1798	1691	1553	1366	1102	923	697
C_+	1843	1731	1586	1392	1118	934	703
C_-	1756	1654	1521	1342	1086	912	690
$(C_+ + C_-)/2$	1799	1692	1553	1367	1102	923	697
$(C_+ - C_-)/C_-$	0.05	0.047	0.043	0.037	0.03	0.03	0.02

非车联网通行能力试验值(veh/h)　　　　　　　　　　　　　　表6.8-13

速度(km/h)	120	100	80	60	40	30	20
小车	2198.38	2128.143	2030.825	1887.018	1652.95	1470.563	1204.732
中车12m	1980.513	1887.018	1762.241	1587.325	1324.436	1136.27	884.8636
中车13.7m	1926.425	1828.33	1698.598	1518.98	1253.838	1067.519	822.9579
超长车18.1m	1799.254	1692.128	1553.406	1366.685	1101.833	922.9825	696.7904

非车联网车辆换算系数试验值　　　　　　　　　　　　　　表6.8-14

速度(km/h)	120	100	80	60	40	30	20
中车12m	1.110005	1.127781	1.15241	1.188804	1.248041	1.294201	1.361489
中车13.7m	1.141171	1.163982	1.195589	1.242293	1.318312	1.377552	1.463905
超长车18.1m	1.221828	1.257673	1.307337	1.380726	1.500182	1.593272	1.728974

值得说明的是,表6.8-1~表6.8-14所采用的制动时间是24辆车的试验数据,安全间距为3.0m计算而得,而制动时间的变化范围很大,在0.55~2.30之间都算正常,美国工程师协会规定的制动反应时间为2.5s。因此,按照人的反应时间为1s,车的制动滞后时间中型车、大型车和拖挂车分别为0.5s、0.6s和0.8s,安全间距为3.0m,小车规范规定通行能力为2200veh/h(相当于反应时间为1.36s),建议的通行能力和车辆换算系数见表6.8-15和表6.8-16。

非车联网通行能力建议值(veh/h)　　　　　　　　　　　　　　表6.8-15

制动反应时间(s)	车辆长度(m)	速度(km/h)						
		120	100	80	60	40	30	20
0.55	6	4390	4119	3770	3303	2647	2209	1659
1.2	6	2449	2362	2243	2069	1791	1579	1277
1.36	6	2209	2138	2040	1895	1659	1475	1208
1.5	12	1846	1765	1655	1500	1263	1091	857.1
1.6	13.7	1713	1635	1531	1384	1160	999	781.6
1.8	18.1	1480	1406	1309	1174	973	831	643.1

非车联网车辆换算系数建议值　　　　　　　　　　　　　　表6.8-16

速度(km/h)	120	100	80	60	40	30	20
中车12m	1.196	1.211	1.232	1.263	1.313	1.352	1.409
中车13.7m	1.289	1.307	1.332	1.369	1.43	1.477	1.546
超长车18.1m	1.493	1.52	1.558	1.614	1.705	1.775	1.879

6.8.2 车联网交通

车联网车队交通流流量-平均制动反应时间模型为:

$$\begin{cases} \bar{t}_r = \dfrac{\bar{t}_{r0}}{n} + \bar{t}_{r2} \\ Q = \dfrac{1}{\bar{t}_r + \dfrac{\bar{l}+\bar{l}_0}{v}} \end{cases} \quad (6.8\text{-}7)$$

式中,$\bar{t}_{r0}$ 为车-云端信息交互的时间;$\bar{t}_{r2}$ 为自动驾驶联网车辆制动力作用所需时间;n 为自动驾驶车辆样本数。

当交通流达到通行能力时,车辆之间空余间距最小,令 $\bar{l}_0 = 0$,则设速度为 v_s(km/s)时,可得其通行能力-平均制动反应时间关系式为:

$$\begin{cases} \bar{t}_r = \dfrac{\bar{t}_{r0}}{n} + \bar{t}_{r2} \\ Q = \dfrac{1}{\bar{t}_r + \dfrac{\bar{l}}{v_s}} \end{cases} \quad (6.8\text{-}8)$$

为获得车辆样本数 n 对通行能力 Q 的影响,对式(6.8-8)求导得:

$$\dfrac{\mathrm{d}Q}{\mathrm{d}n} = \dfrac{\bar{t}_{r0}}{\left(\bar{t}_{r0} + n\bar{t}_{r2} + \dfrac{n\bar{l}}{v_s}\right)^2} \quad (6.8\text{-}9)$$

由 $\bar{t}_{r0} > 0$,$\left(\bar{t}_{r0} + n\bar{t}_{r2} + \dfrac{n\bar{l}}{v_s}\right)^2 > 0$,故式(6.8-9)恒大于0,是单调递增函数,显然通行能力随车辆样本数的增加而增加,为进一步分析量化通行能力对车辆样本数的变化率,计算得到不同车辆样本数下车联网交通流通行能力的变化率,结果如图6.8-3所示。

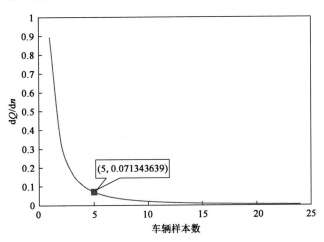

图 6.8-3 交通量对 n 的变化率

设 $\mathrm{d}Q/\mathrm{d}n \leqslant 0.0713$ 时,认为 n(即误差为24veh/h)对 Q 的影响不大,即当 $n \geqslant 5$,车辆样本数对通行能力影响不显著。对式(6.8-8)取值,取参数 $\bar{l}_0 = 2\mathrm{m}$,$\bar{l} = 5\mathrm{m}$,$\bar{t}_{r0} = 0.15\mathrm{s}$,$v_s = 120\mathrm{km/h}$,计算获得车联网不同样本数制动力反应时间-交通流流量曲线,如图6.8-4所示。

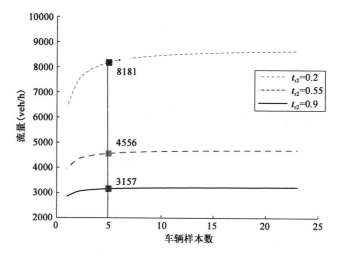

图 6.8-4 不同样本数制动力反应时间-流量关系图

由图可以得出：

结论 19：车联网车队，随着联网车辆数值 n 的增加，交通流通行能力不断增加，样本数 $n=5$ 是通行能力变化率的拐点，当样本数 $n>5$ 时，交通流通行能力难以得到有效提升，最大提升幅度在 94veh/h 以内；当样本数 $n \leqslant 5$ 时，交通流通行能力将大幅度提升，最大可提升到 994veh/h；随着车辆制动力反应时间的减少，车联网交通流通行能力逐步得到提升。

6.8.3 非车联网/车联网交通

非车联网/车联网交通流计算交通量的表达式为：

$$Q = \frac{1}{p_1 \bar{t}_{r人} + p_2(\bar{t}_{r自1} + \bar{t}_{r人2}) + p_3\left(\dfrac{\bar{t}_{r0}}{n} + \bar{t}_{r2}\right) + \dfrac{\bar{l} + \bar{l}_0}{v}} \tag{6.8-10}$$

当交通流达到通行能力时，车辆之间空余间距最小，命 $\bar{l}_0 = 0$，则设速度为 v_s (km/s) 时，可得其通行能力-平均制动反应时间关系式为：

$$Q = \frac{1}{p_1 \bar{t}_{r人} + p_2(\bar{t}_{r自1} + \bar{t}_{r人2}) + p_3\left(\dfrac{\bar{t}_{r0}}{n} + \bar{t}_{r2}\right) + \dfrac{\bar{l}}{v_s}} \tag{6.8-11}$$

为获得车辆样本数 n 对通行能力 Q 的影响，对式(6.8-11)求导得：

$$\frac{dQ}{dn} = \frac{p_3 \bar{t}_{r0}}{\left[np_1 \bar{t}_{r人} + np_2(\bar{t}_{r自1} + \bar{t}_{r人2}) + p_3(\bar{t}_{r0} + n\bar{t}_{r2}) + \dfrac{\bar{l}}{v}\right]^2} \tag{6.8-12}$$

由于 $\bar{t}_{r0} > 0$，$\left[np_1 \bar{t}_{r人} + np_2(\bar{t}_{r自1} + \bar{t}_{r人2}) + p_3(\bar{t}_{r0} + n\bar{t}_{r2}) + \dfrac{\bar{l}}{v}\right]^2 > 0$，故式(6.8-12)恒大于 0，是单调递增函数，显然通行能力随联网车辆样本数的增加而增加。

为进一步分析量化通行能力对车辆样本数的变化率，计算得到不同车辆样本数下非车联网/车联网交通流通行能力的变化率，结果如图 6.8-5 所示。

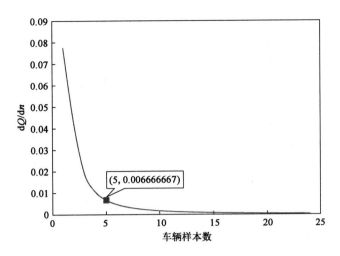

图 6.8-5 交通量对 n 的变化率

设 $\mathrm{d}Q/\mathrm{d}n \leqslant 0.0067$ 时,认为 n 对 Q 的影响不大,从而可得 $n \geqslant 5$ 时,车辆样本数对通行能力影响不显著。

可以用同样的方法分析车联网比例对通行能力的影响,也就是寻找通行能力变化率的拐点。为了简化分析,设:

$$\bar{t}_{r自2} = \bar{t}_{r2}$$

$$\bar{t}_{r人} = \bar{t}_{r自}$$

从而,非车联网/车联网交通流的交通量表达式为:

$$Q = \frac{1}{(p_1 + p_2)\bar{t}_{r人} + p_3 \left(\dfrac{\bar{t}_{r0}}{n} + \bar{t}_{r2}\right) + \dfrac{\bar{l} + \bar{l}_0}{v}} \tag{6.8-13}$$

或者,

$$Q = \frac{1}{\bar{t}_{r人} + p_3 \left(\dfrac{\bar{t}_{r0}}{n} + \bar{t}_{r2} - \bar{t}_{r人}\right) + \dfrac{\bar{l} + \bar{l}_0}{v}} \tag{6.8-14}$$

上式对 p_3 求导,有,

$$\frac{\mathrm{d}Q}{\mathrm{d}p_3} = \frac{\bar{t}_{r人} - \left(\dfrac{\bar{t}_{r0}}{n} + \bar{t}_{r2}\right)}{\left\{\bar{t}_{r人} - p_3\left[\bar{t}_{r人} - \left(\dfrac{\bar{t}_{r0}}{n} + \bar{t}_{r2}\right)\right] + \dfrac{\bar{l} + \bar{l}_0}{v}\right\}^2} \tag{6.8-15}$$

由于 $\bar{t}_{r人} - \left(\dfrac{\bar{t}_{r0}}{n} + \bar{t}_{r2}\right) > 0$,$\left\{\bar{t}_{r人} - p_3\left[\bar{t}_{r人} - \left(\dfrac{\bar{t}_{r0}}{n} + \bar{t}_{r2}\right)\right] + \dfrac{\bar{l} + \bar{l}_0}{v}\right\}^2 > 0$,故式(6.8-15)恒大于 0,是单调递增函数。

结论 20：通行能力随联网车辆比例 p_3 的增加而增加。

为进一步分析量化联网车辆比例 p_3 对通行能力的影响程度，计算不同联网车辆比例下车辆联网交通流通行能力的变化率。

设通行能力随 p_3 的变化率小于 ξ^2 时，通行能力值变化不大，可得：

$$p_3 = \frac{\xi\left(\bar{t}_{r人} + \frac{\bar{l} + \bar{l}_0}{v}\right) - \sqrt{\bar{t}_{r人} - \left(\frac{\bar{t}_{r0}}{n} + \bar{t}_{r2}\right)}}{\xi\left[\bar{t}_{r人} - \left(\frac{\bar{t}_{r0}}{n} + \bar{t}_{r2}\right)\right]} \tag{6.8-16}$$

应用式(6.8-15)，参数取值为 $\bar{t}_{r人} = 1.36$，$\bar{l}_0 = 6$，$\bar{t}_{r0} = 0.4$，计算 $n \leqslant 5$ 和 $n > 5$ 两种情况下，不同车型所对应的不同 p_3 下车联网交通流通行能力的变化率。

1）第一种情况：$n \leqslant 5$

（1）假定 $\bar{t}_{r2} = 0.2$，$\bar{l} = 6$，计算 $n = 1、2、3、4、5$ 时，不同 p_3 下 dQ/dp_3 的变化趋势，结果如图 6.8-6 所示。

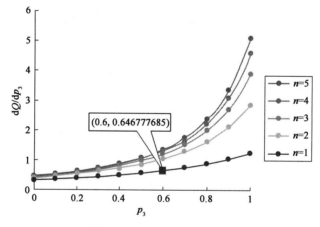

图 6.8-6　交通量对 p_3 的变化率

由图可知：当 $p_3 \leqslant 0.6$ 时，通行能力值变化不大，而当 $p_3 > 0.6$ 时，通行能力值变化显著，即 $p_3 = 0.6$ 是通行能力变化率的拐点。计算得出 $p_3 = 0.6$ 时，若 ξ^2 在不同 n 下都满足 $dQ/dp_3 \leqslant \xi^2$，此时 $\xi^2 = 0.65$。

应用式(6.8-16)，当 $n \leqslant 5$ 时：

$$p_3 = \frac{\sqrt{0.65}\left(\bar{t}_{r人} + \frac{\bar{l} + \bar{l}_0}{v}\right) - \sqrt{\bar{t}_{r人} - \left(\frac{\bar{t}_{r0}}{n} + \bar{t}_{r2}\right)}}{\sqrt{0.65}\left[\bar{t}_{r人} - \left(\frac{\bar{t}_{r0}}{n} + \bar{t}_{r2}\right)\right]} \tag{6.8-17}$$

（2）假定 $\bar{t}_{r2} = 0.5$，$\bar{l} = 12$，计算 $n = 1、2、3、4、5$ 时，不同 p_3 下 dQ/dp_3 的变化趋势，结果如图 6.8-7 所示。

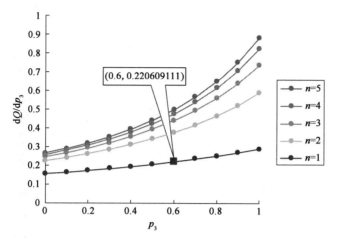

图 6.8-7 交通量对 p_3 的变化率

由图可知:当 $p_3 \leq 0.6$ 时,通行能力值变化不大,而当 $p_3 > 0.6$ 时,通行能力值变化显著,即 $p_3 = 0.6$ 是通行能力变化率的拐点。计算得出 $p_3 = 0.6$ 时,若 ξ^2 在不同 n 下都满足 $\mathrm{d}Q/\mathrm{d}p_3 \leq \xi^2$,此时 $\xi^2 = 0.22$。

应用式(6.8-16),当 $n \leq 5$ 时:

$$p_3 = \frac{\sqrt{0.22}\left(\bar{t}_{\mathrm{r}\text{人}} + \dfrac{\bar{l} + \bar{l}_0}{v}\right) - \sqrt{\bar{t}_{\mathrm{r}\text{人}} - \left(\dfrac{\bar{t}_{\mathrm{r}0}}{n} + \bar{t}_{\mathrm{r}2}\right)}}{\sqrt{0.22}\left[\bar{t}_{\mathrm{r}\text{人}} - \left(\dfrac{\bar{t}_{\mathrm{r}0}}{n} + \bar{t}_{\mathrm{r}2}\right)\right]} \tag{6.8-18}$$

(3)假定 $\bar{t}_{\mathrm{r}2} = 0.6, \bar{l} = 13.7$,计算 $n = 1、2、3、4、5$ 时,不同 p_3 下 $\mathrm{d}Q/\mathrm{d}p_3$ 的变化趋势,结果如图 6.8-8 所示。

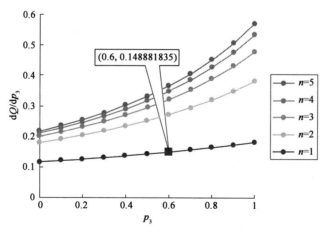

图 6.8-8 交通量对 p_3 的变化率

由图可知:当 $p_3 \leq 0.6$ 时,通行能力值变化不大,而当 $p_3 > 0.6$ 时,通行能力值变化显著,即 $p_3 = 0.6$ 是通行能力变化率的拐点。计算得出 $p_3 = 0.6$ 时,若 ξ^2 在不同 n 下都满足 $\mathrm{d}Q/\mathrm{d}p_3 \leq \xi^2$,此

时 $\xi^2 = 0.15$。

应用式(6.8-16),当 $n \leqslant 5$ 时：

$$p_3 = \frac{\sqrt{0.15}\left(\bar{t}_{r\text{人}} + \dfrac{\bar{l} + \bar{l}_0}{v}\right) - \sqrt{\bar{t}_{r\text{人}} - \left(\dfrac{\bar{t}_{r0}}{n} + \bar{t}_{r2}\right)}}{\sqrt{0.15}\left[\bar{t}_{r\text{人}} - \left(\dfrac{\bar{t}_{r0}}{n} + \bar{t}_{r2}\right)\right]} \tag{6.8-19}$$

(4)假定 $\bar{t}_{r2} = 0.8$，$\bar{l} = 18.1$，计算 $n = 1、2、3、4、5$ 时，不同 p_3 下 $\mathrm{d}Q/\mathrm{d}p_3$ 的变化趋势，结果如图 6.8-9 所示。

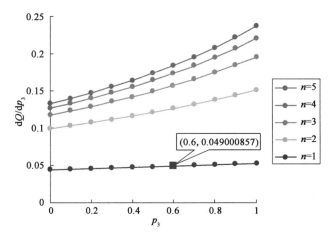

图 6.8-9 交通量对 p_3 的变化率

由图可知：当 $p_3 \leqslant 0.6$ 时，通行能力值变化不大，而当 $p_3 > 0.6$ 时，通行能力值变化显著，即 $p_3 = 0.6$ 是通行能力变化率的拐点。计算得出 $p_3 = 0.6$ 时，ξ^2 在不同 n 下都满足 $\mathrm{d}Q/\mathrm{d}p_3 \leqslant \xi^2$，此时 $\xi^2 = 0.05$。

应用式(6.8-16),当 $n \leqslant 5$ 时：

$$p_3 = \frac{\sqrt{0.05}\left(\bar{t}_{r\text{人}} + \dfrac{\bar{l} + \bar{l}_0}{v}\right) - \sqrt{\bar{t}_{r\text{人}} - \left(\dfrac{\bar{t}_{r0}}{n} + \bar{t}_{r2}\right)}}{\sqrt{0.05}\left[\bar{t}_{r\text{人}} - \left(\dfrac{\bar{t}_{r0}}{n} + \bar{t}_{r2}\right)\right]} \tag{6.8-20}$$

2)第二种情况：$n > 5$

(1)假定 $\bar{t}_{r2} = 0.2$，$\bar{l} = 6$，计算 $n = 1、2、3、4、5$ 时，不同 p_3 下 $\mathrm{d}Q/\mathrm{d}p_3$ 的变化趋势，结果如图 6.8-10 所示。

由图可知：当 $p_3 \leqslant 0.6$ 时，通行能力值变化不大，而当 $p_3 > 0.6$ 时，通行能力值变化显著，即 $p_3 = 0.6$ 是通行能力变化率的拐点。计算得出 $p_3 = 0.6$ 时，若 ξ^2 在不同 n 下都满足 $\mathrm{d}Q/\mathrm{d}p_3 \leqslant \xi^2$，此时 $\xi^2 = 1.40$。

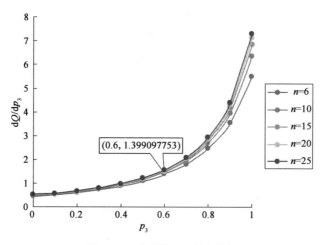

图 6.8-10　交通量对 p_3 的变化率

应用式(6.8-16)，当 $n>5$ 时：

$$p_3 = \frac{\sqrt{1.40}\left(\bar{t}_{r\text{人}} + \dfrac{\bar{l}+\bar{l}_0}{v}\right) - \sqrt{\bar{t}_{r\text{人}} - \left(\dfrac{\bar{t}_{r0}}{n} + \bar{t}_{r2}\right)}}{\sqrt{1.40}\left[\bar{t}_{r\text{人}} - \left(\dfrac{\bar{t}_{r0}}{n} + \bar{t}_{r2}\right)\right]} \quad (6.8\text{-}21)$$

(2)假定 $\bar{t}_{r2}=0.5$，$\bar{l}=12$，计算 $n=1$、2、3、4、5 时，不同 p_3 下 dQ/dp_3 的变化趋势，结果如图 6.8-11 所示。

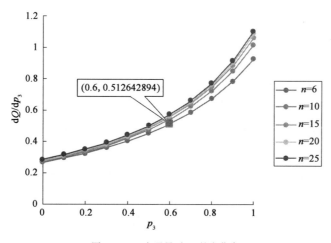

图 6.8-11　交通量对 p_3 的变化率

由图可知：当 $p_3 \leqslant 0.6$ 时，通行能力值变化不大，而当 $p_3 > 0.6$ 时，通行能力值变化显著，即 $p_3=0.6$ 是通行能力变化率的拐点。计算得出 $p_3=0.6$ 时，若 ξ^2 在不同 n 下都满足 $dQ/dp_3 \leqslant \xi^2$，此时 $\xi^2=0.51$。

131

应用式(6.8-16),当 $n>5$ 时:

$$p_3 = \frac{\sqrt{0.51}\left(\bar{t}_{r\text{人}} + \frac{\bar{l}+\bar{l}_0}{v}\right) - \sqrt{\bar{t}_{r\text{人}} - \left(\frac{\bar{t}_{r0}}{n} + \bar{t}_{r2}\right)}}{\sqrt{0.51}\left[\bar{t}_{r\text{人}} - \left(\frac{\bar{t}_{r0}}{n} + \bar{t}_{r2}\right)\right]} \qquad (6.8\text{-}22)$$

(3) 假定 $\bar{t}_{r2} = 0.6$, $\bar{l} = 13.7$, 计算 $n=1、2、3、4、5$ 时, 不同 p_3 下 $\mathrm{d}Q/\mathrm{d}p_3$ 的变化趋势, 结果如图 6.8-12 所示。

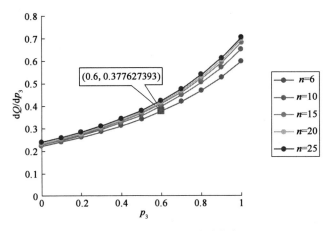

图 6.8-12 交通量对 p_3 的变化率

由图可知:当 $p_3 \leq 0.6$ 时,通行能力值变化不大,而当 $p_3 > 0.6$ 时,通行能力值变化显著,即 $p_3 = 0.6$ 是通行能力变化率的拐点。计算得出 $p_3 = 0.6$ 时,若 ξ^2 在不同 n 下都满足 $\mathrm{d}Q/\mathrm{d}p_3 \leq \xi^2$, 此时 $\xi^2 = 0.38$。

应用式(6.8-16),当 $n>5$ 时:

$$p_3 = \frac{\sqrt{0.38}\left(\bar{t}_{r\text{人}} + \frac{\bar{l}+\bar{l}_0}{v}\right) - \sqrt{\bar{t}_{r\text{人}} - \left(\frac{\bar{t}_{r0}}{n} + \bar{t}_{r2}\right)}}{\sqrt{0.38}\left[\bar{t}_{r\text{人}} - \left(\frac{\bar{t}_{r0}}{n} + \bar{t}_{r2}\right)\right]} \qquad (6.8\text{-}23)$$

(4) 假定 $\bar{t}_{r2} = 0.8$, $\bar{l} = 18.1$, 计算 $n=1、2、3、4、5$ 时, 不同 p_3 下 $\mathrm{d}Q/\mathrm{d}p_3$ 的变化趋势, 结果如图 6.8-13 所示。

由图可知:当 $p_3 \leq 0.6$ 时,通行能力值变化不大,而当 $p_3 > 0.6$ 时,通行能力值变化显著,即 $p_3 = 0.6$ 是通行能力变化率的拐点。计算得出 $p_3 = 0.6$ 时,在不同 n 下都满足 $\mathrm{d}Q/\mathrm{d}p_3 \leq \xi^2$, 此时 $\xi^2 = 0.20$。

应用式(6.8-16),当 $n>5$ 时:

$$p_3 = \frac{\sqrt{0.20}\left(\bar{t}_{r\text{人}} + \frac{\bar{l}+\bar{l}_0}{v}\right) - \sqrt{\bar{t}_{r\text{人}} - \left(\frac{\bar{t}_{r0}}{n} + \bar{t}_{r2}\right)}}{\sqrt{0.20}\left[\bar{t}_{r\text{人}} - \left(\frac{\bar{t}_{r0}}{n} + \bar{t}_{r2}\right)\right]} \qquad (6.8\text{-}24)$$

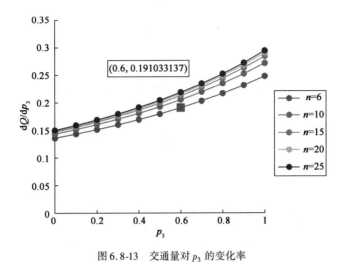

图 6.8-13　交通量对 p_3 的变化率

结论 21：在不同车型、不同联网车辆制动力作用所需时间情况下，$p_3=0.6$ 是联网车辆交通流通行能力变化率的拐点，即当联网车辆达到 60% 时，通行能力变化显著。

第7章 交通异常自动检测

7.1 概 述

2019年1月到2020年9月共21个月的时间范围内,Waymo的自动驾驶车辆共行驶了600多万mile(1mile≈1.609km),其间共发生了47起碰撞或轻微接触事故,其中18起为现实事故,另外29起则是在模拟器中发生的事故,其在公开自动驾驶项目进度的同时,也在一定程度上暴露了自动驾驶技术并不完美的问题。因此,进行风险识别、异常预警和报警是交通管控必须具备的功能。

交通异常自动检测就是对由于道路交通运行已经产生或即将产生的不利于交通正常运行的事件,根据采集的交通信息进行报警或预警,它是智能交通的重要组成部分。

交通异常可以是车辆级,也可以是车流级,前者的场景如追尾预警,后者的场景如交通拥堵预警或报警。自1968年Texas Transportation Institute开始高速公路交通异常研究以来,研究出许多异常自动检测算法,这些算法可按以下方法分类:

(1) 根据监视设备分类
①常规监视设备:算法建立在常规监视设备监视的信息基础上;
②非常规监视设备:算法建立在更复杂的监视设备监视的信息基础上。
(2) 根据检测截面分类
①单截面法:根据一个检测截面的监视信息进行异常检测;
②双截面法:根据相邻两个检测截面的监视信息进行异常检测。
(3) 根据输入数据类型分类
①宏观法:监视信息为混合信息,某一时间间隔的平均值;
②微观法:监视信息为详细的单车营运数据。
目前的交通异常检测算法主要如下:
(1) 平滑法
应用时间序列分析技术,采用交通流量、时间占有率、车速、密度及其时间与空间差作为交通参数,当任一参数超过阈值时,单指数平滑法即认为有异常发生;当预测的参数误差规范化之和超过阈值时,双指数平滑法认为有异常发生。
(2) 加利福尼亚法
加利福尼亚法是基于异常发生时上游检测截面占有率将增加,下游检测截面占有率将减少这一原理进行异常检测。在方法上属于二重决策树法。用占有率作为交通参数,当由上游与下游占有率计算的三个特征值(上游与下游占有率之差、上游与下游占有率的相对差值、下游占有率前后时间的相对差值)同时超过阈值时,即认为有异常发生,加利福尼亚法一般作为评价新算法的参考。

(3) HIOCC法（高检测器占有率法）

算法用上游占有率作为交通参数，当占有率绝对增加几秒时，即认为有异常发生。

(4) 简化的卡尔曼滤波法

算法采用累积交通流模型以解释异常期间通行能力的减少。用该模型计算干扰流量，当干扰流量超过阈值时即认为有异常发生。

简化的卡尔曼滤波法采用了两个常数滤波增益矩阵而不是一个连续可调的滤波增益矩阵，其是目前适用性最强的算法，但比较复杂，而且滤波增益矩阵的参数难以调节。

(5) 互相关法

通过计算上游与下游交通流密度时间序列的相关函数估计压缩波波速。如果估计的波速小于阈值或不能得到某一时间间隔可靠的波速估计，即认为有异常发生。

(6) 灾变法

传统的交通流理论认为，交通流量、车速与密度间的关系是连续函数。然而，实测数据却表现为在通行能力处，非阻塞状态的通行能力大于阻塞状态的通行能力。根据尖角灾难模型，可以很好地解释这一现象，在阻塞与非阻塞期间，交通流量与占有率的关系表现为连续变化，在非阻塞到阻塞状态的过渡期，车速将突然减小，由此可以进行异常检测。

以上算法代表了目前交通异常检测的主要算法。算法(2)、(3)与算法(6)可归结为模式识别法，其检测原理是通过一个或多个交通参数来区分异常状态与非异常状态；算法(1)、(4)与算法(5)可归结为统计预测法，其通过对交通参数进行短期预测并与实测值进行比较来检测由于异常引起的突然变化。这两种方法各有其特点与难点。模式识别法人为地将交通流分为阻塞与非阻塞状态，但两种状态的交通流特征值却难以准确地描述，而其又极大地影响着检测率与检测精度，为了提高检测精度，往往采用保守的阈值，从而延误了检测时间，况且，对于低交通量，该算法几乎无能为力；统计预测法通过滤波与预测，将交通流的趋势变化与随机变化相分离，算法的成功与否取决于滤波方法、预测方法及阈值的确定方法。

一个算法的优劣通过以下3个指标进行评价：

(1) 检测率：在某段时间内，检测出的异常事件数与导致通行能力下降的总异常事件数的百分比；

(2) 误报率：在某段时间内，误报的异常事件数与总异常事件数的百分比；

(3) 平均检测时间：异常事件实际发生时间与异常被检测到的时间之差的平均值。

本章主要阐述采用统计预测法进行交通异常的检测方法。

7.2 单个异常值检测

设有一时间序列 X：

$$X = \{x_1, x_2, \cdots, x_{n-1}, x_n\} \tag{7.2-1}$$

式中，$x_1, x_2, \cdots, x_{n-1}, x_n$ 是来自正态总体 $N(\mu, \sigma^2)$ 的随机样本，X_0 是 X 自小到大的顺序统计量，即：

$$X_0 = \{x(1), x(2), \cdots x(n)\} \tag{7.2-2}$$

设 $\overline{X}$ 为 x 的算数平均值，X_0 的残差序列为 V_d，均方差估计为 S，即：

$$V_d = \{V_d(1), V_d(2), \cdots V_d(n)\} \quad (7.2\text{-}3)$$

其中：

$$V_d(i) = x(i) - \overline{X} \quad (i = 1, 2, \cdots, n) \quad (7.2\text{-}4)$$

$$S = \{\sum_{i=1}^{n}[x(i) - \overline{X}]^{\frac{2}{n}}\}^{\frac{1}{2}} \quad (7.2\text{-}5)$$

7.2.1 Grubbs 统计量

Grubbs 统计量如下：

$$g_n = \text{MAX}_{1 \leq i \leq n} |x(i) - \overline{X}|/S \quad (7.2\text{-}6)$$

式中，$g(n,\alpha)$ 是 g_n 样本量为 n、显著水平为 α 时的临界值，当 $g_n > g(n,\alpha)$ 时，认为有异常发生。

7.2.2 Dixon 统计量

1953 年，Dixon 提出异常检测的 Dixon 准则，其特点是不需要计算均方差，以 R 代表统计量，其下标 n 代表 $X_{(n)}$ 的统计量，下标 1 代表 $X_{(1)}$ 的统计量，括号内的数值代表样本 n 的范围，则 Dixon 统计量如下：

$$R_n(3,7) = \frac{x(n) - x(n-1)}{x(n) - x(1)} \quad (7.2\text{-}7)$$

$$R_n(8,10) = \frac{x(n) - x(n-1)}{x(n) - x(2)} \quad (7.2\text{-}8)$$

$$R_n(11,13) = \frac{x(n) - x(n-2)}{x(n) - x(2)} \quad (7.2\text{-}9)$$

$$R_n(14,25) = \frac{x(n) - x(n-2)}{x(n) - x(3)} \quad (7.2\text{-}10)$$

$$R_1(3,7) = \frac{x(2) - x(1)}{x(n) - x(1)} \quad (7.2\text{-}11)$$

$$R_1(8,10) = \frac{x(2) - x(1)}{x(n-1) - x(1)} \quad (7.2\text{-}12)$$

$$R_1(11,13) = \frac{x(3) - x(1)}{x(n-1) - x(1)} \quad (7.2\text{-}13)$$

$$R_1(14,25) = \frac{x(3) - x(1)}{x(n-2) - x(1)} \quad (7.2\text{-}14)$$

$R(n,\alpha)$ 为 R_1 和 R_n 的临界值，当 R_1 或 R_n 大于 $R(n,\alpha)$ 时，认为有异常发生。

7.2.3 极差统计量 STR

$$\text{STR} = \frac{x(n) - x(1)}{S} \quad (7.2\text{-}15)$$

式中，$\text{STR}(n,\alpha)$ 为 STR 临界值，当 STR 大于 $\text{STR}(n,\alpha)$ 时，认为有异常发生。

7.2.4 偏态统计量 B_1

$$B_1 = \frac{\sum_{i=1}^{n}(x_i - \overline{X})^{\frac{a}{n}}}{\left[\sum_{i=1}^{n}(x_i - \overline{X})^{\frac{a}{n}}\right]^{\frac{a}{2}}} \quad (7.2\text{-}16)$$

式中,$B_1(n,\alpha)$ 为 B_1 的临界值,当 B_1 大于 $B_1(n,\alpha)$ 时,认为有异常发生。

7.2.5 峰态统计量 B_2

$$B_2 = \frac{n\sum_{i=1}^{n}(x_i - \overline{X})^4}{\left[\sum_{i=1}^{n}(x_i - \overline{X})^a\right]^2} \quad (7.2\text{-}17)$$

式中,$B_2(n,\alpha)$ 为 B_2 的临界值,当 $B_2 > B_2(n,\alpha)$ 或 $B_2 < B_2(n,\alpha)$ 时,认为 $x(n)$ 和 $x(1)$ 中离 $\overline{X}$ 最远的那个值是异常值。

以上检测方法各具特点。从检测效率的角度考虑,Grubbs 统计量最好,Dixon 统计量检验能力比 Grubbs 统计量相对低一些,但二者相差不大;极差统计量计算简便;偏态统计量与峰态统计量在当样本中多于一个异常值时比其他检测方法都要好一些。

7.3 两个和多个异常值检测

7.3.1 同时检测两个异常值

(1)检验均值右侧两个异常值的统计量

$$S_{n-1,n} = \frac{\sum_{i=1}^{n-2}[x(i) - \overline{X}_{n-1,n}]^2}{\sum_{i=1}^{n}[x(i) - \overline{X}]^2} \quad (7.3\text{-}1)$$

其中,

$$\overline{X}_{n-1,n} = \frac{\sum_{i=1}^{n-2}x(i)}{n-2} \quad (7.3\text{-}2)$$

(2)检验均值左侧两个异常值的统计量

$$S_{1,2} = \frac{\sum_{i=3}^{n}[x(i) - \overline{X}_{1,2}]^2}{\sum_{i=1}^{n}[x(i) - \overline{X}]^2} \quad (7.3\text{-}3)$$

其中,

$$\overline{x}_{1,n} = \frac{\sum_{i=3}^{n}x(i)}{n-2} \quad (7.3\text{-}4)$$

(3) 检验均值两侧各有一个异常值的统计量

$$S_{1,n} = \frac{\sum_{i=2}^{n-1}[x(i) - \bar{x}_{1,n}]^2}{\sum_{i=1}^{n}[x(i) - \bar{x}]^n} \quad (7.3\text{-}5)$$

其中,

$$x_{1,n} = \frac{\sum_{i=2}^{n-1}x(i)}{n-2} \quad (7.3\text{-}6)$$

(4) 检验一个异常值的统计量

$$S_n = \frac{\sum_{i=1}^{n-1}[x(i) - \bar{X}_n]^2}{\sum_{i=1}^{n}[x(i) - \bar{X}]^2} \quad (7.3\text{-}7)$$

其中,

$$\bar{X}_n = \frac{\sum_{i=1}^{n-1}x(i)}{n-1} \quad (7.3\text{-}8)$$

$$S_1 = \frac{\sum_{i=2}^{n}[x(i) - \bar{X}_1]^2}{\sum_{i=1}^{n}[x(i) - \bar{X}]^2} \quad (7.3\text{-}9)$$

其中,

$$\bar{X}_n = \frac{\sum_{i=2}^{n}x(i)}{n-1} \quad (7.3\text{-}10)$$

以 M 表示样本中异常值的个数,$S(n,\alpha,M)$ 为以上统计量的临界值,大于 $S(n,\alpha,M)$ 时认为有异常值发生。

7.3.2 检测多个异常值

(1) 检验均值右侧 k 个异常值的统计量

$$L_k = \frac{\sum_{i=1}^{n-k}[x(i) - \bar{X}_k]^2}{\sum_{i=1}^{n}[x(i) - \bar{X}]^2} \quad (7.3\text{-}11)$$

其中,

$$\bar{X}_k = \frac{\sum_{i=1}^{n-k}x(i)}{n-k} \quad (7.3\text{-}12)$$

(2) 检验均值左侧 k 个异常值的统计量

$$L_{k1} = \frac{\sum_{i=k+1}^{n}[x(i) - \bar{X}_{k1}]^2}{\sum_{i=1}^{n}[x(i) - \bar{X}]^2} \quad (7.3\text{-}13)$$

其中,

$$\bar{X}_{k1} = \frac{\sum_{i=k+1}^{n}x(i)}{n-k} \quad (7.3\text{-}14)$$

以 M 表示样本中异常值的个数，$L(n,\alpha,M)$ 为 L_k、L_{k1} 统计量的临界，当大于 $L(n,\alpha,M)$ 时认为有异常发生。

(3) 检验均值两侧 k 个异常值的统计量

令：
$$z_i = |v_i| \quad (i = 1,2,3\cdots,n) \tag{7.3-15}$$
$$Z = \{z_1,z_2,\cdots,z_n\} \tag{7.3-16}$$

Z_1 是 Z 自小到大的顺序统计量，则：
$$Z_1 = \{z(1),z(2),\cdots,z(n)\} \tag{7.3-17}$$

$$E_k = \frac{\sum_{i=1}^{n-k}[z(i) - \overline{Z}_k]^2}{\sum_{i=1}^{n}[z(i) - \overline{Z}]^2} \tag{7.3-18}$$

其中，
$$\overline{Z}_k = \sum_{i=1}^{n-k} \frac{z(i)}{n-k} \tag{7.3-19}$$

$$\overline{Z} = \sum_{i=1}^{n} \frac{z(i)}{n} \tag{7.3-20}$$

构造统计量 R，第 i 个样本值为 $r(i)$，其值为 $z(i)$，则：
$$R = \{r(1),r(2),\cdots,r(n)\} \tag{7.3-21}$$

$$E_{k1} = \frac{\sum_{i=1}^{n-k}[r(i) - \overline{R}_{k1}]^2}{\sum_{i=1}^{n}[x(i) - \overline{X}]^2} \tag{7.3-22}$$

其中，
$$\overline{R}_{k1} = \frac{\sum_{i=1}^{n-k} r(i)}{n-k} \tag{7.3-23}$$

以 M 表示样本中异常值的个数，$E(n,a,M)$ 为 E_k、E_{k1} 统计量的临界值，当大于 $E(n,a,M)$ 时认为有异常发生。

统计量 E_k 与 E_{k1} 相比，E_k 检验要严格一些。

(4) 应用检验单个异常值的统计量作多个异常值检测的一般方法

考虑一个观测数据集合的序列 $(I_0, I_1, \cdots, I_m)$，$I_0 = (x_1, x_2, \cdots, x_m)$，$I_{t+1} = I_t - x^{(t)}$，$|I_t| = I_t$ 中样本的容量，用下列公式定义 $x^{(t)}$：

$$\text{MAX}|x_1 - \overline{X}(I_t)| = |x^{(t)} - \overline{X}(I_t)| \quad (t = 0,1,\cdots,k-1; x_1 \in I_t) \tag{7.3-24}$$

其中，
$$\overline{X}(I_t) = \frac{\sum x_1}{|I_t|} x_1 \in I_t \tag{7.3-25}$$

令：
$$R_1 = S(I_{t-1}) \tag{7.3-26}$$

$S(I_{t-1})$ 表示检验单个异常值的统计量在样本 I_{t-1} 中的应用。

利用 $R_1, R_2, \cdots, R_m$ 的边缘分布,可以求 $\beta, \lambda_1(\beta), \cdots, \lambda_k(\beta)$,使它们满足:

$$P[R_t > \lambda_1(\beta)] = \beta \quad (i = 1, \cdots, k) \tag{7.3-27}$$

及

$$P\{\cup_{i=1}^{k}[R_i > \lambda_i(\beta)]\} = \alpha \tag{7.3-28}$$

α 是显著水平,考虑两个事件 A 和 B,有:

$$A = \{\cap_{i=1}^{k}[R_i < \lambda_i(\beta)]\} \tag{7.3-29}$$

$$B = P\{\cup_{i=1}^{k}[R_i > \lambda_i(\beta)]\} = \alpha \tag{7.3-30}$$

若 A 为真,则不存在异常事件;否则,即是 B 为真。至少有一个 I,使得 $R_i > \lambda_i(\beta)$, $i = 1, \cdots, k$。

若 B 为真,且 $1 = \underset{1<i<n}{\text{MAX}}\{i; R_i > \lambda_i(\beta)\}$,则判定 $x^{(0)}, x^{(1)}, \cdots, x^{(n-1)}$ 是异常值。

(5) 1/4 样本分位值法

定义如下统计量:

$$A_n = \frac{x(n) - \frac{1}{2}[x(n_3) + x(n_4)]}{x(n_4) - x(n_3)} \tag{7.3-31}$$

$$A_1 = \frac{\frac{1}{2}[x(n_3) + x(n_4)] - x(1)}{x(n_4) - x(n_3)} \tag{7.3-32}$$

$$\text{MRS} = \underset{i=1,\cdots,n}{\text{MAX}}\left|\frac{x_i - \frac{1}{2}[x(n_3) + x(n_4)]}{x(n_4) - x(n_3)}\right| \tag{7.3-33}$$

A_n、A_1、MRS 分别为左侧、右侧、两侧异常值监测统计量,其中:

$$n_3 = \begin{cases} \frac{1}{4}n, & \text{当}\frac{n}{4}\text{为整数} \\ \frac{1}{4}n+1, & \text{当}\frac{n}{4}\text{不为整数} \end{cases} \tag{7.3-34}$$

$$n_4 = n - n_3 + 1 \tag{7.3-35}$$

7.4 检测方法选择

(1) 用于检测多个异常值的统计量,都可用于检测只有一个异常值的情形。

(2) 由于残差之间是相关的,故用 E_k 统计量比用 E_{k1} 统计量检测结果要严格一些。

(3) 用 L_k、L_{k1}、E_k、E_{k1} 统计量进行单个异常值检测,由于 L_k、L_{k1}、E_k、E_{k1} 相互等价,而 L_k、L_{k1} 与 g_n 等价,故进行单个异常值检测,只需选择 E_k(或 E_{k1})、S_n(或 S_1)、R_n(或 R_1)、g_n、B_1、B_2 即可,其中以 E_k 检测最为严格,g_n、B_1、B_2 检测效果都比较好,但 B_1、B_2 不能定位。

(4) 当数据中存在两个以上异常值时,用 g_n 统计量可能一个异常值也检测不出来。这是因为次大值包含在 X 中,而 R_n(或 R_1)统计量由于在 $n \geq 10$ 时采用了避开次大值而考虑最大值与第三值之间关系的做法,故检测出异常值的机会要大一些。

(5) 当平均值的同侧出现两个或两个以上异常值时,会产生异常值"遮蔽"现象,这种现象大多因为在检测异常值的统计量中应用总体的参数估计和尺度参数估计,这些估计的统计量本身抵抗异常值污染的能力很差,而 $n/4$ 样本分位值法具有抵抗异常值污染能力强、计算简便的特点。

(6)鉴于数据中可能有异常值"遮蔽"现象这一特点,故只有在确信数据中只有一个异常值时才可用单个异常值检测方法,否则,应用两个或多个异常值检测方法。多个异常值检测方法中以"L_k、L_{k1}、E_k、E_{k1} 统计量""g_n 统计量""$n/4$ 样本分位值法"较好。

7.5 阈值确定

确定阈值需考虑三个方面的问题:

(1)样本量 n 的确定

由于交通状态随时间不断变化,所以,要保留所有的数据不但是不可能的,而且是不必要的,只需保留足以检测异常的样本量即可。样本量的大小取决于预测方法与异常检测方法。

(2)相对阈值

参数随机变化的临界值,取决于样本量的大小与检测方法。前述的异常检测方法是建立在采样值来自于正态分布总体 $N(\mu, \sigma^2)$ 的随机样本这一假设的基础上,故应对采样值的概率分布形式进行检验。

(3)绝对阈值

确定阻塞状态与非阻塞状态所对应的参数的临界值。

7.5.1 样本量的确定

(1)从预测方法考虑

本文主要应用灰色理论和时间序列进行预测。

由于两点为线,三点定圆,故按照灰色理论的 GM(1,1) 模型进行预测,则样本量应不小于 4,若考虑二阶 GM 模型,则样本量应不小于 6。

Samir A. Ahmaed 和 Allen R. Cook 曾采用时间序列法的 ARIMA(0,1,3)模型进行交通参数预测,考虑在我国道路上车型种类多样、车辆性能差异大、交通流复杂等特点,会采用更复杂的 ARIMA 模型预测,因而样本量应不小于 7。若考虑模型考核或者自适应滤波,则样本量应不小于 50。

综上所述,从预测方法考虑,样本量应不小于 7。

(2)从检测方法考虑

由于应当在异常发生后 3min 内将异常检测出来,故仅考虑样本中最多含有两个异常值的情形。表 7.5-1 给出上述检测方法对样本量的要求。

不同异常值检测方法样本量范围 表 7.5-1

序号	统计量	单个	两个	备注
1	Grubbs 统计量	≥3	10~20	$n>20$ 后临界值变化不大
2	Dixon 统计量	3~25	3~25	
3	离差平方和统计量	3~25	3~25	
4	极差统计量	2~20		$n>20$ 后临界值变化不大

续上表

序号	统计量		单个	两个	备注
5	偏态统计量 B_1		≥5		
6	峰态统计量 B_2		≥7	≥20	
7	统计量 L_k		≥4	≥5	
8	统计量 E_k		≥4	≥5	
9	样本分位值法	A_n、A_1	6~27	6~27	
		MAS		6~27	

由于每种检测方法各有一定的局限性,按照一种方法进行异常检测可能会产生"判有为无"或"判无为有"的错误,因此,应采用多种方法进行综合分析,对"L_k、L_{k1}、E_k、E_{k1} 统计量""g_n 统计计量""$n/4$ 样本分位值法"进行异常检测。

由表 7.5-1 可见,若不考虑用峰态统计量检测两个异常值,则样本量 n 的范围可取为 $7 \leqslant n \leqslant 20$。

根据以上讨论,可以认为样本量的范围为 $7 \leqslant n \leqslant 13$ 比较合适。

7.5.2 相对阈值

相对阈值是指所构造的检测交通参数值是否随机变化的统计量的临界值,其大小取决于残差的分布形态与所选取的显著水平的大小。

(1) 分布检验

前述异常检测方法是建立在参差服从正态分布的基础上。因此,要确定阈值,应先对残差的分布形态进行检验,当残差不服从正态分布时再进行特殊处理。

检验样本是否服从正态分布的方法很多。鉴于夏皮罗-威尔克(Shapiro-Wilk)法对样本量没有要求,小样本也能得到好效果,并且计算简便,故本书采用该方法。

夏皮罗-威尔克检验的原理是:

设 $x_1, x_2, \cdots, x_{n-1}, x_n$ 是来自正态分布总体 $N(0,1)$ 的随机样本,X_0 是 X 自小到大的顺序统计量,即:

$$X_0 = \{x_1, x_2, \cdots, x_n\} \tag{7.5-1}$$

又:

$$E[x(i)] = m(i), 1 < i < n, \mathrm{Cov}[x(i), x(j)] = v_{ij} \quad (1 < i, j < n) \tag{7.5-2}$$

如果总体服从 $N(\mu, \sigma^2)$ 分布(μ 和 σ^2 均未知),$y(1) \leqslant y(2) \cdots \leqslant y(n)$ 为它的顺序统计量,那么 $y(i) = \mu + \sigma x(i)$,于是:

$$y(i) = \mu + \sigma m(i) + \varepsilon(i) \quad (1 \leqslant i \leqslant n) \tag{7.5-3}$$

式中,$\varepsilon(i)$ 是期望为零的随机变量,在 H_0 总体服从正态分布成立的情况下,$y(i)$ 与 $m(i)$ 之间应该具有式(7.5-3)的线性关系。利用这个特点就可进行正态性检验。

具体做法为,构造统计量 W:

$$W = \frac{\{\sum_{i=1}^{\frac{n}{2}} a_{n+1-i}[y(n+1-i) - y(i)]\}^2}{\sum_{i=1}^{n}[y(i) - \bar{y}]^2} \quad (7.5\text{-}4)$$

若 $W > W(n,\alpha)$,则在显著水平 α 下,样本服从正态分布。

(2)相对阈值

当序列符合正态分布时,相对阈值等于对应检测方法的临界值(即置信系数);当序列不符合正态分布时,应对临界值进行修正。

构造统计量 U:

$$U = \frac{|V_\partial|}{\sigma} \quad (7.5\text{-}5)$$

式中,V_∂ 为残差;σ 为均方差。

设显著水平为 α,置信系数为 K,对于一些常用的已知分布,在 $\alpha = 0.06$ 和 $\alpha = 0.01$ 时的置信系数如表7.5-2所示。

置信系数表　　　　表7.5-2

分布	正态	三角	直角	椭圆	均匀	反正弦	双三角	未知分布
$\alpha=0.06$	1.96	1.89	2.02	1.76	1.64	1.410	1.3784	$3.4+C_m$
$\alpha=0.01$	2.58	2.20	2.10	1.98	1.71	1.414	1.4071	

由表7.5-2可见,正态分布置信系数最大。置信系数越大,误报率越低,但同时检测率也随之下降,会发生"判有为无"的错误。在工程上,一般采用 $\alpha = 0.06$。若误报率仍然较高,这可能因为:

①显著水平偏大;
②序列不符合正态分布,可能是置信系数大于正态分布的其他未知分布;
③预测精度不高,滤波不理想,未能较好地提取趋势项,随机项中含有较大的趋势项成分;
④选择置信系数时,没有考虑样本量的影响。

在这些原因中,对于符合正态分布的序列,原因③、④是主要的。例如,$K=2$ 约相当于 $\alpha=0.06$、样本量为8时的置信系数。然而,若样本量为7,则对应的置信系数应为1.938。

对于不符合正态分布的序列,鉴于误报率较高这一事实,则应取较大的置信系数,这等价于符合正态分布的取较小的显著水平。

综上所述,置信系数取值如下:

$$K = \begin{cases} E(n,0.05) & (\text{序列符合正态分布}) \\ [E(n,0.05), E(n,0.01)] & (\text{序列不符合正态分布}) \end{cases} \quad (7.5\text{-}6)$$

式中,$E(n,\alpha)$ 为样本量为 n、显著水平为 α 时的临界值。

7.5.3　绝对阈值

绝对阈值是区分阻塞与非阻塞状态的临界值,调查表明,非阻塞时的最大占有率约为25%,Fred L. Hall 和 Deanna Barrow 根据实测数据,回归出如下交通量与占有率之间的关系:

$$\ln(Q) = \begin{cases} 5.385 + 0.81371\ln(O_{ct}) & （晴天） \\ 5.385 + 0.7969\ln(O_{ct}) & （雨天） \end{cases} \quad (7.5\text{-}7)$$

式中，Q 为交通量 $[\text{veh}/(\text{h}\cdot\text{ln})]$；$O_{ct}$ 为占有率的百分数。

当实际交通量超过式(7.5-7)的计算值时，认为交通可能处于阻塞状态。

式(7.5-7)认为，非阻塞状态时，交通量与占有率之间的关系为指数关系，其是经验公式。该公式的缺陷为没有考虑交通组成、道路设计标准的影响，而这两个因素在我国尤其突出，表7.5-3的计算结果也表明，该公式不适合于我国的道路交通情况。因此，需探讨比较适合我国情况的交通量与占有率之间的关系式。

交通量计算表 $[\text{veh}/(\text{h}\cdot\text{ln})]$ 表7.5-3

占有率(%)	5	10	15	20	25
晴天	808	1420	1975	2496	2944
雨天	761	1322	1826	2297	2744
百分比(%)	94.18	93.10	92.46	92.03	91.05

由于交通量远离阻塞状态时，速度变化不大，当交通量接近阻塞状态时，车速下降较大，故采用德雷克等人提出的正态曲线速度-密度模型，即：

$$v = v_r e^{-\frac{1}{2}(\frac{K}{k_j})^2} \quad (7.5\text{-}8)$$

式中，K 为交通流密度(veh/m)；k_j 为阻塞密度(veh/m)；v 为速度；v_r 为自由速度(m/s)。

可以推得：

$$\ln(Q) = \ln\left(\frac{v_r}{L}\right) + \ln(O_{ct}) - \frac{1}{2}\left(\frac{O_{ct}}{O_j}\right)^2 \quad (7.5\text{-}9)$$

式中，O_j 为阻塞时的占有率；L 为车辆平均长度(m)。

若取 $L=10\text{m}$，$v_r=80\text{km/h}$，$O_j=0.40$，则求得 O_{ct} 为25%时的临界交通量为 1645veh/h。

7.6 高速公路追尾风险识别

本节用高速公路追尾风险识别说明这种异常的检测方法。

追尾可以把车流作为对象或把车辆作为对象进行分析。从流程上来讲，都离不开确定规则、模型构建和态势研判。

7.6.1 规则

是否追尾的规则，包括确定置信度、预警级别和预警的阈值。

置信度也称为可靠度或置信水平、置信系数，即在抽样对总体参数作出估计时，由于样本的随机性，其结论总是不确定的。因此，采用一种概率的陈述方法，也就是数理统计中的区间估计法，即估计值与总体参数在一定允许的误差范围以内，其相应的概率有多大，这个相应的概率称作置信度，与之相关的就是置信区间。置信区间是指在某一置信水平下，样本统计值与总体参数值间的误差范围，置信区间越大，置信水平越低。

阈值的大小和预警级别及置信度相关。要确定阈值，先需要确定参数，是采用单参数进行预警或者采用多参数进行预警,当预警不分级时,阈值为固定值,当预警分级时,阈值是一个范围,置信度的大小,对于阈值影响很大。

表7.6-1 和图7.6-1 给出车辆制动反应时间随置信度变化的表和图。图7.6-1 中纵轴为反应时间(s),横轴为置信度,由图可见,置信度越大,取值范围越小,与平均值的差值越小。

车辆制动反应时间与置信度关系表 表7.6-1

置信度	0.05	0.1	0.2	0.3	0.5	0.7	0.8
t +	2.729	2.609	2.473	2.381	2.241	2.114	2.0433
t -	0.009	0.129	0.265	0.357	0.497	0.624	0.6947

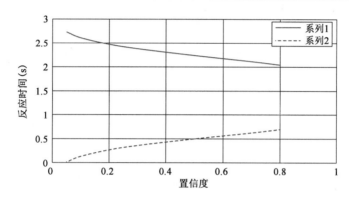

图7.6-1 车辆制动反应时间与置信度关系

7.6.2 识别方法

在道路交通流中,平均车身长度与平均空余间距之和即为车辆停车时的平均车尾间距,即 $\bar{l}+\bar{l}_0 = \dfrac{l}{k_j}$,其中,$k_j$ 为阻塞密度。则 $1-\dfrac{K}{k_j}, \bar{l}+\bar{l}_0 = \dfrac{l}{k_j}$,即交通流量 $1-Q>0$。

对于高速公路安全性而言,当车辆发现障碍到车辆停下时,平均空余间距 $\bar{l}_0 \leqslant 0$ 时,车辆必然发生尾撞,其中 $\bar{l}_0 = 0$ 是车辆追尾的极限状态。由于车辆空余间距在车辆运行过程中是一个动态值,同时利用现有交通流检测装置很难获取,因此选取 $\bar{l}_0 = 0$ 时的车辆追尾的边界条件下完成驾驶员平均反应时间的计算。

假定 $\bar{l}_0 = 0$,五参数模型建立交通量与速度的计算模型,则可用式(7.6-1)计算驾驶员的最大允许反应时间:

$$t_{\max} = \frac{1}{Q} - \frac{1}{v}\bar{l} \tag{7.6-1}$$

由式(7.6-1)可知,根据高速公路上所调查的实时交通流数据,可计算出驾驶员的最大反应时间,当 $t_{\max} < \bar{t}$ 时,行车状态较为危险;当 $t_{\max} > \bar{t}$ 时,行车状态较为安全。

上述驾驶员最大允许反应时间模型可以利用实时检测得到的交通流参数完成该评价指标的计算。以该模型作为道路交通流实时安全性的评价指标,同时制订评价标准时便以达到评价交通流安全性的目的。

假定驾驶员的反应时间服从正态分布,通过统计驾驶员的反应时间数据进行研究,根据正态分布规律可以得到,置信水平为 $1-\alpha$ 的置信区间为:

$$\left[\overline{T}-\frac{S}{\sqrt{n}}t_\alpha(n),\overline{T}+\frac{S}{\sqrt{n}}t_\alpha(n)\right] \tag{7.6-2}$$

式中，$\overline{T}$ 为驾驶员反应时间的平均值(s)；S 为驾驶员反应时间的方差；n 为路段交通流预测时间段内的车辆数。

通过上述模型计算出实时道路交通流的驾驶员平均反应时间，并以式(7.6-2)中的置信区间作为评价标准，对道路交通流的安全性进行判别。具体如表7.6-2所示。

道路交通流实时安全性分级表　　　表7.6-2

评价标准	$t_{max}<T_{\alpha-}$	$T_{\alpha-}<t_{max}<T_{\alpha+}$	$t_{max}>T_{\alpha+}$
安全程度	安全	一般	危险

注：$T_{\alpha+}=\overline{T}+\frac{S}{\sqrt{n}}t_\alpha(n)$、$T_{\alpha-}=\overline{T}-\frac{S}{\sqrt{n}}t_\alpha(n)$。

为便于对道路交通流的实时安全性进行评估，需要通过观测数据确定安全等级划分中的参数。安全评价标准中主要参数包括评价路段及时间段通过车辆数(即样本数 n)、置信水平 $1-\alpha$。样本数 n 为预测时间段内路段的来车数，包括行驶出观测路段的车辆数与预测时间段结束时路段内的车辆数。通过相关的数据采集，得出24位驾驶员的反应时间(表7.6-3)。

驾驶员反应时间表　　　表7.6-3

编号	1	2	3	4	5	6	7	8
时间(s)	1.37	1.665	1.02	1.2267	1.3117	1.3533	1.5625	1.3117
编号	9	10	11	12	13	14	15	16
时间(s)	1.3533	1.3183	1.2933	1.645	1.325	1.875	1.235	1.2575
编号	17	18	19	20	21	22	23	24
时间(s)	1.4063	1.3383	1.4075	1.2113	1.4138	1.22	1.14	1.59

根据上表中的一组驾驶员平均反应时间数据，按照正态分布的规律对其进行处理，可以得到驾驶员反应时间的正态总体均值 $\overline{T}=1.369\text{s}$ 与方差 $S^2=0.183$。

7.6.3 态势识别

高速公路交通流实时安全性评价方法主要强调的是实时观测与交通流安全性预判，能够利用实时检测到的交通流参数对道路的安全性作出及时的评价并反馈给驾驶员，使得驾驶员能够及时调整驾驶状态，从而保证道路交通流的安全性。但是由于条件限制，本书采用交通仿真技术，并通过设定多组不同的仿真模型参数达到道路交通流状态的准确模拟，为开展道路交通流实时安全性评价提供基础数据。

选取重庆市武隆区高速公路部分路段作为研究对象，利用 VISSIM 仿真软件构建道路仿真模型。通过在 VISSIM 中调整驾驶行为参数确保仿真模拟更能符合道路交通流的运行状态，结合高速公路实测交通流数据，模拟出高速公路的不同交通流状态。根据仿真模拟输出的数据文件，计算出各交通流状态下的交通流量与行程车速，运用本文提出的模型计算出驾驶员平均反应时间。通过待测路段在设定时间段内车辆数即为样本数，并给出总体均值的置信水平为0.95，计算出各种状态下的道路交通流实时安全性评价标准。通过得出的评价标准对通过仿真模型得到的不同状态下的交通流进行评价分析,如表 7.6-4 所示。

道路交通流实时安全性评价　　　　　　　　表 7.6-4

编号	交通流量（veh/s）	仿真时间（s）	路段车辆数	行程车速（m/s）	车辆平均长度（m）	驾驶员最大允许反应时间(s)	安全分级	安全等级
1	0.305	300	112	25.444	6	2.443	(1.289,1.449)	安全
2	0.182	300	97	15.111	6	2.696	(1.283,1.445)	安全
3	0.257	300	78	21.417	6	3.566	(1.273,1.465)	安全
4	0.557	1800	1039	5.917	6	0.718	(1.289,1.395)	危险
5	0.567	1800	1020	8.583	6	1.066	(1.289,1.395)	危险
6	0.551	1800	992	22.972	6	1.553	(1.342,1.396)	安全

通过以上六种工况下的仿真模拟分析,交通流在观测路段处于密度大的情况下存在安全隐患。有关高速公路运营管理部门可以通过交通流检测装置以及预警设施布设,进而提高交通安全水平。

第8章 城市道路交通广域诱导

8.1 概述

交通诱导是智能交通系统的重要组成部分,其根据道路使用者提供出行起始点和终点信息规划出相应的最佳出行路径和出行方式,利用先进的通信技术将人、车、路的供需关系联系起来,通过合理配置路网中交通流量实现路网平衡负载,以求最大化地提高城市交通运营效率。

交通广域诱导则是通过推演交通流在时间和空间上的演变,预测不同诱导策略下的交通状态,实现局部时段与空间的交通组织优化,这主要涉及拥堵特征指标选取、交通拥堵识别、交通流预测和预测策略生成,本章将就这些问题进行阐述。

8.2 交通拥堵状态识别

8.2.1 交通拥堵状态判断要素

交通拥堵的判断标准并没有实现统一,主要包括以下几种:

(1)美国:《道路通行能力手册》(Highway Capacity Manual,HCM)以同道路等级的平均速度阈值作为道路服务水平的量化标准,将其分为6个等级。

(2)日本:日本道路公团对城市道路交通拥堵的量化标准是,快速车道上速度低于40km/h或行驶1km以内反复启停15min以上的交通状态视为交通拥堵,并将道路饱和度作为划分交通状态的依据。

(3)中国:公安部公布的《城市交通管理评价指标体系》中对交通拥堵定义为,车辆在无信号控制的车道受阻且排队长度在250m以上,或者在信号交叉口排队时经历3个该车道信号周期均未能顺利通行;并根据路段的平均通行速度将城市主干道的交通状态划分为畅通、轻度畅通、拥堵和严重拥堵四种状态,划分标准如表8.2-1所示。

城市拥堵划分标准　　　　　表8.2-1

拥堵状态级别	路段平均通行速度(km/h)	拥堵状态级别	路段平均通行速度(km/h)
畅通	$v \geq 30$	拥堵	$10 \leq v < 20$
轻度畅通	$20 \leq v < 30$	严重拥堵	$v < 10$

由此可见,速度、服务水平和延误是判别拥堵的主要指标,但各国指标阈值不同。究其原

因,是否拥堵属于感知问题,拥堵指标的阈值是个人对拥堵感知结果的统计值,而个人对拥堵的感知受心态、性格、经济条件等因素的影响,或者说受价值观的影响。由此来看,要更科学地反映是否拥堵以及拥堵的严重程度,应完善判断要素。

8.2.2 城市交通拥堵类型

拥堵的类型不同,其发生的内因就不同。为解决城市交通拥堵提供合理的诱导策略,管理者就需要从不同的角度入手,准确分析城市拥堵的类型。从拥堵的发生频率、发生时间和拥堵范围上区分,一般可分为常发性拥堵和偶发性拥堵、初始拥堵和后续拥堵、点拥堵和区域拥堵。

(1)常发性拥堵和偶发性拥堵

从拥堵发生频率的角度出发,拥堵异常状态分为常发性拥堵与偶发性拥堵两种类型。常发性拥堵主要是由于路段的通行能力或某区域路网容量不满足该时段的通行需求,产生交通瓶颈导致交通拥堵。通过长期的观察、分析,可以较为准确地掌握交通拥堵发生的位置和时间,如上下班通勤时刻 CBD 区域路段的拥堵现象。偶发性拥堵主要是由于发生某种特殊事件导致道路通行能力急剧下降,或者引起某路段的通行流量的增加导致的交通拥堵,如车祸、信号灯故障、部队或特殊车辆出行封闭道路等。偶发性拥堵具有随机性,无法提前预测发生的地点与时间。

常发性交通拥堵形成较为缓慢,交通三个基本参数的变化比较平缓,且拥堵发生时间具有周期性,具有可预测性;偶发性交通拥堵形成过程较为突然,在发生时间节点上,交通三个基本参数变化急骤,可预测性较低。

(2)初始拥堵和后续拥堵

从拥堵发生前后顺序的角度出发,拥堵异常状态可分为初始拥堵和后续拥堵两种类型。初始拥堵是指在路网中某个关键节点或路段首先形成的拥堵,后续拥堵是由初始拥堵造成拥堵扩散形成的多个节点或区域的拥堵。对于城市交通拥堵,初始拥堵一般发生在路网脆弱的地方,类似立交、高架出入口和事故多发路段;后续拥堵一般都是在围绕初始拥堵点的临接路段或区域路网,由下游节点排队至上游路段锁死,影响上游路段自身通行进而导致更大规模的区域拥堵。对于这种由于拥堵扩散造成前后拥堵类型的拥堵,交通管理者的首要目标就是在初始拥堵的发生之初就对其进行拥堵疏解,避免后续拥堵的产生。

(3)点拥堵和区域拥堵

从拥堵发生空间范围的角度出发,拥堵异常状态可分为点拥堵和区域拥堵两种类型。点拥堵是指拥堵仅发在一个交叉口节点或某一路段瓶颈处,区域拥堵是指路网某一区域处发生拥堵。与初始拥堵和后续拥堵类似,点拥堵一般发生在某一个节点处,区域拥堵由点拥堵的拥堵扩散造成;但与其不同之处在于,前者是描述顺序,而后者仅为描述拥堵的空间范围,比如一个点拥堵可能是由区域拥堵缩减形成,此时这个点拥堵从时间顺序上看是后续拥堵。在交通诱导方面,点拥堵的诱导目标一般为绕行成本最低,而区域拥堵的诱导目标一般为路网均衡负载。

8.2.3 城市交通拥堵特性

交通拥堵是一个成因复杂且受多重因素影响的问题，呈现出非线性关系，不同时域、不同空间的交通拥堵都可能在表现形式、危害程度、传播范围和最终结果方面存在着差异。对于分析、判断和疏解交通拥堵来说，归纳把握交通拥堵内在属性和核心特征尤为重要。对于城市交通网络上发生的拥挤，其具有独特的特性，从时间与空间两个方面出发，可将其归纳为拥堵时间特性和拥堵空间特性两个方面。

（1）时间特性

在路网空间结构确定前提下，城市交通拥堵展现出时间周期性和随机性的特点。虽然交通量是一个随机的数值，但在一个确定时空范围内是可以估计其出行需求的大致范围。对于日周期范围内的城市交通来说，主要体现工作日与节假日的时间规律上；在工作日的时候，上班与上学是城市居民出行的主要目的，稳定的出行需求让日交通量保持在一个特定的范围，但在节假日时，日出行交通量则有着明显的差异性，这种交通拥堵规律与周范围内一致，周一至周五内交通拥堵时间分布稳定一致，但与周末相比则存在较为明显的差异。此外，交通拥堵的日周期性的时间特性最为明显，按照日常统计规律，达到最高峰交通量一般在 07:00—09:00 和 16:00—20:00，这时早晚高峰时段内的车辆会不断增加，拥堵也随之迅速产生、增加和传播，给整个路网出行造成较大压力。

另一方面，拥堵时间也存在着偶发性的随机特点，受自然天气、交通事故、出行管制和施工建设等事件影响，路段内车辆发生偶然过度集聚造成交通拥堵。

（2）空间特性

城市交通拥堵具有固定性和随机性相结合的特点。一方面，在城市高架入口、隧道前变道口、立交匝道以及闹市区道路等固定区域，一般容易发生交通拥堵。且对于不同等级的城市道路，主干道由于连接不同交通区域，一般承载着最大交通负荷，相较其他道路而言，主干道交叉口最容易发生交通拥堵且拥堵空间与时间范围最广。另一方面，由于交通事故、违章行为等事件发生，拥堵空间同时间特性一样具有随机性的特点。

8.2.4 城市交通拥堵传播规律

当城市道路的交通流量大于通行能力时，路段将发生排队通行，拥堵空间如图 8.2-1 所示，按拥堵事件影响位置将路段分为四个区域，区域 B 和区域 C 位于拥堵路段，拥堵事件的发生使得区域 C 的车辆通行速度降低，密度增加；区域 A 和区域 D 位于拥堵路段上下游，由于空间位置的原因当前未受到以上两个区域未拥堵事件影响，交通通行状态正常。随着驶入流量的持续增加，车辆排队长度的增加，使得区域 B 和区域 C 截面向上游移动，区域 C 和区域 D 截面向下游移动，分别形成压缩波和扩展波；由于区域 B 的通行能力受区域 C 制约，通行速度下降；下游区域 D 由于区域 C 交通流量的减少而通行速度上升。

由上述可知，当路段的排队长度超过道路长度发生排队溢出时，容易造成上游节点锁死和区域路网死局；为防止车辆上溯引发上游拥堵，本文以排队长度作为诱导控制对象，以排队长队占路段长度百分比 ω 作为拥堵标签，将其分为"畅通 $d1$""拥挤 $d2$"和"拥堵 $d3$"三类，即式(8.2-1)。

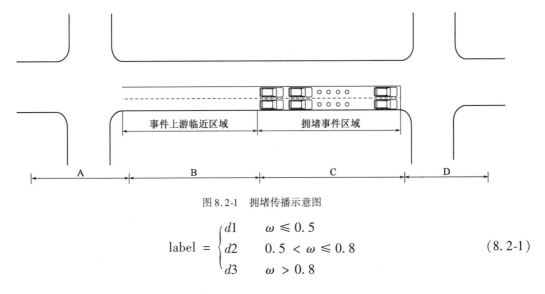

图 8.2-1 拥堵传播示意图

$$\text{label} = \begin{cases} d1 & \omega \leq 0.5 \\ d2 & 0.5 < \omega \leq 0.8 \\ d3 & \omega > 0.8 \end{cases} \quad (8.2\text{-}1)$$

8.2.5 基于有序识别的拥堵特征指标选取

多指标评估体系最为核心的工作就是拥堵特征指标的选取,这部分工作称为特征工程。特征的数量直接决定模型训练的复杂度,同时也影响模型的预测性能,因此需要平衡特征数量与模型训练的关系,选择最重要的特征用来训练,达到减少噪声和冗余的作用。

特征选取的方法有很多种,可以通过变量与变量之间的相关性、变量与标签之间的相关性进行判断,或使用有序决策等方法进行特征筛选。其中有序决策模型是一种广泛应用在归纳分类的简单有效的机器学习方法之一,它主要利用实例为基础,通过归纳学习得出一套分类方法,具有简单、快速的优点,适合海量数据挖掘使用,符合本文城市交通拥堵判断的有效性和实时性要求。本文主要采用有序决策模型对特征指标进行精准度排序和筛选,为后续的交通拥堵识别研究提供依据。

在有序分类问题中,给定决策系统 system = (U, A, D, f),其中 U 表示非空有限样本集,A 表示非空条件特征集,$A = \{x_1, x_2, x_3, \cdots, x_m\}$;$f$ 表示分类函数,$f(x_i, a_j)$ 是指对象 x_i 在属性 a_j 上的值;D 表示决策集,$D = \{d_1, d_2, d_3, \cdots, d_m\}$,其中决策集存在偏序关系 $d_1 < d_2 < d_3 < \cdots < d_m$,可用{高,中,低}等语言来表述,具有有序或者偏序的特性,故此类方法称为有序识别决策。通过该方法能够得到多个能够描述结果或标签的特征指标,且这些指标皆存在单调有序关系;某个特征指标越大,其对识别结果或者标签的解释性越强。

(1) 定义信息熵

设 U 为样本全集,B 为属性子集且 $B \subseteq A$。等价关系 R_B 可以由 U 以及在属性集 B 上的样本得出:$R_B = \{(x_i, x_j) \mid \forall a \in B, a(x_i) = a(x_j)\}$,其中 $a(x)$ 是样本 x 在属性 a 上的值。由此可以得出一组等价类 $\{x_1, x_2, x_3, \cdots, x_m\}$,即对属性集 U/R_B 样本空间进行分割,其中 x_i 是不可分割的,因为组成他们样本的属性值相等。考虑 $x_1, x_2, x_3, \cdots, x_m$ 为一组在 U 上的随机变量,x_i 上的概率 $p(x_i)$ 可以表示成 $|x_i|/|U|$,那么信息熵可以写成:

$$H(B) = -\sum_{i=1}^{n} p(x_i) \log p(x_i) \tag{8.2-2}$$

假设$[x_i]_B$表示样本x_i在属性B的等价类,那么式(8.2-2)信息熵也可表示为:

$$H_B(U) = -\frac{1}{|U|}\sum_{i=1}^{n} \log \frac{|[x_i]_B|}{|U|} \tag{8.2-3}$$

(2)定义有序信息熵

给定$\forall a \in B$ 和 $\forall x,y \in U$,如果$a(x) \leq a(y)$,那么表示x在属性B比y好,则定义这种关系为$x \geq_B y$,反之则表示为$x <_B y$。

那么此时决策集$D = \{d_1, d_2, d_3, \cdots, d_m\}$也存在偏序关系$d_1 < d_2 < d_3 < \cdots < d_m$,对于此类关系,可以定义为以下集合关系:$[x]_D^{\geq} = \{y \in U: y \geq_D x\}$,则有序信息熵表达式可为

$$RH_B^{\geq}(U) = -\frac{1}{|U|}\sum_{i}^{n} \log \frac{|[x_i]_B^{\geq}|}{|U|} \tag{8.2-6}$$

假设属性集合满足$C \subseteq B \subseteq A$关系,那就有$|[x_i]_A^{\geq}| \supseteq |[x_i]_B^{\geq}| \supseteq |[x_i]_C^{\geq}|$,同时还满足$RH_A^{\geq}(U) \leq RH_B^{\geq}(U) \leq RH_C^{\geq}(U)$。

那么属性B与决策D的前向有序互消息为

$$\text{RMI}^{\geq}(B,D) = -\frac{1}{|U|}\sum_{i=1}^{n} \log \frac{|[x_i]_B^{\geq}| \times |[x_i]_D^{\geq}|}{|U| \times |[x_i]_B^{\geq}| \cap [x_i]_D^{\geq}|} \tag{8.2-7}$$

在多标准分类问题中,前向有序互消息反映了属性与决策之间的单独解释程度;若$RMI^{\geq}(B,D)$值越高,表示属性B对决策D的反映与单独解释性越强,决策D对属性B的依赖程度越高。与互消息类似,都是表达同类样本属性之间的交叠程度与决策的一致性,但两者不同之处在于,有序集合$[x]_D^{\geq}$反映的是属性之间存在前向关系,不仅反映了属性与决策的一致性,还反映了属性对决策的单独解释程度。

同理,可以拓展到更多属性层中,设U为样本全集,属性集合满足$C \subseteq B \subseteq A$关系,可以得到$RMI^{\geq}(A,B) = RMI_A^{\geq}(U)$和$RMI^{\geq}(B,C) = RMI_B^{\geq}(U)$的关系,所以该分类方法可应用于多标准属性约简与分类中。

其求解流程如图8.2-2所示,其中X为样本数据集合,F为交通流指标集合,D为决策集合,S为包含顺序的拥堵特征指标集合。

8.2.6 基于GA-SVM的拥堵识别算法

利用支持向量机方法对交通拥堵的特征参数进行进一步筛选,确定模型最终输入参数,并利用遗传算法进行模型参数寻优。

(1)支持向量机的分类理论

支持向量机(Support Vector Machine,SVM)是一种机器学习方法,通过加入核函数的方法解决其他传统分类方法面临的非线性和维度灾难等问题,现广泛应用于解决自然语言(NLP)或样本分类等诸多识别问题。

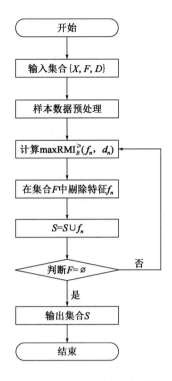

图 8.2-2　有序识别求解流程图

其中,SVM 是通过训练样本集找到一个超平面,可以将训练样本准确无误地分开。给定一组训练样本 D:

$$D = \{(x_1,y_1),\cdots,(x_i,y_i)\}, x_i \in R^n, y \in \{-1,1\} \quad (i = 1,2,\cdots,l) \quad (8.2\text{-}8)$$

分类的目的是寻找一个超平面使得这两类样本完全分开,且此类分类方法具有更好的推广能力,如图 8.2-3 所示。

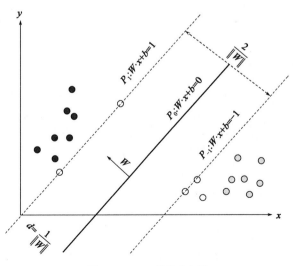

图 8.2-3　SVM 分类示意图

图 8.2-3 中浅灰色球和深灰色球表示两类样本，P_0 为分类超平面，P_1 和 P_{-1} 分别为各类样本离超平面最近的平行线，两者间隔称为分类间隔；而该分类最优问题就是寻找分类间隔最小的数学最优化问题，即：

$$\min \frac{1}{2} \|w\|^2 \tag{8.2-9}$$

使得满足：

$$y_i(wx_i + b) - 1 \geq 0 \quad (i = 1, 2, \cdots, l) \tag{8.2-10}$$

构建拉格朗日函数，利用拉格朗日方法将此寻优问题转化为对偶问题的求解问题，即：

$$\max W(\alpha) = \sum_{i=1}^{l} \alpha_i - \frac{1}{2} \sum_{i=1}^{l} \sum_{j=1}^{l} \alpha_i \alpha_j y_i y_j x_i x_j \tag{8.2-11}$$

使得满足：

$$\alpha_i y_i = 0 \quad \alpha_i \geq 0 \quad (i = 1, 2, \cdots, l) \tag{8.2-12}$$

式中，α_i 为拉格朗日乘子，这是一个等式约束和不等式约束的凸二次优化问题，存在唯一解 α^*，满足：

$$\alpha^* [y_i(wx_i + b) - 1] = 0 \tag{8.2-13}$$

$$\alpha^* = \arg\min_{\alpha} \frac{1}{2} \sum_{i=1}^{l} \sum_{j=1}^{l} \alpha_i \alpha_j y_i y_j x_i x_j - \sum_{i=1}^{l} \alpha_i \tag{8.2-14}$$

由此，可得最优分类超平面：

$$w^* = \sum_{i=1}^{l} \alpha_i y_i x_i \tag{8.2-15}$$

$$b^* = -\frac{1}{2} [w^* (x_r + x_s)] \tag{8.2-16}$$

解上述问题得到最优分类函数为：

$$f(x) = \mathrm{sgn}(wx + b) = \mathrm{sgn}[\alpha_i y_i (x_i x) + b] \tag{8.2-17}$$

绝大多数的分类并非简单线性问题，对于此类非线性的分类问题可通过升维的方法解决，即将非线性问题转化为更高维度的线性问题，而这个高维度空间称为特征空间，如图 8.2-4 所示。

设此映射过程为 ϕ，可将其拓展至 n 维空间，其映射函数为：

$$x \rightarrow \phi(x) = [x, x^2, x^3, \cdots, x^n]^\mathrm{T} \tag{8.2-18}$$

但在实际问题中，通过这样的方法将数据简单换成高维空间进行分类的话，会使得模型变得特别复杂，增加了内积等求解难度，出现"维数灾难"，一般可常用核函数进行解决此类问

题,如线性核函数、多项式核函数、径向基核函数(RBF)和Sigmod核函数;假设此类映射,其映射函数为:

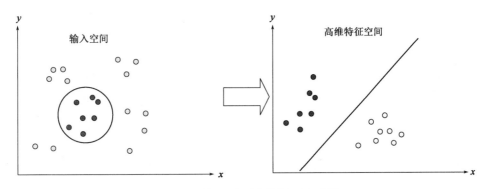

图 8.2-4　输入空间到高维特征空间映射

$$x \rightarrow \varphi(x) = [\varphi_1(x), \varphi_2(x), \cdots, \varphi_i(x), \cdots]^T \tag{8.2-19}$$

其中 $\varphi(x)$ 为核函数,在高维空间的优化超平面则为:

$$w\varphi(x) + b = 0 \tag{8.2-20}$$

对偶问题为:

$$\max W(\alpha) = \sum_{i=1}^{l} \alpha_i - \frac{1}{2} \sum_{i=1}^{l} \sum_{j=1}^{l} \alpha_i \alpha_j y_i y_j \varphi(x_i) \varphi(x_j) \tag{8.2-21}$$

因此非线性可分类支持向量机的最优化问题为:

$$\max W(\alpha) = \sum_{i=1}^{l} \alpha_i - \frac{1}{2} \sum_{i=1}^{l} \sum_{j=1}^{l} \alpha_i \alpha_j y_i y_j K(x_i, x_j) \tag{8.2-22}$$

使得满足:

$$\alpha_i y_i = 0 \quad \alpha_i \geq 0 \quad (i = 1, 2, \cdots, l) \tag{8.2-23}$$

但目前此类 SVM 只能实现二分类,为了解决多分类问题,目前采用成对分类方法(one-against-one,OGO)和一类对余类(one-against-all,OGA)解决方法。设训练集数据共 M 类,OGO 方法是每两类之间构造一个二分类支持向量机;OGA 方法则类似二叉树结构,先分一个大类,剩下 $M-1$ 类继续构造二分类支持向量机,进行递归分类。SVM 多分类如图 8.2-5 所示。

(2)模型参数优化

SVM 分类模型的准确度除了受核函数影响,还主要受惩罚系数 c 以及核宽度系数 g 两个模型参数的影响,惩罚系数 c 的取值反映了算法对超出精度 δ 的样本数据的惩罚程度,其两者具体影响见表 8.2-2。

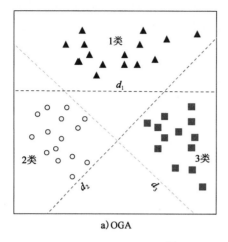 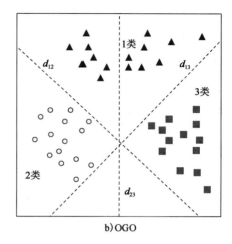

图 8.2-5　SVM 多分类示意图

c、g 取值对分类器的影响　　　　　　　　　　　　　　　表 8.2-2

SVM 参数	取值情况	影响程度
惩罚系数 c	过大	学习精度提高,预测模型对预测样本的适应能力降低
	过小	对超出精度 δ 的样本数据惩罚变小,训练误差增大
核宽度系数 g	过大	容易模型欠拟合,预测精度降低
	过小	容易拟合过于复杂,增加训练时间,同时对样本数量需求增大

仅凭实践经验或者大范围内遍历选取,模型的分类精度低或效率低;为了克服此类弊端,一般采用启发式算法对 c、g 进行寻优,主要包括遗传算法(Genetic Algorithm,GA)和粒子群算法(Particle Swarm Optimization,PSO)优化算法参数寻优,在此选用遗传算法作为参数寻优算法,操作流程如图 8.2-6 所示。

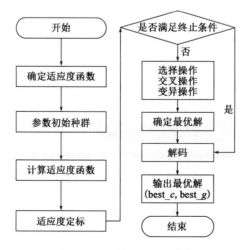

图 8.2-6　遗传算法优化流程图

考虑到分类样本不均衡问题,采用混淆矩阵中的精确率和召回率评估模型结果,TP(True Positive)表示将正类预测为正类;FN(False Negative)表示将负类预测为负类;FP(False Positive)表示将负类预测为正类;TN(True Negative)表示将正类预测为负类;Accuracy 表示分类的准确率;Recall 表示召回率;Precise 表示分类的精准度。

$$\text{Accuracy} = \frac{TP + TN}{TP + FP + TN + FN} \tag{8.2-24}$$

$$\text{Recall} = \frac{TP}{TP + FN} \tag{8.2-25}$$

$$\text{Precise} = \frac{TP}{TP + FP} \tag{8.2-26}$$

$$\text{F1 score} = \frac{2 \cdot \text{Precise}}{\text{Precise} + \text{Recall}} \tag{8.2-27}$$

在二分类转换为多分类的过程中,重点在于怎样去选取正样本,可以假设把当前计算类别单独视为"正",所有的其他类型视为"负",那么对于这个混淆矩阵就可以计算其每一个类别对应的精确率和召回率。

分类问题一般采用交叉熵作为损失函数,具体可表示为:

$$\text{Logloss} = -[y\log(p) + (1 - y)\log(1 - p)] \tag{8.2-28}$$

交叉熵损失针对多分类任务可以相应地表示为:

$$\text{Multi-Logloss} = -\frac{1}{n}\sum_{i=1}^{n}\sum_{j=1}^{m}y_{i,j}\log(p_{i,j}) \tag{8.2-29}$$

式中,y 为样本的实际标签;p 为算法预测为正标签的概率;n 为样本数量;m 为标签种类;$y_{i,j}$ 为实际结果;$p_{i,j}$ 为算法计算出的样本 i 属于类别 j 的概率。

(3)拥堵识别模型检验试验

选取重庆市某拥堵频发路段为例,以 5min 为采集间隔,采集 7d 共 2015 个样本数据,每单个样本数据包括交通流量(Flow)、地点平均车速(Speed)、平均行程时间与自由行程时间比值(TTI)、平均行驶时间(Time)和道路占有率(Occupancy)这 5 个交通流指标;拥堵标签作为决策指标。借用 Matlab 数学软件对该识别模型进行建模,首先对异常数据进行预处理,包括空值插值填充、阈值筛选异常等,最后拥堵特征指标有序决策结果如图 8.2-7 所示。

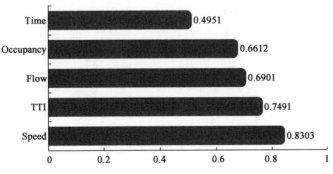

图 8.2-7 拥堵特征指标有序决策结果

图 8.2-7 中,城市交通拥堵的特征指标排序为 Speed(特征 1) > TTI(特征 2) > Flow(特征 3) > Occupancy(特征 4) > Time(特征 5),可以看出地点平均车速对拥堵识别决策影响最大,$RMI_{Speed}^{\geqslant}$ 为 0.8303,TTI 次之,所以拥堵特征有序集合 $S = \{Speed, TTI, Flow, Occupancy, Time\}$。为了确定模型最佳特征指标,即哪些特征指标能够取得最好的判断结果,下面开展交通拥堵识别指标选择实验。

选取前 4d 共 1152 个样本数据作为训练数据集,后 3d 共 864 个样本数据作为测试数据集,选用 RBF 核函数作为映射函数,c、g 参数预设置为 70 和 10。将拥堵特征有序集合 S 中特征指标顺序输入,决策指标 D 分为"畅通 $d1$""拥挤 $d2$"和"拥堵 $d3$"三类。将上述拥堵特征有序集合 S 顺序分别输入,进行单特征指标识别试验和顺序特征组合识别试验,结果如图 8.2-8 和图 8.2-9 所示。

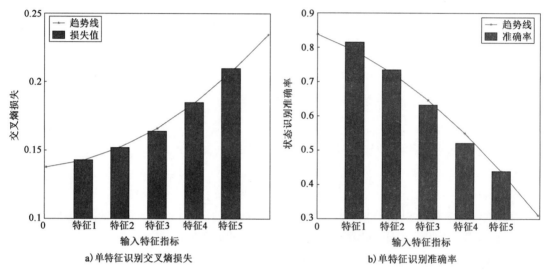

图 8.2-8 单特征指标识别结果

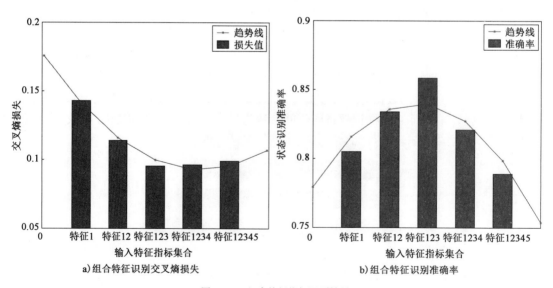

图 8.2-9 组合特征指标识别结果

结合图 8.2-8 和图 8.2-9 可知,特征指标 1(Speed)不仅对拥堵识别决策影响最大,对拥堵的分类识别精确度也最高;从趋势线可以看出,单特征的支持向量机识别精准率随着输入特征指标的前向有序互信息值的降低而下降,交叉熵的损失增大,说明前文有序识别模型是有效的。

通过图 8.2-9 中不同特征组合试验可以发现,采取单个特征作为试验 1 进行识别试验,尽管采用了与拥堵相关性最大的速度特征,模型准确率仍处于较低位,交叉熵损失较大;当输入特征数量逐步加大时,试验二、三相较于试验一模型准确率上升,交叉熵损失下降;随着特征 4、5 的加入,模型准确率开始下降。从趋势线可以看出,当组合特征 123 为输入指标时,拥堵识别处于最佳,组合特征 12345 的识别准确率反低于单特征 1 的识别准确率;结合图 8.2-8 可知,组合特征拥堵识别通常强于单特征指标的准确性和交叉熵损失,但拥堵特征的加入需要慎重,当拥堵相关性不强的指标加入后,反而会降低识别的准确性。因此确定拥堵识别模型最终输入指标为特征指标组合 123,即 Input = { Speed,TTI,Flow }。

8.3 城市道路交通拥堵状态预测

8.3.1 预测信息的输入数据预处理

交通数据在采集过程中,由于检测器和通信设备自身容易产生误差,以及复杂的环境因素影响下容易出现异常数据。为降低异常数据对预测模型输出结果的干扰,首先需要对输入模型的数据进行预处理。

本节设计了一种基于历史交通状态方差的异常值判断方法,计算该路段一周内在当前该时刻前后 40min 内但不包含当前时刻 t 的该交通流参数的方差 σ_{history},以及该路段当前时刻前后 20min 内的该交通流参数的方差 σ_{now},计算方式如下:

$$\sigma_{\text{history}} = \frac{1}{8} \sum_{\substack{i=t-4 \\ i \neq t}}^{t+4} (x_i - \overline{X}_{\text{history}})^2 \tag{8.3-1}$$

$$\sigma_{\text{now}} = \frac{1}{3} \sum_{i=t-1}^{t+1} (x_i - \overline{X}_{\text{now}})^2 \tag{8.3-2}$$

当 $\sigma_{\text{now}} > \eta \sigma_{\text{history}}$ 时,η 为阈值参数,表明当前值出现异常波动,超过了设定历史阈值,可判定为异常数据。对于本文交通流预测参数,以表 8.3-1 列出的规则进行异常数据筛选。①规则 1:仅标记参数为负值的数据为异常数据并剔除;②规则 2:该时间位点上所有参数都标记为异常数据并剔除;③规则 3:仅标记超过阈值的参数为异常数据并剔除;④规则 4:仅标记值为空值的参数为异常数据。

异常数据筛选规则 表 8.3-1

数据筛选规则	异常判断标准
规则 1	速度、流量或 TTI 为负值
规则 2	速度、流量或 TTI 中同时存在有零值和非零值
规则 3	速度、流量或 TTI 超过其阈值
规则 4	为空值

经过数据筛选后,需要对标记为异常数据的空值进行填补,其基本原理为:

$$x_i^* = x_i d_i + \hat{x}_i(1 - d_i) \tag{8.3-3}$$

式中,x_i^* 为数据修复值;x_i 为原始数据值;$\hat{x}_i$ 为数据估计值;d_i 为 1 表示数据正常;d_i 为 0 表示数据异常。根据不同数据缺失情况,从下列方法中选取对应的方法进行数据修复。

(1)基于时间相关性修复,对于具有高度时间自相关性的交通流参数,可以利用不同日期但相同时刻的历史交通数据与当前数据进行修复,计算方法如下:

$$\hat{x}_i = \frac{(x_{i-k} + x_{i-k+1} \cdots + x_{i-1}) + (x_{i+1-T} + x_{i+2-T} + \cdots + x_{i+k-T})}{2k} \tag{8.3-4}$$

(2)基于空间相关性修复,对于具有高度空间自相关性的交通流参数,可以利用同时刻的上下游交通数据进行修复,计算方法如下:

$$\hat{x}_i(j,m,n) = \zeta_0 + \zeta_1 x_i(m) + \zeta_2 x_i(n) \tag{8.3-5}$$

$$\hat{x}_i = \mathrm{median}[\hat{x}_i(j,m,n)] \tag{8.3-6}$$

(3)拟合时间序列修复:

$$\hat{x}_i = \frac{a_{i-1}x_{i-1} + a_{i-2}x_{i-2} + \cdots + a_{i-k}x_{i-k}}{k} \tag{8.3-7}$$

式中,$\hat{x}_i$ 为 i 时刻的修复数据;T 表示周期间隔,为 24h 倍数;$\hat{x}_i(j,m,n)$ 为上游位置 m 与下游位置 n 对位置 j 进行的数据修复值;k、a_i、ζ_0、ζ_1、ζ_2 为方程参数;$x_i(m)$ 和 $x_i(n)$ 为上游位置 m 与下游位置 n 在时间 i 时的检测值。

8.3.2 交通流信息预测模型

在交通流时间序列中,路段状态之间并不是毫无关联的,大量的研究已经证明了路段状态之间具有历史依赖性,也就是说,当前时刻的系统状态与前一个时间区间内的状态存在一定关联关系;不仅如此,这种状态还可能会被上一时刻影响。常见的交通流信息预测模型包括循环神经网络(Recurrent Neural Network,RNN)和长短时记忆神经网络(Long Short-Term Memory Network,LSTM)等。其利用了路段状态之间的历史依赖性,通过历史数据预测未来交通状态,在此主要阐述循环神经网络。

循环神经网络是一种擅长处理前后存在一定关联的时间序列数据的神经网络,在时间序列预测、自然语言处理等方面具有较大优势,其工作原理是基于过往的训练经验与认知产生了"记忆",并反馈至下一次训练。

RNN 网络结构繁多,在循环结构设计方面主要包括以下几种模式:

(1)每个时间步都产生一个输出,并输入到下一个隐藏单元直至循环终止,如图 8.3-1a)所示;

(2)每个时间步都有输出,且隐藏单元之间存在循环连接,如图 8.3-1b)所示;

(3)隐藏单元之间存在循环连接,但整个序列后只产生一个输出,如图 8.3-1c)所示。

第8章 城市道路交通广域诱导

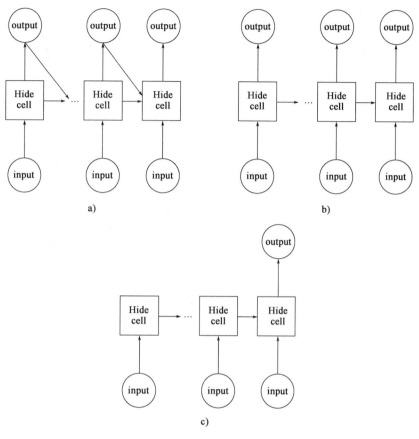

图 8.3-1 RNN 循环结构示意图

从图 8.3-1 可以看出不管 RNN 结构如何变化，它都是由输入层、隐藏层和输出层组成。为清晰描述 RNN 网络结构，以图 8.3-1b) 为例，将其隐藏层按时间层进行展开，得到图 8.3-2；其中 x_t 表示 t 时刻模型输入数据，o_t 表示 t 时刻模型输出数据；U、W 和 V 分别表示输入层、隐藏层和输出层权重，并且 RNN 共享这些参数；s_t 表示 t 时刻隐藏层输出数据，y_t 表示 t 时刻输出对应真实数据；l_t 表示 t 时刻的损失值。

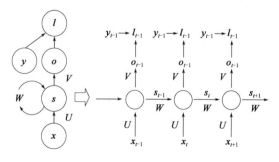

图 8.3-2 RNN 计算循环拓扑图

当网络 t 时刻收到输入 x_t 以及上一时刻隐藏层输出值 s_{t-1}，此时其输出层的输出和损失值，以及隐藏层的输出分别为：

$$o_t = g(Vs_t) \tag{8.3-8}$$

$$s_t = f(Ux_t + Ws_{t-1}) \tag{8.3-9}$$

式中,g 和 f 为激活函数,一般分别采用 tanh 和 softmax 函数,其表达式为:

$$g(i) = \text{softmax}(i) = \frac{e^i}{\sum_i e^i} \tag{8.3-10}$$

$$f(i) = \tanh(i) = \frac{e^i - e^{-i}}{e^i + e^{-i}} \tag{8.3-11}$$

从以上可以看出,循环层比全连接层多了一个权重矩阵;若将式(8.3-9)以时间步长反复带入式(8.3-8),可得到:

$$\begin{aligned}
o_t &= g(Vs_t) \\
&= Vf(Ux_t + Ws_{t-1}) \\
&= Vf[Ux_t + W_{t-1}f(Ux_{t-1} + W_{t-2}s_{t-2})] \\
&= Vf\{Ux_t + Wf[Ux_{t-1} + Wf(Ux_{t-2} + Ws_{t-3})]\} \\
&= Vf\{Ux_t + Wf[Ux_{t-1} + Wf(Ux_{t-2} + W\cdots)]\}
\end{aligned} \tag{8.3-12}$$

从式(8.3-12)可以看出,RNN 的输出值 o_t 与前面历次输入值 x_{t-1}、x_t、x_{t+1}…密切相关,此处就可以解释 RNN 网络如何对过往的训练经验与认知产生了"记忆"。

而对于每一次训练任务来说,其损失函数为 $L = \sum l_t$,即每一时刻损失值都在累加,为了降低 L 值,RNN 采用随机梯度下降的方法,本质上是对利用损失值 L 对权重 U、W 和 V 求偏导,使得 L 尽可能达到最小的过程;根据求偏导的链式法则,利用损失值 L 对权重 U、W 求偏导计算公式为:

$$\frac{\partial l_t}{\partial U_x} = \sum_{k=0}^{t} \frac{\partial l_t}{\partial o_t} \frac{\partial o_t}{\partial s_t} \left(\prod_{j=k+1}^{t} \frac{\partial s_j}{\partial s_{j-1}} \right) \frac{\partial s_k}{\partial U_x} \tag{8.3-13}$$

$$\frac{\partial l_t}{\partial W_s} = \sum_{k=0}^{t} \frac{\partial l_t}{\partial o_t} \frac{\partial o_t}{\partial s_t} \left(\prod_{j=k+1}^{t} \frac{\partial s_j}{\partial s_{j-1}} \right) \frac{\partial s_k}{\partial W_s} \tag{8.3-14}$$

因为式(8.3-9)中 f 函数为双曲正切函数 tanh,且 $\tanh'(i) = 1 - \tanh^2(i)$,所以可得

$$\prod_{j=k+1}^{t} \frac{\partial s_j}{\partial s_{j-1}} = \prod_{j=k+1}^{t} \frac{\partial \tanh(Ux_t + Ws_{t-1})}{\partial s_{j-1}} = \prod_{j=k+1}^{t} \tanh'(Ux_t + Ws_{t-1}) \times W \tag{8.3-15}$$

双曲正切函数 tanh 与其导数图如图 8.3-3 所示,可知 $\tanh' \in [0,1]$,且训练时候大部分 $\tanh'$ 都是小于 1 的,所以当时间序列 t 很大时,$\prod_{j=k+1}^{t} \tanh'W$ 就会趋近于 0;同理,当 W 很大时,使得 $\tanh'W$ 大于 1,此时 $\prod_{j=k+1}^{t} \tanh'W$ 趋近于无穷;将这种现象称为神经网络的梯度消失和梯度爆炸,这表明了 RNN 神经网络无法很好处理长序列数据。

从上文可知,传统 RNN 产生梯度消失或梯度爆炸的根本原因是包含了 $\prod_{j=k+1}^{t} \frac{\partial s_j}{\partial s_{j-1}}$ 这一项,若 $\prod_{j=k+1}^{t} \frac{\partial s_j}{\partial s_{j-1}} \approx 0$ 或 $\prod_{j=k+1}^{t} \frac{\partial s_j}{\partial s_{j-1}} \approx 1$,这样就解决了此类问题。长短时记忆神经网络(Long Short-

Term Memory Network,LSTM)在原始 RNN 隐藏层只有一个状态单元的基础上,添加另外一个单元状态 c,使其保存长期的状态,这样就克服了 RNN 对短期输入非常敏感而对长期输入无法有效兼容的问题。

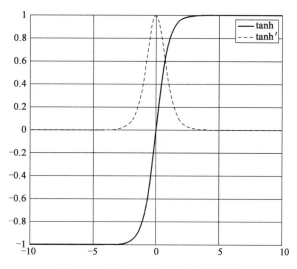

图 8.3-3 双曲正切函数 tanh 与其导数图

LSTM 通过引入门(gate)的概念实现对单元状态 c 的控制,门实际上就是一种激活函数,它的输入是一组向量,输出是一个 0 到 1 之间的实数,表示允许信息通过的比例,假设 W 为门的权重,b 为偏置项,那么门的数学表达为:

$$g(x) = \sigma(Wx + b) \tag{8.3-16}$$

所以 LSTM 主要由遗忘门、输入门和输出门和单元状态这四部分组成,通过门控控制对信息进行过滤和保存,具体结构如图 8.3-4 所示。

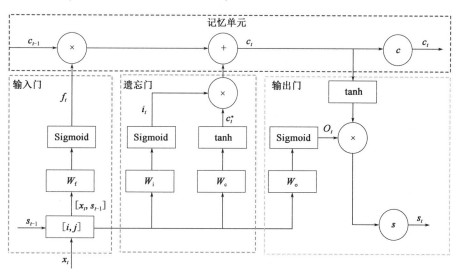

图 8.3-4 LSTM 网络结构

(1) 遗忘门

遗忘门(forget gate)决定了上一时刻的单元状态 c_{t-1} 保留了多少到当前时刻的 c_t 中,实现对以往信息的筛选;图中 s_{t-1} 为上一时刻隐藏层的输出,f_t 为遗忘门输出结果,其激活函数为 sigmoid 函数,两者计算公式如下:

$$f_t = \text{sigmoid}(W_f[s_{t-1}, x_t] + b_f) \tag{8.3-17}$$

$$\text{sigmoid}(i) = \frac{1}{1 + e^{-i}} \tag{8.3-18}$$

式中,b_f 为遗忘门偏置参数;W_f 为遗忘门输入权重,输入权重与 RNN 相似,主要包含 x_t 的权重与 S_{t-1} 的权重,带入式(8.3-17)可得:

$$f_t = \text{sigmoid}\left(\begin{bmatrix} W_s \\ U_x \end{bmatrix} \cdot [s_{t-1}, x_t] + b_f\right) \tag{8.3-19}$$

(2) 输入门

输入门(input gate)决定了当前时刻的输入 x_t 保留了多少到单元状态中,实现对现在信息的筛选,如图 8.3-5 所示,它含两部分计算,第一部分将当前输入 x_t 传入 sigmoid 激活函数中,第二部分将当前输入 x_t 传入 tanh 激活函数中,其具体计算式如下:

$$i_t = \text{sigmoid}(W_i[s_{t-1}, x_t] + b_c) \tag{8.3-20}$$

$$c_t^* = \tanh(W_c[s_{t-1}, x_t] + b_i) \tag{8.3-21}$$

式中,b_c、b_i 为输入门偏置参数;W_i、W_c 为输入门输入权重。

(3) 单元状态更新

单元状态(cell state)由过去长期状态与现在状态两部分组成,过去长期状态通过上一时刻的单元状态 c_{t-1} 与遗忘门输出结果 f_t 相乘,现在状态由两激活函数相乘结果表示,具体为:

$$c_t = f_t \cdot c_{t-1} + i_t \cdot c_t^* \tag{8.3-22}$$

这样 LSTM 将当前记忆 c_t^* 与长期记忆 c_{t-1} 结合在一起,形成了新的单元状态 c_t,利用 sigmoid 和 tanh 激活函数对实现了过去信息的筛选保存,并结合当前信息形成新的记忆信息。

(4) 输出门

输出门(output gate)由两部分组成,一部分是当前输入 x_t 与上一周期 s_{t-1} 结合的输出 o_t,另一部分是 o_t 与当前状态单元 c_t 结合后的最终输出,分别为:

$$o_t = \text{sigmoid}(W_o[s_{t-1}, x_t] + b_o) \tag{8.3-23}$$

$$s_t = o_t \cdot \tanh(c_t) \tag{8.3-24}$$

由于 $\prod_{j=k+1}^{t} \frac{\partial s_j}{\partial s_{j-1}}$ 的存在使得 RNN 中存在长序列带来的梯度消失或梯度爆炸问题,在 LSTM 中也存在 $\prod_{j=k+1}^{t} \frac{\partial s_j}{\partial s_{j-1}}$ 这一项,根据式(8.3-22)和式(8.3-24)可以看出分析 s_t 等价于分析 c_t,且计算 $\frac{\partial c_t}{\partial c_{t-1}}$ 更为简便,所以有:

$$\frac{\partial c_t}{\partial c_{t-1}} = f_t + c_{t-1}\frac{\partial f_t}{\partial c_{t-1}} + i_t \frac{\partial c_t^*}{\partial c_{t-1}} + c_t^* \frac{\partial i_t}{\partial c_{t-1}} \tag{8.3-25}$$

其中:

$$c_{t-1}\frac{\partial f_t}{\partial c_{t-1}} = f_t(1-f_t)o_{t-1}(1-\tanh^2 c_{t-1})c_{t-1}U_f \qquad (8.3\text{-}26)$$

$$i_t\frac{\partial c_t^*}{\partial c_{t-1}} = (1-c_t^*)o_{t-1}(1-\tanh^2 c_{t-1})i_t U_c \qquad (8.3\text{-}27)$$

$$c_t^*\frac{\partial i_t}{\partial c_{t-1}} = i_t(1-i_t)o_{t-1}(1-\tanh^2 c_{t-1})c_t^* U_i \qquad (8.3\text{-}28)$$

以 $c_{t-1}\frac{\partial f_t}{\partial c_{t-1}}$ 为例,其中 f_t、$o_{t-1} \in [0,1]$,而 $|(1-\tanh^2 c_{t-1})c_{t-1}U_f| < 0.45$,所以在这些元素连乘下使得 $c_{t-1}\frac{\partial f_t}{\partial c_{t-1}}$ 的值与 f_t 相比几乎可以忽略不计,同理 $i_t\frac{\partial c_t^*}{\partial c_{t-1}}$ 和 $c_t^*\frac{\partial i_t}{\partial c_{t-1}}$ 也是次要项,只有 f_t 为主要项。

当 LSTM 网络的训练任务比较依赖历史信息,此时遗忘门的 f_t 趋近于 1,历史信息的梯度不容易消失;若训练任务不依赖历史信息,此时遗忘门的 f_t 趋近于 0,历史信息的梯度消失对网络训练效果几乎无影响;因此说明 LSTM 能够较好地缓解 RNN 网络中梯度消失或梯度爆炸问题。

对预测模型输入数据结构与预测参数相关性进行分析:

预测模型的预测结果精准性除了与模型结构参数选择有关,还与模型输入数据结构也有关;常见的预测模型数据结构方法采用维度遍历或前人研究经验,过程烦琐且适应性较差。本节引入时空间自相关性概念,通过计算各交通拥堵识别指标在时间域与空间域的相关性,确定其合适的预测模型数据输入结构。

(1)时间自相关性

时间自相关性是指在一般情况下某一时间序列数据在相应时刻上存在相互关联的特征。例如某路段上的交通流量和平均通行速度等交通流参数都具有时间相关性,但不同交通流参数的时间相关性可能不尽相同;为了量化参数的时间自相关性,引入时间自相关系数,其计算方式为:

$$\rho_{N,c}^{\text{time}} = \frac{\sum_{i=1}^{N-c}(x_i - \overline{X})(x_{i+c} - \overline{X})}{\sum_{i=1}^{N}(x_i - \overline{X})^2} \qquad (x_i, x_{i+c} \in X) \qquad (8.3\text{-}29)$$

式中,$\rho_{N,c}^{\text{time}}$ 为 c 期延迟的时间片段为 N 的自相关系数;c 为时间延迟期数;x_i 为第 i 个数据值;T 为时间样本总个数;$\overline{X}$ 为时间点样本集合 X 的平均值。

如图 8.3-5 所示,时间自相关系数 $\rho_{N,c}^{\text{time}}$ 表示延迟 c 个步长且片段长为 N 时两数据之间的时间相关程度,$\rho_{N,c}^{\text{time}} \in [-1,1]$,其值越接近 0 说明该序列时间自相关性越弱;$|\rho_{N,c}^{\text{time}}|$ 越接近 1 说明该序列时间自相关越强,若其为正,表示该时间序列为正相关;若其为负,表示该时间序列为负相关。一般短时交通流量预测的预测间隔为 5min 至 15min,以本文采集数据间隔 5min 为例,预测后 5min 对应的步长延迟 c 为 1,预测后 15min 对应的步长延迟 c 为 3。

对于任意时间序列 $T(T \geq N+S)$,固定某个步长延迟,必然存在 N^{best} 使两时间片段序列的相关系数 $|p_{\text{time}}^s|$ 取得最大值,此时间隔 N^{best} 称最佳切片样本量。显然,交通流参数预测的准确性与其构建的时间序列的自相关性强弱存在着必然的关系,利用此类方法可有效提高预测准确率。

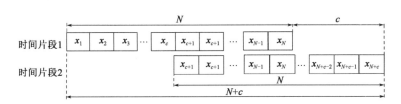

图 8.3-5 时间自相关性

(2) 空间自相关性

空间自相关性是指一般情况下某一区域内交通流参数随着相邻道路空间距离变化而影响取值的相关性,与时间自相关类似,交通流量、车道占有率和 TTI 等交通流参数都存在着空间自相关性。为了量化各交通流参数的空间自相关性,引入空间相关系数,其计算方式为:

$$\rho_{\text{space}} = \frac{n\sum_{i=1}^{n}\sum_{j=1}^{n}w_{ij}(y_i - \overline{Y})(y_j - \overline{Y})}{\sum_{i=1}^{n}\sum_{j=1}^{n}w_{ij} \times \sum_{i=1}^{n}(y_i - \overline{Y})^2} \tag{8.3-30}$$

式中,ρ_{space} 为空间自相关系数;n 为空间单元范围内路段单位数;w_{ij} 为路段 i 和路段 j 的邻接关系;y_i 为路段 i 的对应研究属性值;y_j 为路段 j 的对应研究属性值;$\overline{Y}$ 为空间单元范围内研究属性值的平均值。

空间自相关系数 ρ_{space} 表示在某一空间范围内两路段对应研究属性值在空间上的自相关程度,$\rho_{\text{space}} \in [-1,1]$,其值接近 0 说明该交通流参数在空间上呈现随机分布;$|\rho_{\text{space}}|$ 越接近 1 表示该序列空间自相关越强,若其为正,表示该空间序列为正相关;若其为负,表示该空间序列为负相关。通常情况下,上下游路段与目标路段的 $|\rho_{\text{space}}|$ 值明显高于其他路段,因此在预测目标路段交通流时,考虑其上下游路段交通状态有助于提高预测效果。

8.3.3 输入数据结构框架

以 LSTM 神经网络为例,其输入数据结构框架如图 8.3-6 所示,图 8.3-6a) 是常见模型的输入总数据集结构,类似 XGBOOST,lightGBM,决策树等模型,输入的数据格式都是 $N \times T \times F$ 的三维矩阵,第一维度是样本数,第二维度是时间,第三维度是特征;图 8.3-6b) 是单次输入数据切片,也就是时间轴上的切片,它的维度是 $N \times F$。当数据采集结束后,输入数据结构的时间 T 确定了,为提高模型训练效果,可从模型输入的样本数与特征数两方面入手。

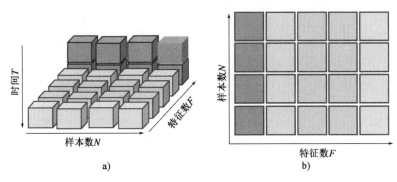

图 8.3-6 LSTM 输入数据结构框架

通过上节可知,对于任意一段时间序列,必然存在某个切片间隔值,使得时间序列的两样本切片呈高度时间自相关性;而对于采集的序列数据样本而言,假设时间延迟期数为 c,必然也存在最佳切片间隔 N^{best} 使得序列数据样本的样本切片之间的平均自相关性最大,若以此数据切片预测下一周期的数据可有效提高预测值。此外,目标路段的交通流本身不仅受到历史状态的影响,还可能受到周边相邻路段的交通状况的影响,可令输入集合中特征数的元素为与目标路段高度空间相关的路段相同时刻的交通流参数,利用路段之间空间自相关性提高预测的精准度。具体操作方法如下:

(1) 样本数

当原始数据具有高度时间自相关性时,假设预测特征参数为 x,步长延迟为 c,对于长度为 $T+c$ 的数据序列,选取最佳切片间隔 N^{best} 为样本轴的切片样本量 N 来构建单特征截面数据结构,此时单特征截面数据矩阵 W 为:

$$W_{T \cdot N} = \begin{bmatrix} x_1 & x_2 & x_3 & \cdots & x_{N^{best}} \\ x_{c+1} & x_{c+2} & x_{c+3} & \cdots & x_{N^{best}+c} \\ x_{2c+1} & x_{2c+2} & x_{2c+3} & \cdots & x_{N^{best}+2c} \\ \vdots & \vdots & \vdots & \ddots & \vdots \\ x_{T+1} & x_{T+2} & x_{T+3} & \cdots & x_{T+N^{best}} \end{bmatrix}_{T \cdot N} \tag{8.3-31}$$

其中:

$$w_k = \begin{bmatrix} x_{(k-1)c+1} & x_{(k-1)c+2} & x_{(k-1)c+3} & \cdots & x_{(k-1)c+N^{best}} \end{bmatrix} \quad (k \in T) \tag{8.3-32}$$

由上文可知,此时单特征截面数据矩阵 W 的时间自相关性最大,即组间 w_{t+1} 的平均时间自相关性 $|\rho_{N,c}^{time}|$ 最大,此时利用滑动时间窗进行逐步预测,以单步预测为例,如图 8.3-7 所示,选取 $t=k$ 时刻对应的切片样本 w_k 输入预测模型中,预测下一个时间的预测参数 $x_{t+N^{best}+1}$。

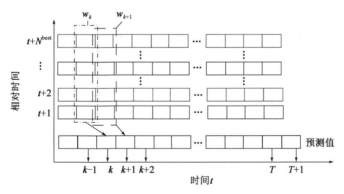

图 8.3-7 单步滑动时间窗示意图

(2) 特征数

当原始数据具有高度空间自相关性时,目标路段为 m,预测特征参数为 x,假设路段集合 F 与路段 m 空间自相关系数 $|\rho_{space}|$ 取得最大。选取同一时刻不同路段构成行向量,此时单样本截面数据矩阵 U 为:

$$U_{T \cdot F} = \begin{bmatrix} x_{1,1} & \cdots & x_{1,m} & \cdots & x_{1,F} \\ x_{2,1} & \cdots & x_{2,m} & \cdots & x_{2,F} \\ \vdots & \ddots & \vdots & \ddots & \vdots \\ x_{T,1} & \cdots & x_{T,m} & \cdots & x_{T,F} \end{bmatrix}_{T \cdot F} \quad (8.3\text{-}33)$$

其中：

$$u_k = \begin{bmatrix} x_{k,1} & \cdots & x_{k,m} & \cdots & x_{k,F} \end{bmatrix} \quad (k \in T) \quad (8.3\text{-}34)$$

同理，此时单样本截面数据矩阵 U 的空间自相关性最大，即组间 u_t 的平均空间自相关性 $|\rho_{\text{space}}|$ 最大，此时可将向量 u_k 输入预测模型中预测下一周期路段 m 的预测参数 $x_{k+1,m}$。

综上，当预测参数同时具有高度时空自相关性时，结合上述对数据维度的样本数和特征数的处理，预测模型输入数据集 A 此时应为：

$$A = [a_1, a_2, \cdots, a_y, \cdots, a_T] \quad (8.3\text{-}35)$$

$$a_T = \begin{bmatrix} x_{N-T,1} & \cdots & x_{N-T,m} & \cdots & x_{N-T,F} \\ x_{N-T+1,1} & \cdots & x_{N-T+1,m} & \cdots & x_{N-T+1,F} \\ x_{N-T+2,1} & \cdots & x_{N-T+2,m} & \cdots & x_{N-T+2,F} \\ \vdots & \ddots & \vdots & \ddots & \vdots \\ x_{N,1} & \cdots & x_{N,m} & \cdots & x_{N,F} \end{bmatrix}_{N \cdot F} \quad (8.3\text{-}36)$$

式中，a_T 表示 T 时刻时输入数据切片，利用 a_T 预测下一周期路段 m 的预测参数 $x_{T+1,m}$。

8.4 多级诱导时空边界条件

从上文可知，当路段的排队长度超过道路长度发生拥堵溢出时，容易造成上游节点锁死和区域路网拥堵。为防止车辆上溯引发上游拥堵，以排队长度为控制目标，本文令路段车辆排队比例达到 80% 时为诱导阈值条件，即当路段的预测交通状态为"拥堵 d3"时需进行在途多级路径诱导服务；当路段满足诱导条件时，首先需要确定诱导的时空范围，主要包括时间边界条件和空间边界条件。

8.4.1 时间边界条件

首先建立一个包括节点集合 N 和路段集合 A 所构成的路网集合 $M(N,A)$，以及路网监管时段集合 T；其中节点 $i \in N$，a_{ij} 表示节点 i 至节点 j 的有向路段，$a_{ij} \in A$。假设 t_0 时段内，路段 a_{ij} 状态为"拥挤 d2"，预测下一周期 $t_0 + \Delta t$ 时段的道路状态为"拥堵 d3"，路段 a_{ij} 的排队队列可能溢出到上游路段 $a_{i-1,i}$，假设场景如图 8.4-1 所示。

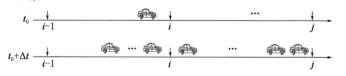

图 8.4-1 路段拥堵排队示意图

针对 t_0 时段内预测到的下一周期的拥堵事件提前发布诱导信息可防止或减缓溢出事件的发生,需要对诱导周期间隔长度即诱导信息更新间隔进行确定。若诱导周期间隔长度 h 大于预测周期间隔长度 Δt,可能出现即便 t_0 时段预测到下一周期拥堵事件的发生,但无法同步更新诱导信息,所以诱导周期间隔应小于等于预测周期间隔 Δt,保证诱导系统能够及时对事件的预测结果作出反应。

此外,诱导周期间隔长度也应满足拥堵事件路段疏散时间约束,假设 t_0 时段拥堵路段 a_{ij} 的排队长度为 $p_{ij}^{t_0}$,预测 $t_0+\Delta t$ 时段流量为 $q_{ij}^{t_0+\Delta t,\mathrm{prd}}$,根据交通流波动理论,$t_0+\Delta t$ 时段内路段 a_{ij} 的排队长度的计算式为:

$$p_{ij}^{t_0+\Delta t} = p_{ij}^{t_0} + \tau h \left(v_{ij}^{t_0+\Delta t,\mathrm{prd}} - \frac{q_{ij}^{t_0+\Delta t,\mathrm{prd}} - c_j}{k_{ij}^{t_0+\Delta t,\mathrm{prd}} - k_j} \right) \tag{8.4-1}$$

令 x 时刻内疏导排队长度的预期目标和拥堵路段流量分别用 P_{aim}^x 和 q_{ij}^x 表示,那么诱导周期间隔长度 h 应满足:

$$h \geq t_{\mathrm{disp}} = \frac{P_{ij}^{x,\mathrm{prd}} - P_{\mathrm{aim}}^x}{\tau} \left(v_{ij}^{x,\mathrm{prd}} - \frac{q_{ij}^x - c_j}{k_{ij}^x - k_j} \right)^{-1} \tag{8.4-2}$$

式中,c_j 为节点 j 的通行能力(pcu/h);τ 为红灯时间比,若该节点为无信号交叉口,则 $\tau=1$;k_j 为节点 j 的交通阻塞密度(veh/km);t_{disp} 为路段排队消散时间(h);$k_{ij}^{t_0+\Delta t,\mathrm{prd}}$ 为 $t_0+\Delta t$ 时段路段 a_{ij} 预测交通密度(veh/km);$v_{ij}^{t_0+\Delta t,\mathrm{prd}}$ 为 $t_0+\Delta t$ 时段路段 a_{ij} 预测平均速度(km/h);$P_{ij}^{x,\mathrm{prd}}$ 为 x 时刻内路段 a_{ij} 预测排队长度(km)。

从上式可以看出,诱导周期间隔长度 h 与诱导预期目标 P_{aim}^x 和拥堵路段流量为 q_{ij}^x 有关,当预期目标 P_{aim}^x 越大,所需要的诱导周期间隔值越长;当诱导周期拥堵路段流量 q_{ij}^x 越小,所需要的诱导周期间隔值越小。

综上,诱导时间边界条件为:

$$h = \begin{cases} \Delta t & (\Delta t \geq t_{\mathrm{disp}}) \\ t_{\mathrm{disp}} & (t_{\mathrm{disp}} < \Delta t) \end{cases} \tag{8.4-3}$$

当 P_{aim}^x 和 q_{ij}^x 确定时,诱导周期间隔长度 h 可以通过式(8.4-3)确定,此时所需改变原本行驶路线的流量 lq_{ij}^x 为 x 时刻拥堵路段的预测流量 $q_{ij}^{\mathrm{prd},x}$ 与预计驶入拥堵段流量 q_{ij}^x 的差值。

此外,由式(8.4-1)递归公式可知,拥堵路段的最终排队队列疏散长度应满足:

$$P_{\mathrm{aim}} = \sum_{m=0}^{n-1}(p_{ij}^{m+h} - p_{ij}^m) = \sum_{m=0}^{n-1}\left[\tau h \left(v_{ij}^{m+h,\mathrm{prd}} - \frac{q_{ij}^{m+h,\mathrm{prd}} - c_j}{k_{ij}^{m+h,\mathrm{prd}} - k_j} \right)\right] \tag{8.4-4}$$

式(8.4-4)表明拥堵路段的最终排队队列疏散长度 P_{aim} 由前 $n-1$ 个诱导周期的累计疏散长度构成,所以当最终排队队列疏散长度确定后,诱导总周期 H 应不低于 n 个诱导周期长度的和。那么诱导总周期 H 应满足:

$$H \geq nh \tag{8.4-5}$$

8.4.2 空间边界条件

当诱导周期间隔长度确定后,可进一步确定诱导空间距离 L_{space}。假设诱导周期间隔长度

h 为 5min,那么每次更新的诱导信息仅对到拥堵上游节点 $i-1$ 且预测行程时间在 5min 以内的出行车辆来说是有效的,而对于预测行程时间超过 5min 的出行车辆,此周期的诱导信息已经相对失效了。故存在节点 u,使得节点 u 到拥堵上游节点 $i-1$ 的预测行程时间满足:

$$h \in \left[\sum_{m=1}^{u} t_{i-m,i-m-1}^{\mathrm{prd}}, \sum_{m=1}^{u+1} t_{i-m,i-m-1}^{\mathrm{prd}} \right] \tag{8.4-6}$$

则诱导空间距离为:

$$L_{\mathrm{space}} = \sum_{m=1}^{u+1} L_{i-m,i-m-1} \tag{8.4-7}$$

当诱导空间距离 L_{space} 确定后,令满足诱导条件的路段上游节点为诱导关键点,并沿路段上游方向对预控节点依次分级处理,分级方式如图 8.4-2 所示。令所有预控节点构成的点集为 N_{r},将其作为交通控制的作用点和诱导路径起点的选择点。

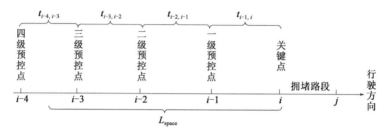

图 8.4-2 诱导分级示意图

本文采用短时交通量预测,通常诱导周期间隔长度一般不大于 15min,所预控空间长度一般也不大于前三级预控节点路段长度,因此为了方便诱导系统搜索,可提前储存各路段的前三级预控节点,当需要诱导和管控时可直接调用,节约系统搜索时间。

8.5 基于时变网络的多诱导路径算法

当诱导的时空范围确定后,下一步生成各预控节点诱导路径,以图 8.5-1 为例,图中黑色虚线为拥堵路段,灰色虚线范围内为诱导空间范围,对于驶入范围内的车辆在各个预控节点上进行路径诱导。显然每个预控节点至少存在一条以关键点为目的地的行驶路径,因此,应首先对预控级数高的上游预控节点进行搜索诱导路径,依次递推直至结束。而对于诱导路径生成一般利用最短路径搜索算法,本文以各预控节点作为诱导起点预备点,拥堵事件下游节点为诱导终点。

8.5.1 时变网络下最短路径寻优

最短路径问题是图论和算法设计中的基本问题,也是交通路径诱导中核心部分,此类问题旨在解决给定的路网中两点之间的最短出行路径。传统基于静态网络的最短路径算法难以应用于实际的时变交通网络中,是因为实际出行中路网状态并非静态的,各路段的出行时间成本是随着到达起点时间的变化而变化的。这使得时变网络的路径诱导不仅需要考虑到通行节点的选择顺序问题,还要考虑到车辆在节点的到达时间对路段未来通行时长的影响。

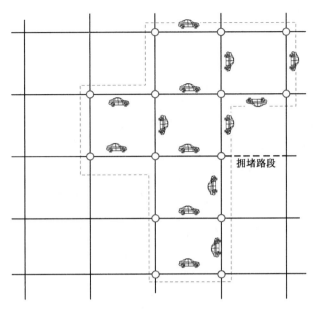

图 8.5-1 诱导预控节点空间示意图

对于时变网络路网集合 $G(N,A,T)$,其中路网监管时段集合 $T=\{t_0,t_1,\cdots,t_s\}$,$s_{i,i+1}(t_i)$ 表示 t_i 时刻出发路段 a_{ij} 的行驶时长,$N_{x-y}=\{x,x+1,\cdots,y\}$ 表示以节点 x 为起点、节点 y 为终点的路线 L_{x-y} 经过一系列节点的有序集合,且 $N_{x-y}\in N$;那么在时态路网下,以 t_0 时刻为出发时间的路线 L_{x-y} 的行驶时间表示为:

$$TT(t_0\mid L_{x-y})=\sum_{i=x}^{y-1}s_{i,i+1}(t_i) \qquad (i\in N_{x-y}) \tag{8.5-1}$$

其中,$t_x=t_0$,$t_{x+1}=t_x+s_{i,i+1}(t_i)$;

基于式(8.5-1),以时态路网中节点 x 为起点、节点 y 为终点的最短路径 SPTT 满足:

$$\min\mathrm{SPTT}(t_0\mid x-y)=\sum_{i=x}^{y}\sum_{\substack{j=x\\j\neq i}}[s_{i,i+1}(t_i)\cdot I_{ij}] \tag{8.5-2}$$

$$s.t. \quad I_{ij}=\begin{cases}0 & [a_{ij}\notin R(x-y)]\\ 1 & [a_{ij}\in R(x-y)]\end{cases} \tag{8.5-3}$$

式中,$R(x-y)$ 为路径 L_{x-y} 中无环路段集合。

对于满足式(8.5-2)和式(8.5-3)的解即为时态路网中以节点 x 为起点、节点 y 为终点的最短路径。

8.5.2 基于时变网络的改进 A^* 路径算法

Dijkstra 算法是众多最短路径算法中最为经典的代表算法之一,其使用的贪心策略能够有效求得路网中最短路径,但由于路径搜索时间过慢,无法有效兼容大规模路网的路径搜索,对于时效性要求较高的诱导策略来说也不能很好地适用。A^*(A-star)算法在 Dijkstra 算法基础上提出,通过引入启发式函数和预估函数,可以像广度优先搜索算法一样在速度和准确性之间有很大的灵活性。其搜寻过程可分为三个阶段:①判断下一节点的行驶成本;②预估下一节点到目的节点的估计成本;③计算前两步估价函数;其估价函数可以表示为:

$$f(i) = g(i) + h(i) \tag{8.5-4}$$

式中，$f(i)$ 为由初始起点到达节点 i 的估计成本；$g(i)$ 为由初始起点到达节点 i 的实际成本；$h(i)$ 为节点 i 到达目的节点的最短路径的估计成本。

本章选用 A^* 算法作为最短路径搜索算法，常规的 A^* 算法中实际成本 $g(i)$ 和估计成本 $h(i)$ 一般通过基于道路距离计算道路通行时间作为出行成本，不随时间变化；但对于时变交通网络，由于车辆的通行时间受到路段拥堵程度影响，实际成本 $g(i)$ 和估计成本 $h(i)$ 未考虑实际到达各节点时出行成本的变化，因此直接采用该方法存在一定缺陷。

针对时变网络特点，根据 A^* 算法搜索步骤，首先考虑未来路段通行时间变化对到达实际成本的影响；对于以节点 x 为起点、节点 y 为终点的路线 L_{x-y}，定义当前到达节点 u 的时间为 $t(u)$，下一节点为 w，则到达下一节点的实际成本 $g[w,t(u)]$ 表示为：

$$g[w,t(u)] = g(u) + s_{u,w}[t(u)] \quad (u,w \in N_{x-y}) \tag{8.5-5}$$

令 $h[w,t(w)]$ 表示 $t(w)$ 时刻出发，节点 w 到达目的节点 y 的路径的估计成本；根据式(8.5-2)，节点 w 到达目的节点的最短路径的估计成本计算式为：

$$h[w,t(w)] = \min\mathrm{SPTT}[t(w) \mid w - y] \tag{8.5-6}$$

对于时变路网，估计成本可以利用当前路况信息或历史数据求取行驶成本，根据第 3 章的预测信息 TTI 获取到未来路段的行驶时间，获取预测拥堵时间影响下的各路段的行程时间。令 $s_{ij}^{\mathrm{prd}}(t)$ 表示 t 时刻路段 a_{ij} 的预测行驶时长，$s_{ij}^{\mathrm{hist}}(t)$ 表示 t 时刻路段 a_{ij} 的历史行驶时长，那时变网络下估价函数可以表示为：

$$f[w,t(w)] = g[w,t(u)] + h[w,t(w)] \tag{8.5-7}$$

$$g[w,t(u)] = g(u) + s_{u,w}^{\mathrm{prd}}[t(u)] \tag{8.5-8}$$

$$h[w,t(w)] = \sum_{i=w}^{y} \sum_{\substack{j=w \\ j \neq i}}^{y} \{\{\sigma_i[t(i)] \cdot s_{ij}^{\mathrm{prd}}[t(i)] + (1 - \sigma_i[t(i)]) \cdot s_{ij}^{\mathrm{hist}}[t(i)]\} \cdot I_{ij}\} \tag{8.5-9}$$

$$I_{ij} = \begin{cases} 0 & a_{ij} \notin R(w-y) \\ 1 & a_{ij} \in R(w-y) \end{cases} \tag{8.5-10}$$

式中，$\sigma_i[t(i)]$ 为节点 i 的上游节点到节点 i 的预测准确覆盖率：

$$\sigma_i[t(i)] = \begin{cases} 0 & t(i) > \omega h \\ \delta & t_0 + h < t(i) \leq \omega h \\ 1 & t(i) \leq t_0 + h \end{cases} \tag{8.5-11}$$

式中，ω 为预测准确性比例，考虑到未来的不确定性，预测路段行程时间精度随着时间变化而降低。当到达节点 i 的时间 $t(i)$ 在预测时间 $[0, t_0 + h]$ 内，那么本周期的预测路段行驶时间信息能够对其提供足够预测精度；当到达节点 i 的时间 $t(i)$ 超过预测时间，但满足 $\sigma_i[t(i)] \in (t_0 + h, \omega h]$，表示那么本周期的预测路段行驶时间信息只能够对其提供部分预测精度，需要利用历史数据进行协同计算；当满足 $\sigma_i[t(i)] \in (\omega h, +\infty)$ 时，表示本周期内的预测信息完全失效，需要利用历史数据计算行程时间。

综上，基于时变网络的改进 A^* 路径算法的算法流程为：

步骤 1：确定时变路网 G 中起点 x 和终点 y，集合 open 和集合 close 初始化为空集。

步骤 2:初始当前时间 t 为 t_0,将起点 x 加入 close 集合中,寻找节点 x 的邻近可达节点,若存在将其加入 open 集合中,计算 open 集合中各节点估价函数 $f(i,t_0)$ 的最小值,令当前 $\min f(i,t_0)$ 的节点 i 为父节点;若不存在临近可达节点,跳出循环并结束。

步骤 3:计算当前父节点 i 的临近可达节点,将其放入 open 集合中,将当前时间设置为 $t(i)$,计算 open 集合中各节点估价函数 $f[i,t(i)]$ 值。

步骤 4:若 open 集合中节点 j 的值为当前 $\min f[i,t(i)]$,将节点 i 放入 close 集合,并令节点 j 为新父节点,并同时将时间设置为 $t(i)$,重置 open 集合为空集合。

步骤 5:继续重复步骤 3 和步骤 4 对父节点的邻近可达节点进行计算估价函数的最小值;若存在,将父节点加入 close 集合,令当前时间为父节点的到达时间,父节点设置为 open 集合中最小估价函数的节点,并重置 open 集合。

步骤 6:判断 open 集合是否存在目的节点 y,若存在,有序输出 close 集合中节点构成的时变网络下诱导路径;若 open 集合为空,则说明无合适路径输出为诱导路径。

上述改进的 A* 算法只能计算起终点之间的单条最短路径,考虑到路网均衡问题,可以利用改进的 A* 算法计算出时态网络下最短诱导路径,然后使诱导路径上的各路段的通行代价乘以重复惩罚因子,继续利用最短路径搜索算法搜索下一条优化路径。首先定义几个符号,OL_{nk} 表示第 n 条优化路径与第 k 条优化路径的重合度路段长度;L_n 表示第 n 条优化路径长度;PO 表示路径惩罚因子,$PO=(MO)^{-\phi}$,其中 $MO<1$,ϕ 为正系数。其算法步骤如下:

步骤 1:设置 MO、ϕ 和 k 的值,令 $m=0$。

步骤 2:利用改进的 A* 算法计算出时态网络下最短诱导路径,并将其经过的路段存放至 save 集合中,$m=1$。

步骤 3:判断 n 是否大于 k;若是,满足路径搜索目标数量,算法结束;否则对 save 集合中各路段的通行代价都乘以惩罚因子 PO。

步骤 4:令 $m=m+1$,继续利用改进的 A* 算法计算出时态网络下优化诱导路径 L_{x-y}^n,并计算相似度 $D_{nk}=OL_{nk}/L_n$。

步骤 5:若 $D_{nk}>MO$,算法结束,输出诱导路线集合 N_L;否则继续将 L_{x-y}^n 加入 N_L 集合,将 L_{x-y}^n 经过的路段存放至 save 集合中,并转至步骤 3。

8.6 多级诱导路径概率分配模型

8.6.1 多级诱导起点选择

预控节点是依靠诱导时空边界条件确定的,由于各预控节点的功能和通行能力的不同,并非所有的预控节点都适合作为诱导起点,过多的诱导点反而会降低诱导效率。因此需对诱导节点进行优先级评价,选取优先级别较高的预控节点作为诱导起点。评价指标大致可以分为效益型指标和成本型指标,其中连通度、节点度和功能重要度等为效益型指标,绕行度、通行时间和绿信比等为成本型指标。本文选取功能重要度 g 和绕行度 r 描述该节点对路网重要度和出行成本的影响。功能重要度可用节点在路网中负载的交通流量来描述,节点负载流量越多,其在路网中越重要,表达式为:

$$g_x = \frac{Q_x}{\max_{t \in N_r} Q_t} \tag{8.6-1}$$

绕行度指以此节点作为起点,到终点间最短路径行程时间与实际最短行程时间的比值,表达式为:

$$h_x = \frac{\sum_{k=1}^{m} Q_{x-y}^k t_{x-y}^{k,\mathrm{prd}}}{\dfrac{\sum_{k=1}^{m} Q_{x-y}^k}{t_{x-y,ij}^{k,\mathrm{prd}}}} \tag{8.6-2}$$

综上,预控节点 x 优先级为:

$$z_x = \alpha g_x + \beta (h_x)^{-1} \tag{8.6-3}$$

式中,Q_t 为预控节点集合中负载最大交通流量的节点;Q_x 为预控节点 x 的交通量(pcu/h);Q_{x-y}^k 为节点 x 到节点 y 的第 k 条最短路径的交通量(pcu/h);$t_{x-y}^{k,\mathrm{prd}}$ 为节点 x 到节点 y 的第 k 条最短路径的预计通行时间(h);$t_{x-y,ij}^{k,\mathrm{prd}}$ 为节点 x 到节点 y 经过拥堵路段 a_{ij} 的预计通行时间(h);α 和 β 为指标权值,$\alpha + \beta = 1$。

通过上述方法可实现预控节点的优先级评价,进而确定诱导起点,然后针对各多级诱导起点进行多诱导路径搜索,实现各诱导点的诱导方案针对性、合理性,此时令所有诱导起点表示为 N_R,所有起点对应的诱导路径集合表示为 L_{x-y}。

8.6.2 诱导路径选择

考虑出行者在路径选择时心理预期和价值倾向,诱导路径选择目标应符合大部分驾驶员的出行偏好,从而提高诱导信息的服从性和可靠性。本文以驾驶员的出行时间最短偏好和出行空间最短偏好为依据,选取绕行时间比值和绕行距离比值作为选择目标,构建相对成本效用函数;考虑到某条路段被多个诱导路径共享的问题,采用基于路径尺度的改进 Logit 路径选择概率模型,通过在 Logit 函数中加入路径尺度来调整路径的效用值,具体内容如下:

首先,相对成本效用函数采用线性函数形式,即:

$$V_{x-y} = \mu z_{x-y} + \lambda w_{x-y} + c \tag{8.6-4}$$

$$z_{x-y} = \frac{l_{x-y}}{l_{x-y}^*} \tag{8.6-5}$$

$$w_{x-y} = \frac{t_{x-y}}{t_{x-y}^*} \tag{8.6-6}$$

式中,$x-y$ 为节点 x 到节点 y 之间的行驶路径;z_{x-y} 为绕行时间比值;w_{x-y} 为绕行距离比值;l_{x-y} 为诱导行驶路线距离(m);l_{x-y}^* 为原行驶路线距离(m);t_{x-y} 为诱导行驶路线时间(min);t_{x-y}^* 为行驶路线时间(min);μ、λ 为效用权重,$\mu + \lambda = 1$;c 为效用方程中常量。

然后利用 V_{x-y} 的值大小对待选路径集合进行降序排列,排序集合 N_L 中诱导路径 L_{x-y} 被选择的概率为:

$$p_{x-y} = \frac{S_{x-y} \mathrm{e}^{-\theta V_{x-y}}}{\sum_{N_L} S_{x-y} \mathrm{e}^{-\theta V_{x-y}}} \tag{8.6-7}$$

式中，θ 为模型常数，表示出行者对路网的熟悉程度；S_{x-y} 表示诱导路径 L_{x-y} 的路径尺度，路径尺度根据路径上路段长度和路径之间重叠部分长度来确定。如果诱导路径集中的一条诱导路径与其他诱导路径完全独立，不存在重叠的区间，那么这条路径的效用值就不需要进行调整，此时的路径尺度值为 1；如果这条路径与其他路径有重叠，那么可以通过路径尺度调整效用函数值，此时的路径尺度值小于 1，其计算公式为：

$$S_{x-y} = \sum_{a_{wn} \in \Gamma_{x-y}} \left(\frac{l_{wn}}{l_{x-y}} \frac{1}{\sum_{a_{wn} \in \Gamma_{x-y}} \delta_{wn}} \right) \tag{8.6-8}$$

式中，Γ_{x-y} 为诱导路径 L_{x-y} 经过的路段集合；a_{wn} 为路段集合 Γ_{x-y} 中一条从节点 w 到节点 n 的路段；l_{wn} 为路段 a_{wn} 长度；L_{x-y} 为诱导路径 L_{x-y} 长度(m)；δ_{wn} 为路段 a_{wn} 在所有诱导路径中共享次数。

由式(8.6-8)可知，若路段 a_{wn} 共享次数越多，该路段的路径尺度 S_{x-y} 越小，则诱导路径 L_{x-y} 被选择的概率越小。利用基于路径尺度的改进 Logit 路径选择概率模型将诱导车辆分别在各自诱导节点的次优路径中按一定概率随机地分配路线，这样不仅避免了路径诱导导致的"拥堵转移"现象，还提高了出行者对诱导方案的服从意愿。

8.6.3 诱导流量分配

为实现路网负载均衡，在待选路径集合的基础上，通过分配迭代加载方法实现诱导流量的动态分配，以达到最优的目标。首先引入容忍速度 v^{tol} 概念，表示出行者选择该路段所期望最低的通行速度；定义 $C_{x-y}^{e,\lim}$ 为 t_e 时段内诱导路径 L_{x-y} 最大可额外容纳流量；ω 表示各行驶路线上流入拥堵路段流量的比例；$C_{wn}^{e,\lim}$ 为 t_e 时段内诱导路段 a_{wn} 最大可额外容纳流量；v_{wn}^{tol} 为诱导路段 a_{wn} 的容忍速度；C_{wn}^{tol} 为在诱导路段 a_{wn} 的容忍速度 v_{wn}^{tol} 下的通行能力；K_{wn}^b 表示路段 a_{wn} 阻塞密度；v_{wn}^f 表示路段 a_{wn} 自由行驶速度；$q_{wn}^{e,\text{prd}}$ 为在 t_e 时段内诱导路段 a_{wn} 的预测流量；η 为流量迭代次数；具体诱导分配步骤如下：

步骤 1：确定各行驶路线中所需诱导流量 G_{ij}^e：

$$G_{ij}^e = (q_{ij}^{\text{prd},e} - q_{ij}^x)\omega \tag{8.6-9}$$

步骤 2：确定诱导路径可容纳流量 $C_{x-y}^{e,\lim}$：

$$C_{x-y}^{e,\lim} = \min_{a_{wn} \in \Gamma_{x-y}} C_{wn}^{e,\lim} \quad (L_{x-y} \in N_L) \tag{8.6-10}$$

$$C_{wn}^{e,\lim} = K_{wn}^b \left[v_{wn}^{\text{tol}} - \frac{(v_{wn}^{\text{tol}})^2}{v_{wn}^f} \right] - q_{wn}^{e,\text{prd}} \tag{8.6-11}$$

步骤 3：计算行驶路线中各诱导路径上分配的交通量 $Q_{x-y}^{e,\text{FP}}$：

$$Q_{x-y}^{e,\text{FP}} = \frac{p_{x-y} G_{ij}^e}{\eta} \tag{8.6-12}$$

若 $Q_{x-y}^{e,\text{FP}} > C_{x-y}^{e,\lim}$，则将溢出流量按路径选择概率 p 分配给其他可行诱导路径，并将此路径从可行诱导路径集合 N_L 中剔除。

步骤 4：诱导路径选择概率 p 调整，按各诱导路径承载分配后的交通量，更新相对成本效用函数，然后重新计算诱导路径选择概率 p。

步骤 5：根据步骤 4 得到的诱导路径选择概率 p，转到步骤 3，对下一批交通量进行分配，直至分配结束。

8.6.4 诱导策略实施过程

基于拥堵预测的多级诱导策略具体实施过程如图 8.6-1 所示。

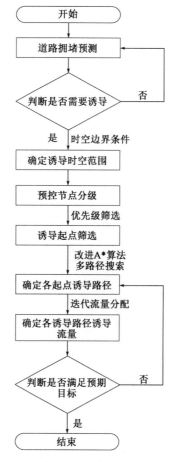

图 8.6-1 多级诱导策略具体实施过程流程图

8.7 试验仿真对比与评估

8.7.1 试验建立

为验证本章多级诱导策略的有效性，选取某市常发性拥堵区域为研究对象，其中研究路网范围 2.4km², 道路总长 45.84km, 共 45 个交叉口节点, 64 条路段, 图 8.7-1 为该路网结构图。

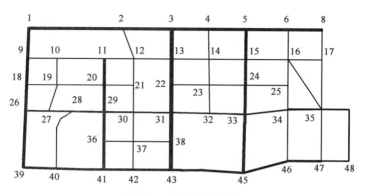

图 8.7-1 试验路网结构图

本次试验对研究区域路网进行时长一周的数据采集,采集数据包括路段速度、流量和 TTI,首先对数据预处理后,选择前四天数据进行 LSTM 和 GA-SVM 模型训练,后三天数据进行拥堵的预测与识别;建立路网拥堵预测识别模型,考虑到城市道路之间的差异,单个路段预测识别模型无法有效兼容路网各类道路,若分别对各路段建立预测识别模型,对算力等资源要求更高,会导致运行效率较低;因此,本文分别对快速路、主干路、次干路和支路分别建立拥堵预测-识别模型。

以第五日 17:00—20:00 为例,路网部分状态预测识别结果如图 8.7-2 所示,图中浅灰色部分预测状态为"拥堵 d2",深灰色部分为"拥堵 d3"。从图 8.7-2 可以看出,路段 $a_{13,22}$ 在 17:45 时预测状态变为"拥堵 d3",首次满足诱导约束条件,需进行诱导控制。因此,选取该路段上游节点 22 为关键点并进行诱导时空边界条件判定;为了防止拥堵再次发生,本文慎重选定拥堵路段诱导目标为车辆排队比例小于 50%,计算出的诱导周期间隔长度为 5min,对行程时间在 5min 内的路网覆盖范围内的各节点进行诱导分级处理,其中一级预控点集合有$\{23,31\}$,二级预控点集合有$\{24,30,32,38\}$,三级预控点集合有$\{25,29,33,43\}$。

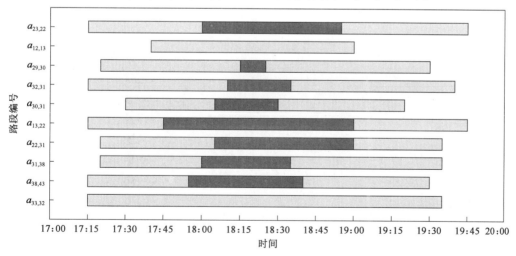

图 8.7-2 路网部分状态预测识别结果

在确定诱导时空范围基础上建立多级诱导模型,其中涉及多个相关参数设置,各等级城市道路设计通行能力参考相关设计规范,其他参数通过反复多次试验得出计算过程中所需参数设置,具体如表 8.7-1 所示。根据上述参数,利用上述预控节点优先级筛选方法和时变网络下多路径搜索算法确定诱导起点和诱导路径选择,计算结果见表 8.7-2。

模型参数设置 表 8.7-1

参数	值	参数	值
相对效用权重 μ、λ	0.5,0.5	快速路设计速度(km/h)	70
节点优先级权重 α、β	0.5,0.5	主干路设计速度(km/h)	50
预测准确性比例 ω	0.7	次干路设计速度(km/h)	30
单节点最大诱导路径数 K	3	支路设计速度(km/h)	20

诱导起点和诱导路径计算结果 表 8.7-2

诱导起点	诱导路径
29	29 – 20 – 11 – 12 – 13
33	33 – 32 – 23 – 14 – 13
43	43 – 45 – 33 – 24 – 15 – 14 – 13
43	43 – 38 – 30 – 31 – 21 – 12 – 13
31	31 – 21 – 12 – 13
31	31 – 32 – 23 – 14 – 13
23	23 – 14 – 13

选用 VISSIM 8.0 软件对研究路网进行仿真评价,首先通过 Open Street Map 导入路网背景建立研究路网,利用 Matlab 调用 VISSIM 自带 COM 接口实现将预测交通量等交通数据作为仿真数据分时段输入,设置相应参数对诱导方案进行仿真评价,仿真路网建模如图 8.7-3 所示。

图 8.7-3 VISSIM 仿真路网建模

8.7.2 仿真结果对比与评估

为评估本文多级诱导(MLG)策略对疏散拥堵的有效性,分别与无诱导、单点单路径(SNSP)策略、多点单路径(SNMP)策略及基于时间和路径偏好的诱导方法(T-RPIM)进行对比,其中 SNSP 策略以拥堵路段周边临近节点为诱导起点搜索单诱导路径,若本文多级诱导中预控节点限制为一级诱导点,则本文多级诱导策略可退化成 SNSP 策略;SNMP 策略则是在拥堵路段周边一定范围内多个节点搜索对应单条诱导路径,若设置本文多级诱导中单节点最大诱导路径数 K 为 1,则本文多级诱导策略可退化成 SNMP 策略;基于时间和路径偏好的诱导方法在基于不改变出行者时间偏好的情况下,求出诱导路径的最优流量分配。仿真过程中拥堵路段数量如图 8.7-4 所示,各策略的仿真结果见表 8.7-3 和表 8.7-4。

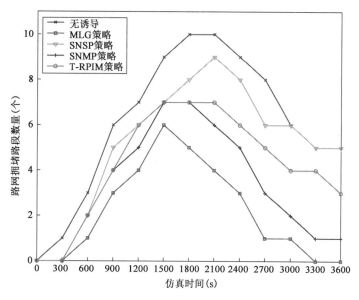

图 8.7-4 不同诱导策略下路网拥堵路段数量

拥堵目标路段诱导对比 表 8.7-3

诱导方法	平均停车次数 (次/veh)	平均通行时间 (s)	排队延误 (s/veh)	最大排队长度 (m)
无诱导	4.12	172.6	110.3	345.3
MLG 策略	**3.55**	**120.5**	**68.3**	**274.2**
SNSP 策略	4.03	165.6	103.3	327.3
SNMP 策略	3.77	142.5	82.5	298.1
T-RPIM 策略	3.85	150.3	88.0	310.3

路网诱导效果对比 表 8.7-4

诱导方法	平均停车次数 (次/veh)	平均速度 (km/h)	平均延误 (s/veh)	平均通行时间 (s)
无诱导	7.6	27.66	72.1	308.3
MLG 策略 ($\eta=3$)	6.9	31.12	64.8	280.2
MLG 策略 ($\eta=4$)	6.8	31.56	64.5	276.3
MLG 策略 ($\eta=5$)	**6.8**	**31.72**	**64.3**	**276.0**
SNSP 策略	7.3	28.44	69.4	304.9
SNMP 策略	7.1	29.55	67.3	295.7
T-RPIM 策略	7.1	29.23	67.9	296.3

由图 8.7-4 可以看出,仿真开始时,拥堵事件路段在没有任何措施干预情况下,路网开始发生拥堵蔓延,拥堵路段数量急速增加,仿真至 1800s 时路段拥堵数量达到顶峰;经过一段时间后,路网拥堵现象随着路网输入流量减少缓慢消退。与几种诱导策略相比,本文的 MLG 策略有效地抑制了拥堵的蔓延,并及时疏散了交通拥堵;而 SNSP 策略仅面向拥堵路段临近节点,可调用的疏解资源有限,随拥堵流量的持续增加逐渐失效;SNMP 策略的拥堵疏散效果前期与 MLG 策略相近,但由于每个诱导节点上诱导路径仅为一条,使得某些诱导节点上的疏散车辆过于聚集进而发生继发性拥堵。

从表 8.7-3 和表 8.7-4 可以看出,本方法对拥堵路段 $a_{13,22}$ 的排队延误、平均通行时间、最大排队长度和平均停车次数分别下降 38.07%、30.18%、20.59% 和 13.8%,路网停车次数、平均速度、平均延误和平均通行速度分别下降 10.52%、−14.68%、10.82% 和 10.47%,道路拥堵得到有效缓解;从图 8.7-5 可发现,本文 MLG 策略对比其他策略更能有效提高路网通行效率,且随着流量迭代次数增高,流量分配更能符合路网实际情况,路网通行效率更加优化,但计算时间也随之增加。相较于 T-RPIM 策略的单一出行时间目标,本方法在路径选择和配流方式上倾向于出行者心理和路网平衡。

此外,为了验证基于拥堵预测的路径诱导对拥堵疏散的影响,选取动态非预测诱导(DUA)策略、静态非预测诱导(SUA)策略进行对比,其中 DUA 策略以实时的非预测信息为依据进行诱导,SUA 策略以静态路网为依据进行诱导,取流量迭代次数 η 为 5,仿真对比结果如图 8.7-5 所示。

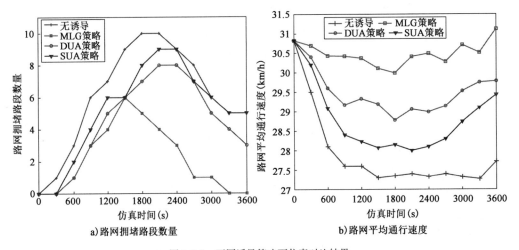

图 8.7-5　不同诱导策略下仿真对比结果

由图 8.7-5 可知,SUA 策略下的路网平均通行速度为 28.35 km/h,相较于本文基于拥堵预测的诱导策略低 11.88%,由于无法应对时变交通网络中出行成本的变化,在仿真 30min 后开始诱导失效,未能达到缓解拥堵的目标;而 DUA 诱导策略采用实时的路况信息进行诱导,路网平均通行速度为 29.54km/h,相较于本文基于拥堵预测的诱导策略低 7.38%,基于当前时刻路网状态的诱导策略无法使得诱导车辆避开潜在拥堵路段,诱导流量的流入加剧拥挤路段通行压力,造成了"移堵"现象,这说明基于拥堵预测的路径诱导能够有效提高诱导效率,缓解交通拥堵。

8.7.3 敏感性分析

(1) 预测误差

本章中诱导流量分配基于 LSTM 预测模型中短时交通流量的预测,那么不可避免存在预测误差;为进一步研究不同等级的预测误差对诱导策略以及路网通行效率造成的影响,设置预测误差步长分别为 10%、误差范围在 [-20%, +20%] 的 5 个等级误差水平,分别对诱导路径分配交通量、路网平均通行时间、路网平均延误和拥堵路段平均通行时间进行敏感性分析,结果如图 8.7-6 所示。

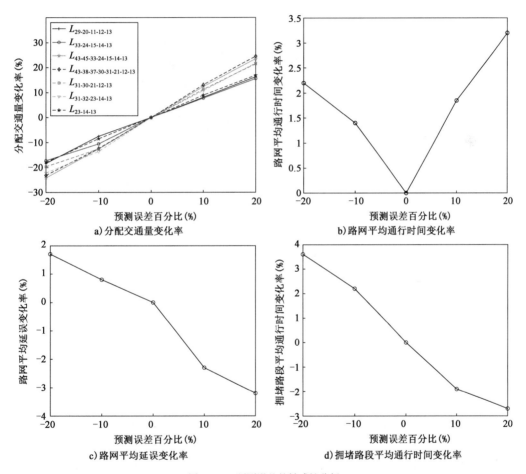

图 8.7-6　预测误差的敏感性分析

图 8.7-6a) 表明拥堵路段的交通量预测误差的变化对各诱导路径的分配流量的变化是正相关的;图 8.7-6b) 可以看出随着预测误差的增大,路网平均通行时间也逐步增加,表明交通流预测结果的准确性能够提高诱导策略的有效性;图 8.7-6c) 和 d) 都与预测误差呈现负相关,结合图 8.7-6b) 可知,虽然拥堵路段通行状况的改善可以暂时降低路网平均延误,但随着预测误差增加,全局路网通行效率仍随之降低。因此,为保证诱导策略的有效性及全局路网通行效率,预测方法的准确性至关重要。

(2) 相对效用权重

上文中通过考虑用户出行对时间最短或路程最短等出行偏好,构建了相对成本效用函数,并分别设置了相对效用权重,以期符合驾驶员路径选择时心理预期和价值倾向,提高诱导的服从率,但在实际出行活动中由于出行者的诸多差异,诱导方案无法达到100%的诱导服从率。为进一步分析相对效用权重以及诱导服从率对诱导方案的差异影响,设置增长步长分别为0.1的11个等级的出行时间偏好权值和25%的6个等级的诱导服从率,以平均通行时间为评估指标进行敏感性分析,结果如图8.7-7所示。

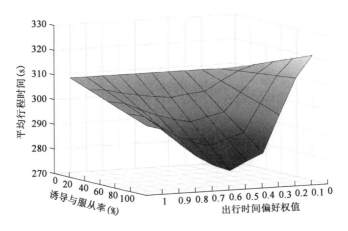

图8.7-7 参数敏感性分析

由图8.7-7可以看出,即便在较低的服从率下路网的平均行驶时间仍低于无任何路径诱导(即0%诱导服从率),且随着服从率的增加,本文诱导方案显著提了拥堵疏解效果,说明诱导服从率对诱导方案的实施效果有着重要影响。在出行偏好方面,假设出行者大部分为路径最短偏好时(即时间偏好权重小于0.4),路网平均行程时间相均高于时间最短偏好时(即时间偏好权重大于0.6),由于式(8.6-4)修正绕行距离比值为固定值,在分配流量迭代时使得诱导流量过于聚集在某些绕行距离较短的路段上,无法实现路网均衡;相较于出行者大部分为时间最短偏好时,可以在分配流量迭代时通过分配加载的方式修正绕行时间比值,防止诱导流量不会过于聚集在某些绕行通行时间较短的路段上,保证了路网均衡。而在某些极端情况下,如时间偏好权重大于0.8或小于0.2时,即表示为出行者过于专注于绕行时间最短或绕行距离最短,由于权值比例相差较大,此时即便进行多次流量迭代,也无法使得诱导流量分配合理均衡,仍会造成拥堵的"转移"。

所以,根据诱导前出行者的出行偏好调查结果,合理设置相对效用权重可以提高诱导方案的服从率,以提升本诱导方案的拥堵疏解效率;若在用户出行偏好未知情况下,建议将相对效用权重 μ、λ 分别设置为0.4~0.6之间,适当减少距离最短偏好权重。

第9章 道路交通智慧管控平台

9.1 概述

智慧交通源于智慧城市的概念，也是从智能交通发展演变而来的。2014年交通运输部立足于服务好"两个一百年"奋斗目标，提出了"四个交通"——综合交通、智慧交通、绿色交通、平安交通，标志着智慧交通的起步。实现智慧交通，离不开智慧的内涵、实施的条件以及管控的平台。本章主要就这些问题进行阐述。

9.2 智慧的内涵

目前，关于智慧的概念，尚没有明确的定义。本节借助人体的构成和下围棋的过程来分析智慧交通的构成与特征。

9.2.1 智慧交通构成与人体构成的相似性

从人的生理结构可以推演智慧交通的构成。人由八大系统构成，除了生殖系统，智慧交通应具备其他七个系统相似的功能，包括消化系统、神经系统、呼吸系统、循环系统、运动系统、内分泌系统、泌尿系统。将该七大系统拆分与合并，可得出智慧高速公路的系统构成如下：

(1) 固态信息录入系统：类似于人类的消化系统，是人类生存的基础。固态信息录入系统通过对规则信息、道路的三维信息、管辖范围等信息进行采集，显示高速公路的基础设施空间分布、基础设施建设过程、车辆通行权、通行条件等状况。

(2) 供电与通信系统：类似于人的呼吸系统和循环系统，供电系统为各部门的工作提高必要的电力资源，通信系统将所采集的信息传输到各个部门，如通过公网传送给交通参与者，通过专网传送到相应的需求单元。

(3) 感知系统：类似于人的神经系统，通过对道路构造物的长期监测，感知可变信息、设施信息等。设施信息包括诱导信息和服务信息。诱导信息有道路控制方案、指示标志标线等，服务信息有高速公路服务区的加油站、加气站的相关信息等。

(4) 信息清洗系统：类似于人的循环系统和泌尿系统，对"脏数据"进行消除噪声、修正错误信息、精简冗余数据、推导计算缺失数据等"清理"工作，从而提高智能运输系统应用中的数据质量。

(5) 知识学习系统：类似于人的神经系统，对感知到的信息进行处理和分析，并提升知识与智慧水平。

(6) 识别判断系统：类似于人的神经系统，根据已有的信息与知识，评估存在的风险，判断高速公路上交通状况与基础设施状况。

（7）推演与决策系统：类似于人的神经系统，根据已有的信息与知识，推测高速公路上交通状况与基础设施状况发展的轨迹与结果并作出应对策略与决策。

（8）决策支持系统：类似于人的运动系统，在对高速公路上交通状况现状进行识别判断并对未来的交通状况进行预测后，决定最优行动方案，采取行动进行控制、诱导等动作措施。

（9）养护维护系统：类似于人的内分泌系统，对高速公路进行养护与维护以支撑其上交通的运行。

9.2.2 智慧交通运行机理与围棋的相似性

道路交通网络与围棋棋盘有高度的相似性，下围棋的过程和交通运行中车辆的路径选择有高度的相似性，了解围棋的过程，有利于剖析智慧交通的运行机理。如果说 Alpha Go Zero 具有智慧，则可以从阿尔法围棋的发展得到智慧的一些特征。

Alpha Go Zero 集大数据、大计算、大决策于一体，采用了强化学习法（RL）、蒙特卡罗搜索法（MCTS）和深度神经网络（DNN）3 大核心技术。基于这 3 大技术，构成了深度学习网络、策略网络和价值网络。通过深度学习网络自我博弈，增加知识；通过策略网络（第一个大脑，又称落子选择器）预测每一个合法下一步的最佳概率，通过价值网络（第二个大脑）进行局面评估，预测赢棋的概率，通过整体局面判断来辅助落子选择器，提高阅读速度，在蒙特卡罗树（MCTS）中嵌入深度神经网络减少搜索空间，提高反应速度。AlphaGo 各版本及比赛历程如表 9.2-1 所示。

AlphaGo 各版本及比赛历程 表 9.2-1

版本	Alpha Go 1.0	Alpha Go 2.0	Alpha Go Master	Alpha Go Zero	
学习	—	3 万局（数月）	—	490 万局（3 天）	数亿局（40 天）
对手	欧冠二段樊辉	李世石	中日韩高手	Alpha Go 2.0	Alpha Go Master
战绩	5:0	4:1	完胜	100:0	完胜

阿尔法围棋的前三个版本采用学习人类的经典棋局的方式，最新版本则采用自我学习的方式。由表 9.2-1 可见，Alpha Go Zero 在围棋领域是王者无敌。如果说 Alpha Go Zero 具有智慧，由其运行过程来看，智慧交通应具有以下能力：

（1）感知能力：传感器获取反映道路构造、设施及交通特征的参数信息。

（2）识别能力：根据获取的信息，依据自身的经验和知识，评估存在的风险，判断此处的状态。

（3）预测能力：根据已有的信息与知识，推测发展的轨迹与结果。

（4）决策能力：根据既定目标认识现状，决定最优行动方案。

（5）应变能力：当影响交通通行的因素发生改变时，出于本能或经过思考后能做出正确的应变决策。

（6）自适应能力：根据场景环境的变化，调整其自身使得其行为在新的或者已经改变了的环境下达到最好,或者具有无既定场景的随机应变能力。

(7) 自学习能力:不需要借鉴以往的经验,而是根据规则,自己进行实践,从实践中积累经验。完成自我学习、知识积累及智慧提升。

虽然智慧没有明确定义,但有智慧一般就能做到随机应变,智慧交通不再需要设置交通场景,而是根据需求和目标,通过自我学习、知识积累、智慧提升、可能结果推演,实现科学决策。这也就意味着,对于智慧交通,应能做到:

(1) 能对所有车辆进行监管,也就是说,管理的对象不仅是群体,还包括了每个个体,具有"全样本"的特征。

(2) 能对交通发展变化的所有可能的形态进行推演,也就是说,知道交通可能的变化轨迹,具有推演"全时空"的特征。

(3) 能对不同的价值取向,给出可能的策略簇,而最终的决策不仅使得个体,也使得群体的总的价值最大,具有"全维度"的特征。

9.3 智慧交通的实施条件

上节通过类比,对智慧交通的特征和构成有了一定的认识,这有助于智慧交通系统框架的设计。要实现道路交通智能监管,既要硬件到位,软件的功能更应该强大。实现"随机应变",这就要求道路基础设施智慧化、运营车辆智慧化和软件功能智慧化,需要有核心软件。

9.3.1 交通基础设施智慧化(交通网)

交通基础设施由道路网络系统、道路与交通运行感知系统和通信与供电系统所构成,交通基础设施智慧化可以从这3个系统的智慧化来理解。

1) 道路网络系统

道路网络是按照满足正常交通需求进行规划、设计和建设的,从这个意义上来讲:①网络的结构、规模应和各种运输方式布局、规模以及自然资源、生产链、销售链、消费链等社会活动相匹配,能满足不同交通方式有效衔接,无效运输最少,车辆能源供给点布局便捷、经济,能源供给方式安全;②网络具有可拓扑性,通过交通组织的变化,能满足异常交通影响区域的交通需求,也就是说,道路智慧化,可根据道路交通的运营状态,以安全、高效、绿色为目标,通过路网拓扑,对交通流的通过量、速度、行车间距、行驶方向等进行调整与控制。

道路网络可看作是由路段、节点与虚拟节点构成,阐述异常情况时,道路网络具有可拓扑性。

节点:包括汇流点、分流点与断面拦截点。如收费站、隧道前方的交通信号灯、匝道汇流点、高速公路主线驶入匝道的分流点等。

虚拟节点:指由于交通事故、道路施工占道或火灾等使通行能力下降的异常发生点。虚拟节点可以是整个道路异常发生的某一区域,亦可以是部分区域,如图9.3-1、图9.3-2所示。

当出现异常时,可设置虚拟节点。根据节点与虚拟节点,采用电路学原理,进行交通组织。异常交通主要包括火灾、交通拥堵和交通事故。

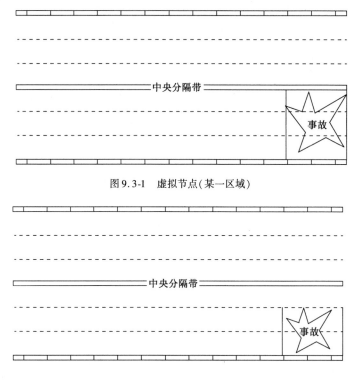

图 9.3-1　虚拟节点(某一区域)

图 9.3-2　虚拟节点(部分区域)

（1）火灾

火灾时需要打开车行横通道和人行横通道。此时，部分车行横通道仅供消防与救援车辆通行，部分车行横通道可供行人逃生。至于联络通道，可能打开供洞外车辆调头，也可能不打开，其拓扑结构由图 9.3-3～图 9.3-7 组合而成。

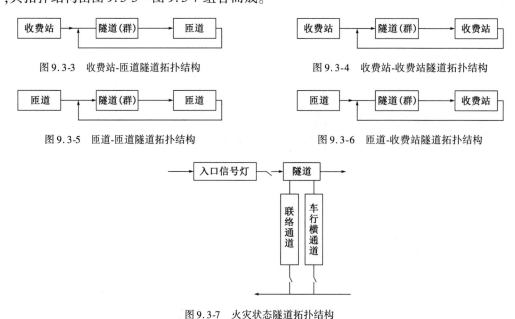

图 9.3-3　收费站-匝道隧道拓扑结构　　　　图 9.3-4　收费站-收费站隧道拓扑结构

图 9.3-5　匝道-匝道隧道拓扑结构　　　　图 9.3-6　匝道-收费站隧道拓扑结构

图 9.3-7　火灾状态隧道拓扑结构

(2)交通拥堵

由于隧道内发生事故时危害大,故应避免隧道内交通拥堵,应尽快疏散,疏散最有效的措施是限制进入隧道内的车辆数,此时,道路拓扑结构由图 9.3-3 ~ 图 9.3-6 和图 9.3-8 组合而成。

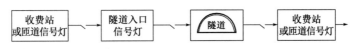

图 9.3-8 交通拥堵状态隧道拓扑结构

(3)交通事故

隧道内交通事故,可分为事故车需要拖车和事故车不需要拖车 2 种类型,后者的道路拓扑结构参照图 9.3-8,前者的道路拓扑结构,若交通量不大,可参照图 9.3-8,若交通量大,则参照图 9.3-7。

2)道路与交通运行感知系统

道路与交通运行感知系统,是服务于道路设施状态和交通运行状态监测的,而状态究竟如何取决于软件处理。从这个意义上讲,感知系统的智慧化体现在感知信息处理软件的功能上,实现该功能的前提是硬件设施可满足信息刺激的要求,当某硬件设施发生故障时,可自动报警,同时,可自动组网或通过其他方式,提供需要的检测信息。

道路与交通运行感知系统由监测网和管控网所构成。监测网是由采集、发送、接收道路基础设施,载运工具和载运品的装置设施设备及其参数所构成;管控网(Control Network)是由发布、控制道路交通的装置及计算机系统的参数所构成的。

(1)监测网的构建

以 M^n 表示监测网信息集合。

$$M^n = \{M_1^n, M_2^n, \cdots, M_{n_{mn}}^n\} \tag{9.3-1}$$

$$M_i^n = \{m_{i1}^n, m_{i2}^n, \cdots, m_{im_{mn}}^n\} \tag{9.3-2}$$

式中,$M_i^n(i=1,2,\cdots,n_{mn})$ 表示第 i 个监测设施的信息集合;$m_{ij}^n(j=1,2,\cdots,m_{mn})$ 表示 i 个监测设施下的第 j 个信息。

检测设备信息应包括设施设备类型(采集设备,发送设备,接受设备),所在空间位置,功能(采集、发送、接受的数据参数),工作范围(时间空间)等。

(2)管控网的构建

以(C^n)表示管控网信息集合。

$$C^n = \{C_1^n, C_2^n, \cdots, C_{n_{cn}}^n\} \tag{9.3-3}$$

$$CN_i = \{cn_{i1}, cn_{i2}, \cdots, cn_{im_{cn}}\} \tag{9.3-4}$$

式中,$C_i^n(i=1,2,\cdots,n_{cn})$ 表示第 i 个管控设施设备的信息集合;$c_{ij}^n(j=1,2,\cdots,m_{cn})$ 表示第 i 个管控设施设备下的第 j 个信息。

管控设施设备信息应包括设施设备类型(发布信息设备,控制设施设备,其他管控设施设备),所在空间位置,功能(发布、控制的信息参数),工作范围(时间空间)等。

3)通信与供电系统

智慧通信:智慧通信主要包括 3 个层面。在生态层面,依托大数据技术,能够对场景业务进行智慧感知,如业务变化感知、用户习惯感知等;在技术层面,能够根据变化调整通信服务的能力和方式,如语音 AI 技术、模拟人机交互、问题自动识别和匹配等;在系统架构与设备层面,能够适应各种通信方式,根据需求灵活组网,实现可靠、灵敏、经济。

智慧供配电:智慧供配电网是建立在集成、高速双向通信基础上,通过先进的传感和测量技术、先进的设备、先进的决策支持系统的应用,实现电网的可靠、安全、经济、高效、环境友好和使用安全的目标,其主要特征包括自愈、激励容许各种发电形式的接入、监视和控制每个用户和电网节点以及整个输配电过程中所有节点之间的信息和电能的双向流动。

(1)电力网的构建

以 E^n(Electricity Network)表示电力设施及其参数集合。

$$E^n = \{E_1^n, E_2^n, \cdots, E_{n_{en}}^n\} \tag{9.3-5}$$

$$E_i^n = \{e_{i1}^n, e_{i2}^n, \cdots, e_{im_{en}}^n\} \tag{9.3-6}$$

式中,$E_i^n(i=1,2,\cdots,n_{en})$ 表示第 i 个电力设施设备的信息集合;$e_{ij}^n(j=1,2,\cdots,m_{en})$ 表示第 i 个电力设施设备下的第 j 个信息。

电力设施设备信息应包括设施设备类型、所在空间位置、功能参数、工作范围(时间空间)等。

(2)通信传输网的构建

以 CT^n(Communication Transmission Network)表示通信传输设施及其参数集合。

$$CT^n = \{CT_1^n, CT_2^n, \cdots, CT_{n_{ctn}}^n\} \tag{9.3-7}$$

$$CT_i^n = \{ct_{i1}^n, ct_{i2}^n, \cdots, ct_{im_{ctn}}^n\} \tag{9.3-8}$$

式中,$CT_i^n(i=1,2,\cdots,n_{ctn})$ 表示第 i 个通信传输设施设备的信息集合,$ct_{ij}^n(j=1,2,\cdots,m_{ctn})$ 表示第 i 个通信传输设施设备下的第 j 个信息。

通信传输设施设备信息应包括设施设备类型、所在空间位置、功能参数、工作范围(时间空间)等。

9.3.2 车辆智慧化(车辆网)

车辆智慧化是指车辆具有运行环境信息感知功能、运行状态准确判断功能、车辆与车辆或人、车辆与管控平台与设施的信息交互功能,并可在保证安全的条件下实现自动操作。对于道路交通,无人驾驶是车辆智慧化的发展方向,其是集自动控制、视觉计算、人工智能等技术于一体的产物,其通过感知周围环境,根据获得的道路、车辆位置和障碍物信息,控制车辆的转向和速度。

9.3.3 信息智慧化(信息网)

信息智慧化是智慧交通的关键,主要包括信息采集、信息清洗、信息融合、目标选择、状态评判、策略搜索、趋势推演和决策支持等功能的平台建设与软件开发。

信息采集:信息采集的核心是采集建设、运营、养护管理的全样本、全过程、全时空信息并实现共享,主要包括运输通道、装载工具、环境、气候、设备状态等的信息。

信息清洗:信息清洗是对错误信息、偏差信息、缺失信息、无用信息等进行校正与补充以满足信息加工需求。

信息融合:信息融合是指综合多源信息,得到高品质的有用信息,其关键是应具有鲁棒性和并行处理的能力。

目标选择:智慧交通的目标一般包括安全、高效、绿色、经济,这4个目标并不在同一层次。安全是第一层次的目标,高效、绿色与经济是第二层次的目标。第二层次的目标之间存在着千丝万缕的联系。虽然都可以用经济指标来统一度量,但难以获得影响因素之间的定量关系,且难以实际操作。例如,如何评价高效悬而未决,可能通行能力提高了,但速度下降了;也有可能速度提高了,但事故风险增加了;还可能通行能力和速度都比较合理,但排放却不一定最优,养护与维护成本都增加了。需要根据具体情况,确定要实现单目标或者是多目标,并确定描述目标的特征参数。

状态评判:状态评判主要包括对运输通道、载运工具及运输的状态进行评价与判别。对载运工具与运输的状态进行评判,是分别从微观和宏观角度就运营的态势进行评判。在微观上,需评判载运工具之间的间距、时距以及与障碍物的距离等;在宏观上,需评判运输状态与目标状态之间的差异性,是否需根据目标进行调整与控制。对于道路交通、无人驾驶汽车,微观评估可自动完成,而宏观评价则需要目标状态函数。

策略搜索:策略搜索是指对可能采取的措施实施效果进行评估。策略与目标息息相关,目标是确定策略的依据。

趋势推演:趋势推演是指对事物发展规律的探索。对于道路智慧交通,趋势推演主要包括状态与效果的推演。例如,对每一辆车未来的时空位置、交通参数及交通流形态的推演,对道路结构物安全风险的预测等。

决策支持:决策支持是辅助决策者(人或装置)通过数据、模型和知识,以交互方式提供可供决策的措施。

信息流程如图9.3-9所示。

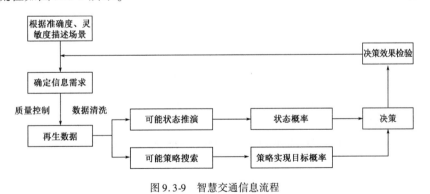

图9.3-9 智慧交通信息流程

9.4 平台核心软件构成

根据上述分析,智慧管控平台核心软件应由规则库、场景库、信息库、价值库、策略库、学习库、决策库所构成,其之间关系如图9.4-1所示。

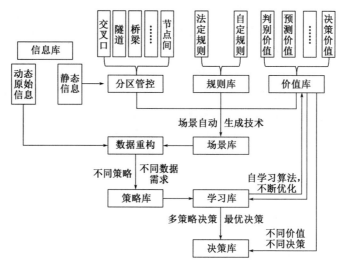

图 9.4-1 核心软件关系

9.4.1 规则库

规则库包括法定规则和制定规则,交通规则、管理政策等属于法定规则,制定规则是出行者的方式选择、线路选择等,这些信息为后续的管控决策提供依据。

规则库所刻画的是根据价值库应采取的管理规则。即：

$$RB = \begin{cases} RB_1 & RB = f(VL_{ij}) \in A \\ RB_2 & RB = f(VL_{ij}) \in C_u A \end{cases} \quad (9.4\text{-}1)$$

式中,$RB = f(VL_{ij})$ 即为价值在 VL_{ij} 下应遵循的规则;RB_1 为法定规则;RB_2 为自定规则;A 为采取法定规则的价值目标值集合;$C_u A$ 为集合 A 的补集。

以 RB(Rule Base)表示道路交通规则的集合。

$$RB = \{RB_1, RB_2\} \quad (9.4\text{-}2)$$

式中,RB_1 为法定规则;RB_2 为自定规则。

其中,RB_1 适用于正常交通的情形,RB_2 适合于正常交通以外的情形(如隧道发生火灾或者毒气泄漏等,正常规则为单向行驶,自定规则为发生火灾时,实施交通管控,未发生火灾方向高速公路改为双向行驶等)。

$$RB_1 = \{rb_{11}, rb_{12}, \cdots, rb_{1n_{rb}}\} \quad (9.4\text{-}3)$$

$$RB_2 = \{rb_{21}, rb_{22}, \cdots, rb_{2n_{rb}}\} \quad (9.4\text{-}4)$$

式中,$rb_{1j}(j=1,2,\cdots,n_{rb})$ 表示法定规则下第 j 个规则,$rb_{2j}(j=1,2,\cdots,n_{rb})$ 表示自定规则下的第 j 个规则。

9.4.2 场景库

场景库所构建的是不同管理区域、不同规则以及不同价值下道路交通管理场景的集合。场景库的生成为自动生成,即在不同管理区域、不同规则以及不同价值组合下所构建的不同场景。

以 TSN 表示道路交通网的集合：
$$TSN = \{P, C, C^g, R, R^f, Y, E\} \quad (9.4\text{-}5)$$
式中，E 为其他道路交路交通系统。

为方便对道路交通进行管理，可进行分区域管理。可以以节点为界，将节点间作为一个管理区域；也可以隧道入口为界，将整个隧道作为一个管理区域；也可以桥梁入口为界，将桥梁作为一个管理区域；也可以将路段作为一个管理区域；也可以将交叉口作为一个管理区域；也可以将一个匝道作为一个管理区域。管理区域划分的原则假设有 m_s 个管理区域，以 M 表示管理范围集合。

$$M = \{M_1, M_2, \cdots, M_{m_s}\} \quad (9.4\text{-}6)$$

根据道路交通信息所划分的交通管理区域即可确定研究管理范围，监测与管控网、电力与通信传输网的构建，为交通不同管理方向提供数据支撑，如不同时间间隔、不同区域的交通量、速度、密度等信息。

针对场景库提出平行场景（Parallel scenario）概念，平行场景是指现实场景以及虚拟场景的组合。其中现实场景指的是交通系统原本的场景状态，虚拟场景是指交通系统未来的场景状态。以 S^{cl}（Scene Library）表示道路交通场景的集合。

$$S^{cl} = \{S_r^{cl}, S_v^{cl}\} \quad (9.4\text{-}7)$$
$$S_r^{cl} = \{S_{r1}^{cl}, S_{r2}^{cl}, \cdots, S_{rn_r}^{cl}\} \quad (9.4\text{-}8)$$
$$S_v^{cl} = \{S_{v1}^{cl}, S_{v2}^{cl}, \cdots, S_{vn_v}^{cl}\} \quad (9.4\text{-}9)$$
$$f(S_{rn_r}^{cl}) = f(M_m, rb_{kl}, VL_{ij}) \quad (9.4\text{-}10)$$

式中，S_r^{cl} 为现实场景集合；S_v^{cl} 为虚拟场景集合；$S_{ri}^{cl}(i=1,2,\cdots,n_r)$ 表示现实场景下第 i 个应用场景；$S_{vi}^{cl}(i=1,2,\cdots,n_v)$ 表示虚拟场景下第 i 个应用场景，常见应用场景有交通诱导、交通管控、基础设施状态识别等。

其中现实场景的个数有 $n_r = m_s \times (2^{n_{rb}} - 1) \times (2^{m_1+m_2+m_3} - 1)$，虚拟场景由于空间时间的不确定，理论上应为无数个场景。$f(S_{rn_r}^{cl}) = f(M_m, rb_{kl}, VL_{ij})$ 表示第 n_r 个管理场景是由第 m 个管理范围，第 k_l 个规则，第 i 类价值类型下第 j 个价值目标组成。

9.4.3 信息库

信息库按照完备性、有效性、可用性的原则建立微观、中观、宏观三个层次的全视角交通信息环境，实现真实交通物理世界的"镜像化"虚拟再现，如图 9.4-2 所示。

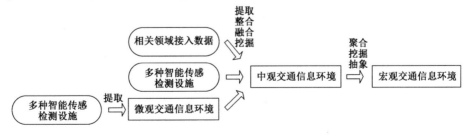

图 9.4-2 交通信息环境构建过程

交通信息环境维度包含空间维度、时间维度和信息维度三个方面，如图9.4-3所示。

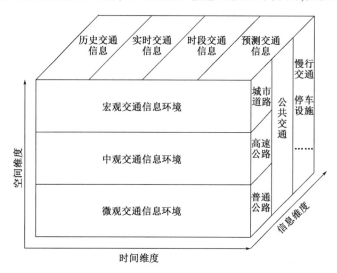

图9.4-3 交通信息环境维度

交通信息可以分为以下3类。

(1) 微观交通信息环境

微观交通信息环境是指通过传感器提取个体对象的参数指标，如通过北斗定位终端采集某辆机动车的行驶方向、平均行驶速度、平均行程时间、行驶轨迹等；通过"电子警察"抓拍某辆机动车的交通违法行为；通过用户众包数据获得某位出行者的电招出租车需求；通过车车/车路通信全面感知车辆运行状态（车辆当前速度、侧向加速度、车辆在车道中的相对位置、车辆行驶方向与轨迹）、车辆控制状态（油门开度、方向盘变化、是否打转向灯、是否刹车等）、周边道路交通环境状态（一定范围内周边车辆与本车的相对距离、方位及速度/相对速度，行人及前方车辆位置，障碍物的距离与方位，交通信号配时方案等）。微观交通信息环境是构建中观、宏观交通信息环境的重要基础。

(2) 中观交通信息环境

中观交通信息环境是指感知局部区域的参数指标，如通过摄像机采集道路交叉口、地铁出入口、长途客运站售票口的实时车流、人流信息；利用线圈型、地磁型、微波型车辆检测器获得断面交通流量、瞬时行车速度、时间占有率、车头时距、排队长度等交通流参数；利用火灾自动报警系统探测城市道路隧道火灾；通过智能传感器检测分析得到桥梁、高边坡的结构健康状态，等。中观交通信息环境的构建可能需要一定的数据融合和数据挖掘才能获取相应的状态指标，如融合线圈型、地磁型、微波型车辆检测器数据以及出租车浮动车数据得到较为精准的路段交通流参数；基于大数据挖掘分析发现交通事故"黑点"及交通事故规律等。中观交通信息环境是构建宏观交通信息环境的重要基础。

(3) 宏观交通信息环境

宏观交通信息环境构建需要综合考虑多方面因素，一般需要进行数据融合和数据挖掘才能获取全方位、全局性的指标，如城市路网交通运行指数、城市客运总量、城市公共交通客运量、城市公共交通分担比例、城市公交运行指数、交通气象指数、土地开发强度与交通需求的关联性、城市交通布局评价、交通运输碳排放量、道路交通安全态势评估等等。

信息库可以看作由静态信息、原始动态信息所构成。静态信息包括道路几何信息、运输通道初始状态信息、运载工具初始状态信息、感知控制等设备初始状态信息。

对于道路交通,原始动态信息包括交通流量、密度、速度等,同样也包括基础设施的变化信息、载运工具的时空轨迹信息、气候环境信息、装载信息、机电设施信息及服务设施信息,如加油站、加气站、客运站、货运站等;结构信息、车辆信息、设施信息既是静态信息,也是动态信息。

信息库由原始信息(固态信息)、动态信息和再生信息所构成。

(1) 原始信息

包括运输通道初始状态信息、运载工具初始状态信息、感知控制等设备初始状态信息规则信息。对于道路交通,原始信息主要包括结构信息、车辆信息、设施信息、和规则信息4个方面。

① 结构信息。

结构信息包括结构的几何信息以及结构的受力信息。结构受力信息包括应力、应变以及其他结构体的变化初始特征信息,如裂缝位置、裂缝长度、裂缝深度、漏水等,其主要用于隧道结构的健康诊断;结构几何信息包括道路几何信息,主要用于车辆位置确定。

② 车辆信息。

包括车辆的几何尺寸、性能指标、功能指标等的初始信息,主要用于车辆故障预测、行驶环境适应性判断。

③ 设施信息。

包括安全设施、消防设施、监控设施、通信设施以及通风与照明设施的安装位置、初始状态等,这些信息用于交通管控和养护管理。

④ 规则信息。

包括正常状态运营规则、异常状态运营规则及特殊车辆运营规则,这些信息用于规则库的构建和管控决策。

(2) 动态信息

包括基础设施的变化信息、载运工具的时空轨迹信息、气候环境信息、装载信息、机电设施信息及服务设施信息,如加油站、加气站、客运站、货运站等。对于道路交通,结构信息、车辆信息、设施信息既是固态信息,也是动态信息,除这3个信息以外,还包括驾驶员信息、交通信息、环境气候信息、装载信息和管理信息。

① 驾驶员信息。

包括驾驶员、驾驶证信息、反应时间、身体状态信息(血压、精力状态、突发疾病记录)以及其联系人信息,这些信息用于救援与事故预防。

② 环境气候信息。

包括天气信息、路面摩擦系数信息、洞外亮度、环境温度、环境湿度、有害气体浓度、洞内亮度,这些信息用于交通管控、通风与照明控制以及事故预防与预警。

③ 装载信息。

包括货物装载的类型与数量、客车载客人数与联系方式等,这些信息用于灾害评估与救援。

④交通信息。

包括交通量、交通组成、车辆间距、速度等这些信息用于交通状态评估、推演、控制、预警等。

⑤管理信息。

包括信息传输方式与性能、管理人员在岗动态、养护、应急预案、协议医院与消防等信息，这些信息用于管控决策。

(3)再生信息

再生信息是由原始信息、动态信息繁衍出的信息，其作用为探讨事物发展的态势。再生信息可由单一信息感知源得到的信息进行重构，也可以由多源信息进行重构。无论是由单一信息感知源得到的信息进行重构，还是由多源信息感知源得到的信息进行重构，其关键是应满足信息重构准则。

信息重构准则依据描述目标的特征参数来确定。对于道路交通，例如，动态信息检测区间为1s，检测到每秒到达某断面的交通量，目标分别为：①信号灯交通控制；②交通诱导；③交通规划。由于目标不同，预测精度和反应时间要求不同，根据每种情况要求的精度和反应时间，可以确定信息重构的检测时间区间的大小，以达到既满足目标要求，又减少信息处理量的目的。

信息库可以按照以下流程建立：

(1)道路交通静态信息的采集。

道路交通静态信息所描述的是交通系统中短时间内信息不会发生变化的信息，如道路信息、设施设备信息等。对道路交通静态信息主要采集3个方面的参数：道路参数、设施以及相关站场参数。

①道路参数采集。

利用相关设备对不同类型道路参数进行采集，主要包括交叉口、路段、隧道、桥梁、匝道、节点等。以 $R(\text{Road})$ 表示道路参数信息集合。

$$R = \{C, L, T, B, Z, N\} \tag{9.4-11}$$

式中，C 表示交叉口信息参数集合；L 表示路段信息参数集合；T 表示隧道信息参数集合；B 表示桥梁信息参数集合；Z 表示匝道信息参数集合；N 表示节点信息参数集合。

交叉口参数应包括交叉口空间位置、交叉口类型、进口道是否拓宽、拓宽长度、车道数变化情况、信号灯配时等(山地城市与平原城市主要区别之一)。以 C 表示交叉口参数集合：

$$C = \{C_1, C_2, \cdots, C_{n_c}\} \tag{9.4-12}$$

$$C_i = \{c_{i1}, c_{i2}, \cdots, c_{im_c}\} \tag{9.4-13}$$

式中，$C_i(i=1,2,\cdots,n_C)$ 表示第 i 个交叉口参数信息集合；$c_{ij}(j=1,2,\cdots,m_c)$ 表示第 i 个交叉口的第 j 个参数。

路段参数应包括路段空间位置(起始点位置)、路段长度、车道数、设计车速、设计流量、坡度、圆曲线半径等。以 L 表示路段参数集合：

$$L = \{L_1, L_2, \cdots, L_{n_1}\} \tag{9.4-14}$$

$$L_i = \{l_{i1}, l_{i2}, \cdots, l_{im_1}\} \tag{9.4-15}$$

式中，$L_i(i=1,2,\cdots,n_1)$ 表示第 i 个路段参数信息集合；$l_{ij}(j=1,2,\cdots,m_1)$ 表示第 i 个路段

的第 j 个参数。

隧道参数主要包括隧道净空、空间位置、隧道类型、隧道长度等,以 T 表示隧道参数集合:

$$T = \{T_1, T_2, \cdots, T_{n_t}\} \tag{9.4-16}$$

$$T_i = \{t_{i1}, t_{i2}, \cdots, t_{im_t}\} \tag{9.4-17}$$

式中,$T_i(i=1,2,\cdots,n_t)$ 表示第 i 个隧道参数信息集合;$t_{ij}(j=1,2,\cdots,m_t)$ 表示第 i 个隧道的第 j 个参数。

桥梁参数主要包括桥梁类型、所处空间位置、承重量、长度、车道数等,以 B 表示桥梁参数集合:

$$B = \{B_1, B_2, \cdots, B_{n_b}\} \tag{9.4-18}$$

$$B_i = \{b_{i1}, b_{i2}, \cdots, b_{im_b}\} \tag{9.4-19}$$

式中,$B_i(i=1,2,\cdots,n_b)$ 表示第 i 个桥梁参数信息集合;$b_{ij}(j=1,2,\cdots,m_b)$ 表示第 i 个桥梁的第 j 个参数。

匝道参数主要包括匝道类型(注明进口或出口)、所处空间位置、最大纵坡、回旋线、车道数等,以 Z 表示匝道参数集合:

$$Z = \{Z_1, Z_2, \cdots, Z_{n_z}\} \tag{9.4-20}$$

$$Z_i = \{z_{i1}, z_{i2}, \cdots, z_{im_z}\} \tag{9.4-21}$$

式中,$Z_i(i=1,2,\cdots,n_z)$ 表示第 i 个匝道参数信息集合;$z_{ij}(j=1,2,\cdots,m_z)$ 表示第 i 个匝道的第 j 个参数。

道路节点参数主要包括节点所处空间位置、车道数、坡度、圆曲线半径等,以 N 表示匝道参数集合:

$$N = \{N_1, N_2, \cdots, N_{n_n}\} \tag{9.4-22}$$

$$N_i = \{n_{i1}, n_{i2}, \cdots, n_{im_n}\} \tag{9.4-23}$$

式中,$N_i(i=1,2,\cdots,n_n)$ 表示第 i 个节点参数信息集合;$n_{ij}(j=1,2,\cdots,m_n)$ 表示第 i 个节点的第 j 个参数。

②道路交通设施参数的收集。

利用相关设备对交通设施设备参数采集,主要包括交叉口设施设备、路段设施设备、隧道设施设备、桥梁设施设备、匝道设施设备以及道路节点设施设备。以 R^f 表示道路交通设施参数集合:

$$R^f = \{C^f, L^f, T^f, B^f, Z^f, N^f\} \tag{9.4-24}$$

式中,C^f 表示交叉口设施设备参数集合;L^f 表示路段设施设备参数集合;T^f 表示隧道设施设备参数集合;B^f 表示桥梁设施设备参数集合;Z^f 表示匝道设施设备参数集合;N^f 表示道路节点设施设备参数集合。

交叉口设施设备参数至少应包信号灯设施设备、监控设备、检测设备、参数采集设备、通信传输设备等参数,以 C^f 表示交叉口设施参数集合:

$$C^f = \{C_1^f, C_2^f, \cdots, C_{n_{cf}}^f\} \tag{9.4-25}$$

$$C_i^f = \{c_{i1}^f, c_{i2}^f, \cdots, c_{im_{cf}}^f\} \tag{9.4-26}$$

式中,$C_i^f(i=1,2,\cdots,n_{cf})$ 表示第 i 个交叉口设施设备参数信息集合;$c_{ij}^f(j=1,2,\cdots,m_{cf})$ 表

示第 i 个交叉口设施设备的第 j 个参数。

路段设施设备参数至少应包括监控设备、检测设备、参数采集设备、通信传输设备等参数,以 L^f 表示交叉口设施参数集合:

$$L^f = \{L_1^f, L_2^f, \cdots, L_{n_{lf}}^f\} \tag{9.4-27}$$

$$L_i^f = \{l_{i1}^f, l_{i2}^f, \cdots, l_{im_{lf}}^f\} \tag{9.4-28}$$

式中,$L_i^f(i=1,2,\cdots,n_{lf})$ 表示第 i 个路段设施设备参数信息集合;$l_{ij}^f(j=1,2,\cdots,m_{lf})$ 表示第 i 个路段设施设备的第 j 个参数。

隧道设施设备参数至少应包括隧道内交通安全设施、交通监控设施设备、通风及照明设备、通信设施设备、消防设备、供配电设备、中央管理设备等参数,以 T^f 表示隧道设施参数集合:

$$T^f = \{T_1^f, T_2^f, \cdots, T_{n_{tf}}^f\} \tag{9.4-29}$$

$$T_i^f = \{t_{i1}^f, t_{i2}^f, \cdots, t_{im_{tf}}^f\} \tag{9.4-30}$$

式中,$T_i^f(i=1,2,\cdots,n_{tf})$ 表示第 i 个隧道设施设备参数信息集合;$t_{ij}^f(j=1,2,\cdots,m_{tf})$ 表示第 i 个隧道设施设备的第 j 个参数。

桥梁设施设备参数至少应包括桥梁交通监控设施、控制设施、诱导设施、供配电设施等参数,以 B^f 表示桥梁设施参数集合:

$$B^f = \{B_1^f, B_2^f, \cdots, B_{n_{bf}}^f\} \tag{9.4-31}$$

$$B_i^f = \{b_{i1}^f, b_{i2}^f, \cdots, b_{im_{bf}}^f\} \tag{9.4-32}$$

式中,$B_i^f(i=1,2,\cdots,n_{bf})$ 表示第 i 个桥梁设施设备参数信息集合;$b_{ij}^f(j=1,2,\cdots,m_{bf})$ 表示第 i 个桥梁设施设备的第 j 个参数。

匝道设施设备参数至少应包括匝道监控设施、指示设施、传输设施、采集设施、通信设施、电力设施等参数,以 Z^f 表示匝道设施参数集合:

$$Z^f = \{Z_1^f, Z_2^f, \cdots, Z_{n_{zf}}^f\} \tag{9.4-33}$$

$$Z_i^f = \{z_{i1}^f, z_{i2}^f, \cdots, z_{im_{zf}}^f\} \tag{9.4-34}$$

式中,$Z_i^f(i=1,2,\cdots,n_{zf})$ 表示第 i 个匝道设施的信息集合;$z_{ij}^f(j=1,2,\cdots,m_{zf})$ 表示第 i 个匝道设施的第 j 个参数。

道路节点设施设备参数至少应包括节点控制设施、监控设施、诱导设施、指示设施、电力设施、通信传输设施等,以 N^f 表示节点设施参数集合:

$$N^f = \{N_1^f, N_2^f, \cdots, N_{n_{nf}}^f\} \tag{9.4-35}$$

$$N_i^f = \{n_{i1}^f, n_{i2}^f, \cdots, n_{im_{zf}}^f\} \tag{9.4-36}$$

式中,$N_i^f(i=1,2,\cdots,n_{zf})$ 表示第 i 个节点设施信息集合;$n_{ij}^f(j=1,2,\cdots,m_{zf})$ 表示第 i 个节点设施的第 j 个参数。

③站场参数的采集。

利用相关设备对站场参数进行采集,主要包括加油站、高速公路服务区、医院、消防站、加气站、充电站等站场进行信息。采集信息应包含站场位置,功能、规模、设施等。以 Y 表示其他信息集合。

$$Y = \{Y_1, Y_2, \cdots, Y_{n_y}\} \tag{9.4-37}$$

$$Y_i = \{y_{i1}, y_{i2}, \cdots, y_{im_y}\} \tag{9.4-38}$$

式中，$Y_i(i=1,2,\cdots,n_y)$ 表示第 i 个站场的相关信息集合；$y_{ij}(j=1,2,\cdots,m_y)$ 表示第 i 个站场的第 j 个信息。

(2) 道路交通动态原始信息的采集。

道路交通动态原始信息是指随着时间的变化，交通信息会随之变化的信息。主要包括交通参与者信息、车辆信息以及货物信息。

①交通参与者信息采集。

对交通参与者身份证号、姓名、性别、年龄、驾龄、职业、联系方式、所在位置等信息进行采集。以 $P(\text{People})$ 表示不同交通参与者的信息集合。

$$P = \{P_1, P_2, \cdots, P_i, \cdots, P_{n_{10}}\} \tag{9.4-39}$$

$$P_i = \{p_{i1}, p_{i2}, \cdots, p_{im_{10}}\} \tag{9.4-40}$$

式中，$P_i(i=1,2,\cdots,n_{10})$ 表示第 i 个交通参与者的相关信息集合；$p_{ij}(i=1,2,\cdots,m_{10})$ 表示第 i 个交通参与者的第 j 个信息。

②车辆信息采集。

对车辆车牌号、车辆类型、拥有者、车辆的位置等信息进行采集。以 $C(\text{Car})$ 表示车辆信息集合。

$$C = \{C_1, C_2, \cdots, C_{n_{11}}\} \tag{9.4-41}$$

$$C_i = \{c_{i1}, c_{i2}, \cdots, c_{im_{11}}\} \tag{9.4-42}$$

式中，$C_i(i=1,2,\cdots,n_{11})$ 表示第 i 辆车辆的相关信息集合；$c_{ij}(j=1,2,\cdots,m_{11})$ 表示第 i 辆车辆的第 j 个信息。

③货物信息采集。

对货物的货号、类型（是否为危险品）、位置、装载量等参数进行采集。以 $C^g(\text{Cargo})$ 表示货物信息集合。

$$C^g = \{C_1^g, C_2^g, \cdots, C_{n_{12}}^g\} \tag{9.4-43}$$

$$C_i^g = \{c_{i1}^g, c_{i2}^g, \cdots, c_{im_{12}}^g\} \tag{9.4-44}$$

式中，$C^g(i=1,2,\cdots,n_{12})$ 表示第 i 类货物的相关信息集合；$c_{ij}^g(j=1,2,\cdots,m_{12})$ 表示第 i 类货物的第 j 个信息。

9.4.4 价值库

价值库是不同场景下，采用不同策略时，其态势对应的价值的集合，例如道路服务水平、交通状态等。

价值库（Value Library，VL）所刻画的是道路交通状态识别、状态预测、管理目标及其参数。常见的交通状态识别有是否拥堵、是否安全、是否环保、是否经济等；常见的交通预测有车流量预测、拥挤程度预测等；常见的管理目标有安全、高效、经济、可靠、环保等。以下是 VL 价值库的集合。

$$\text{VL} = \{\text{VL}_1, \text{VL}_2, \text{VL}_3\} \tag{9.4-45}$$

$$\text{VL}_1 = \{\text{VL}_{11}, \text{VL}_{12}, \cdots, \text{VL}_{1m_1}\} \tag{9.4-46}$$

$$VL_2 = \{VL_{21}, VL_{22}, \cdots, VL_{2m_2}\} \quad (9.4\text{-}47)$$

$$VL_3 = \{VL_{31}, VL_{32}, \cdots, VL_{3m_3}\} \quad (9.4\text{-}48)$$

$$VL_{ij} = \{VL_{ij}^1, VL_{ij}^2, \cdots, VL_{ij}^{n_i}\} \quad (9.4\text{-}49)$$

式中，VL_1 表示价值库下交通状态识别价值目标；VL_2 表示价值库下交通预测价值目标；VL_3 表示价值库下交通管理价值目标；$VL_{ij}(j=1,2,\cdots,m_i;i=1,2,3)$ 表示价值库下不同价值类型下不同价值目标。$VL_{ij}^{n_i}$ 表示第 i 类价值类型下第 j 个价值目标的第 n_i 个影响参数。

若以 Δ 表示算子，ΔVL_{ij} 表示 $\{VL_{ij}^1, VL_{ij}^2, \cdots, VL_{ij}^{n_i}\}$ 在 VL_{ij} 上的映射，即：

$$\Delta VL_{ij} = f(VL_{ij} | VL_{ij}^1, VL_{ij}^2, \cdots, VL_{ij}^{n_i}) \quad (9.4\text{-}50)$$

若道路交通管理目标不止一个，则最终的价值可表示为：

$$\Delta VL_i = f(VL_i | \Delta VL_{i1}, \Delta VL_{i2}, \cdots, \Delta VL_{im_i}) \quad (9.4\text{-}51)$$

价值库的构建为交通状态识别、预测以及管理决策等提供了依据。

9.4.5 策略库

策略库是根据目标和态势，搜索可能采取的策略以及各种策略采取的概率。以解决路网交通拥堵问题为例，山地城市智能监管平台的策略搜索，可以根据当前交通态势，搜索可能选择的路径、允许通行的交通量、允许通行的速度，搜索可选择的路径及选择该路径的概率。

智慧交通的策略搜索，以解决路网交通拥堵问题为例，可以根据当前交通态势，搜索可能选择的路径、允许通行的交通量、允许通行的速度，搜索可选择的路径及选择该路径的概率。

在相同场景下，也可能采取不同的策略，故构建策略库（Strategy Library）来刻画不同场景下应采取的策略。在决策之前需对数据进行重构，即在不同场景不同策略下所需求的数据也不尽相同，对于预管理还需对交通参数进行预测。以 S^{tl}（Strategy Library）表示策略库集合。

$$S^{tl} = \{S_1^{tl}, S_2^{tl}, \cdots, S_{n_{stl}}^{tl}\} \quad (9.4\text{-}52)$$

$$S_i^{tl} = \{S^{tl}(S_i^{cl}, 1), S^{tl}(S_i^{cl}, 2), \cdots, S^{tl}(S_i^{cl}, m_{stl})\} \quad (9.4\text{-}53)$$

式中，$S_i^{tl}(i=1,2,\cdots,n_{stl})$ 表示价值在 S_i^{cl}（第 i 个场景）上策略的集合；$S^{tl}(S_i^{cl}, j)$（$j=1, 2, \cdots, m_{stl}$）表示在 S_i^{cl}（第 i 个场景）上第 j 个策略。对于每一个场景上的每一个策略在价值库中都存在其价值函数。

9.4.6 学习库

学习库是通过深度学习，对数据进行加工，将低层特征变成高层特征，以便更容易发现事物的规律。

深度学习有监督学习与无监督学习之分。深度置信网络（DBNs）就是一种无监督学习下的机器学习模型，卷积神经网络（CNNs）就是一种有监督学习下的机器学习模型，两种模型的学习效率相差很大，后者利用空间相对关系减少参数数目，可以提高训练性能。

智慧交通的深度学习，是根据规则进行学习，从而提高随机应变的能力。例如，解决路网交通拥堵问题，可以制订通行规则、诱导规则、限速规则、限流规则等，通过自主学习，积累不同交通状态的监管经验。

9.4.7 决策库

决策库根据策略库和价值库的推演结果,选择最可能采取且价值相对最高的策略。决策库对状态的推演,不再是唯一的结果,而是可能发生的结果,分析出需要采取的措施是基于可能采取的策略和每种策略的价值来综合确定的。

决策库所刻画的是在同一场景下不同策略中选取最佳策略的决策过程。假设在场景 S_i^{cl} 下第 j 个策略 $S^{tl}(S_i^{cl},j)$ 的策略价值(目标库中价值函数计算得出)为 $D[S_i^{cl},S^{tl}(S_i^{cl},j)]$,概率为 $P[S_i^{cl},S^{tl}(S_i^{cl},j)]$,则在场景 S_i^{cl} 下第 j 个策略 $S^{tl}(S_i^{cl},j)$ 决策价值为 $De(i,j)$,其中 $De(i,j)$ 计算如下:

$$D[S_i^{cl},S^{tl}(S_i^{cl},j)] = f(VL_{ij}) \tag{9.4-54}$$

$$De(i,j) = P[S_i^{cl},S^{tl}(S_i^{cl},j)] \cdot D[S_i^{cl},S^{tl}(S_i^{cl},j)] \tag{9.4-55}$$

故可将场景 S_i^{cl} 下的决策库表示为:

$$De_i = \{De(i,1),De(i,2),\cdots,De(i,m_{12})\} \tag{9.4-56}$$

在 De_i 中选取最大值作为最终的决策。

$$De_i^{final} = \max\{De(i,1),De(i,2),\cdots,De(i,m_{12})\} \tag{9.4-57}$$

所有价值下的决策库表示为:

$$De = \{De_1^{final},De_2^{final},\cdots,De_n^{final}\} \tag{9.4-58}$$

以上即为智慧交通核心软件构建方法,该方法通过所构建的交通网、监测与管控网以及电力与通信传输网将不同应用场景下交通参数进行采集、传送与接收,再通过规则库以及价值库选取应用场景的规则以及目标(价值),通过学习库对目标进行优化,并将优化结果输出给策略库以及价值库,最后在策略库以及决策库中选取最优决策方法。该方法能给出在特定位置、特定交通问题、特定应用场景、特定规则、特定价值下的最优决策,使得交通决策更加智能智慧。

9.5 平台架构

9.5.1 层次结构

平台的层次结构包含感知、通信、计算、控制和服务 5 个层次。以重庆市智能监管平台为例。

感知层:感知层负责感知公安交通管理部门关心的交通属性,主要包括对交通载运工具、出行者、道路、气象环境等交通要素的信息感知,如车辆行驶速度、交通 流量、交通密度、车牌号码、行程时间、交通事件、交通气象等。

通信层:通信层负责将感知层感知的原始数据传输至重庆市交巡警总队数据中心,同时必须保证交通监控指挥平台与外场设备之间的可靠通信。

计算层：由于实时路况分析、短时交通预测、动态交通仿真、机动车缉查布控等功能对实时性要求很高，故重庆智能监管平台必须具备强大的计算能力。传统的集中式计算平台难以满足要求，而同时具备网格计算、分布式计算、并行计算、效用计算、网络存储、虚拟化、负载均衡特点的云计算平台则可以通过整合大量分布广阔的计算设备来获得强大的计算和存储能力。

控制层：增强对道路交通系统的控制能力是重庆智能监管平台的重要目标。现有交通管理系统采用相对简单、固定的控制模式，灵活性差。而重庆智能监管平台基于大量有效的交通信息设计了先进科学的控制算法，并基于人工智能技术可以判断是否达到某些预先设定的控制阈值，进而通过执行器向控制节点发出相应的控制命令或在紧急情况下直接向出行者发送警告信号(如通过移动智能终端 App 实时推送)，以实现对道路交通系统的精确控制。

服务层：重庆智能监管平台服务将面向道路交通管理者和出行者，通过 PC、移动警务 PAD 向道路交通管理者提供的服务包括交通状况监测、交通组织与管控、应急指挥与协作、交通安全态势评估、交通基础数据管理、机动车缉查布控、非现场违法取证、警力资源与勤务管理等；通过 Web 网站、智能车载终端、移动智能终端 App 可向出行者提供多样化、个性化、精细化、智能化的出行信息服务，增强重庆智能监管平台的用户体验度。

9.5.2 物理架构

平台物理架构可以概括为"建设 1 个中心、搭建 7 大应用平台、集成 7 大基础系统、接入 3 大基础系统"。

1 个中心："1 个中心"即建设现代化的交通监控指挥中心，规划在现有条件基础上进行软、硬件升级。对其定位是：交通数据中心、监测预警中心、运行分析中心、指挥控制中心、信息发布中心。

7 大应用平台："7 大应用平台"指集成指挥平台(公安网)、交通管理辅助决策平台(公安网)、交通管理数据交换平台(公安网)、交通管控平台(智能交通专网)、交通信息分析研判平台(智能交通专网)、交通管理数据交换平台(智能交通专网)、互联网信息服务平台。公安网部署的平台其主要功能侧重于警情监测、指挥调度、缉查布控、勤务管理等；智能交通专网部署的平台其主要功能侧重于交通分析、交通仿真、交通管控等；互联网平台则向公众提供各种出行服务和便民服务。

7 大基础系统："7 大基础系统"指交通流信息采集系统、交通事件检测系统、交通违法行为监测记录系统、交通信号控制系统、交通诱导系统、通信系统、信息安全保护系统，均部署在智能交通专网。

3 大接入系统："3 大接入系统"指从重庆市公安局接入的交通电视监视系统、电子卡口系统，以及从城投金卡公司接入的 RFID 系统。

9.5.3 总体功能

平台具备交通状况监测、交通组织与管控、应急指挥与协作、交通安全态势评估、机动车缉查布控、非现场违法取证、警力资源与勤务管理、交通信息服务 8 大核心功能。在物联网、大数据、云计算、移动互联网、高清视频分析等技术支撑下，智能监管平台总体功能将得到明显提升，即可以实现异构数据采集、高并发数据传输、海量数据存储、数据查询秒级响应、数据挖掘、上述 8 大核心功能的具体要求见表 9.5-1 和图 9.5-1。

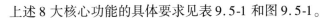
智能监管平台总体功能　　　　　表 9.5-1

功能	要求
机动车闯红灯取证	抓拍机动车闯红灯行为
机动车违反禁行规定取证	抓拍机动车逆行、不按规定车道行驶、不按所需行进方向驶入导向车道等行为
机动车违法占用公交专用车道取证	抓拍机动车占用公交专用车道、占用公交车停车港湾等行为
机动车违章停车取证	抓拍机动车违法停车行为
机动车超速取证	采用区间测速方式，监测并记录机动车超速行为
机动车不避让行人取证	在未设交通信号灯的路口，抓拍机动车不避让过路行人
布控管理	布控命令的审批和下发
预警管理	接收布控预警信息
轨迹查询	实现机动车通行信息的查询
交通流态势评估	实时交通状况分析、短时交通状况预测、动态交通仿真
交通违法态势研判	评估交通违法态势，对交通违法与道路交通事故进行关联分析
交通事故态势研判	评估道路交通事故态势，研判分析交通事故的特征及成因
天气态势研判	分析不良天气下交通拥堵和交通事故情况
交通安全态势综合评估	安全态势等级达到预警级别后自动预警提示
事件报告	人工录入影响道路交通的事件信息
事件响应	对事件进行分级响应，快速启动应急预案
应急处置	根据应急预案分派相应的任务
事件协作处理	实现事件跨地域协作处理
应急预案管理	根据事件类型、影响范围、严重程度等设置和维护相应预案
现场视频连线	能实时调用现场视频，并与现场人员进行实时通话
交通信号控制	自适应信号控制、交通信号控制与交通诱导协同
道路交通信息发布	交通诱导信息发布、限速控制信息发布、车道控制信息发布等
特勤任务控制与调度	特勤路线沿线设备控制方案、警力调度，以及特勤任务预演等
临时交通管制	交通管制区域设备控制方案、警力调度，以及交通管制信息发布等
大型活动交通安保	安保区域交通管控措施、警力部署和设备控制方案
道路通行状态监测	接收多源交通流数据，自动判断道路通行状态
突发道路交通事件监测	接收交通事件采集系统或人工上报提供的突发道路交通事件信息
恶劣气象监测	接收交通气象监测设备或人工上报提供的恶劣气象信息
施工占道监测	接收人工上报或其他系统提供的道路施工占道信息
交通管制监测	接收人工上报或其他系统提供的交通管制信息
视频监视	调看交通视频、视频巡查、历史视频快速检索等
网上车管所	网上交通管理业务预约、受理和办理，交通安全信息告知、通报、公告、公布、提示及警示教育等

续上表

功能	要求
出行信息服务	基于 GIS 的动态路况信息发布,基于当前位置的交通信息服务、用户定制服务、移动电子支付
警力资源管理	警员登记、警用装备登记、警力资源定位
勤务管理	勤务安排和考核

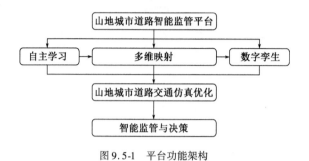

图 9.5-1　平台功能架构

参 考 文 献

[1] 彭凤,韩直,徐冲聪.信号预控下动态公交专用道策略[J].科学技术与工程,2023,23(3):1285-1291.

[2] 韩直,张杰,韩嵩乔.城市道路交通管控时间与区域长度控制方法[J].科学技术与工程,2020,20(16):6640-6643.

[3] 韩直,陈成,王振科.基于跟踪车辆的隧道运营危害风险研究[J].隧道建设(中英文),2019,39(S2):1-7.

[4] 韩直,徐冲聪,韩嵩乔.基于短时交通流预测的广域动态交通路径诱导方法[J].交通运输系统工程与信息,2020,20(01):117-123,129.

[5] 韩直,关雨嫣.智慧交通构建研究[J].公路交通技术,2018,34(06):110-113,122.

[6] 韩直,陈成,贺姣姣,等.智慧交通的起源、文化与发展[J].中国交通信息化,2018(12):27-29.

[7] 韩直,岳海亮,贺姣姣,等.智慧高速公路研究[J].中国交通信息化,2018,(11):26-30.

[8] 韩直,王振科.道路交通参数敏感性分析[J].公路交通技术,2017,33(06):114-116.

[9] 韩直.且行且深思:智能交通发展之我见[J].中国交通信息化,2016(3):18-21.

[10] 罗超,韩直,乔晓青.城市出租车合乘技术研究[J].交通运输工程与信息学报,2014,12(1):79-86.

[11] 韩直.公路交通的时空效应分析[J].长安大学学报(自然科学版),1988(3):91-97.

[12] 张麟.考虑制动反应时间的高速公路尾撞预警研究[D].重庆:重庆交通大学,2024.

[13] 温福兰.城市快速路多元边际价值交通状态识别及预测研究[D].重庆:重庆交通大学,2024.

[14] 彭凤.信号预控下动态公交专用道控制研究[D].重庆:重庆交通大学,2023.

[15] 赵雯雯.考虑制动反应时间的路段容许通行能力研究[D].重庆:重庆交通大学,2023.

[16] 王俊莹.山地城市道路交通网络韧性研究[D].重庆:重庆交通大学,2022.

[17] 廖杰.考虑网联自动驾驶车辆队列的混合交通流研究[D].重庆:重庆交通大学,2022.

[18] 徐冲聪.基于拥堵预测的城市道路交通多级诱导研究[D].重庆:重庆交通大学,2021.

[19] 张杰.城市道路交通多元价值诱导决策研究[D].重庆:重庆交通大学,2021.

[20] 贺姣姣.基于宏观基本图的城市多级路网效能评估方法研究[D].重庆:重庆交通大学,2020.

[21] 王振科.山地城市轨道站点吸引范围研究[D].重庆:重庆交通大学,2018.

[22] 关菲菲.山地旅游区交通诱导方法研究[D].重庆:重庆交通大学,2018.

[23] 张倩.城市出入口多级路网交通特征相关性研究[D].重庆:重庆交通大学,2017.

[24] 王兴.城市建设项目交通影响分析研究[D].重庆:重庆交通大学,2016.

[25] 陆远迅.重庆市智能交通系统规划研究[D].重庆:重庆交通大学,2016.

[26] 劳春江.基于无线通信的智能交通控制研究[D].重庆:重庆交通大学,2015.

[27] 乔晓青.公交客车线网多目标优化研究[D].重庆:重庆交通大学,2014.

[28] 彭翠萍.公交客车运力匹配研究[D].重庆:重庆交通大学,2014.

索 引

C

参数分析法　parameter analysis method ·· 34
策略库　strategy library ·· 198
场景库　scene library ·· 190

D

道路交通广域诱导　road traffic wide area induction ································ 148
道路交通流的空间构成　space composition of road traffic flow ·············· 78
道路交通流的时空关联性　temporal and spatial correlation of road traffic flow ················ 82
道路交通流的时间构成　time composition of road traffic flow ················ 80
道路交通流的四参数模型　four-parameter model of road traffic flow ······ 94
道路交通主要影响因素　main influencing factors of road traffic ·············· 4

G

管控平台　management and control platform ·· 183
规则库　rule base ·· 190

J

价值库　value library ·· 197
交通参数　traffic parameter ·· 19
交通流平均制动反应时间　average braking response time of traffic flow ········ 111
交通异常自动检测　automatic traffic anomaly detection ·························· 134
决策库　decision base ·· 199

M

幂函数滤波器　power function filter ·· 70
敏感性分析法　sensitivity analysis method ·· 35

R

容许风险　permissible risk ·· 97

S

时空效应　time space effect ·· 1
数据覆盖性　data coverage ·· 65

数据一致性　data consistency ·· 65

X

信息库　information base ·· 191
学习库　learning library ·· 198

Y

因素分析法　factor analysis method ·· 34

Z

指数生成法　exponential generation method ···································· 25